马克思主义经济学研究（Ⅱ）

MAKESI ZHUYI JINGJIXUE YANJIU（Ⅱ）

张建君◎著

中国财经出版传媒集团
中国财经经济出版社
·北京·

图书在版编目（CIP）数据

马克思主义经济学研究．Ⅱ／张建君著．--北京：中国财政经济出版社，2024.3

ISBN 978-7-5223-2979-6

Ⅰ.①马… Ⅱ.①张… Ⅲ.①马克思主义政治经济学－研究 Ⅳ.①F0-0

中国国家版本馆 CIP 数据核字（2024）第 059274 号

责任编辑：高文欣　　　　责任印制：史大鹏

责任校对：胡永立

马克思主义经济学研究（Ⅱ）

MAKESI ZHUYI JINGJIXUE YANJIU（Ⅱ）

中国财政经济出版社 出版

URL：http：//www.cfeph.cn

E-mail：cfeph@cfeph.cn

社址：北京市海淀区阜成路甲 28 号　邮政编码：100142

营销中心电话：010-88191522

天猫网店：中国财政经济出版社旗舰店

网址：https：//zgczjjcbs.tmall.com

中煤（北京）印务有限公司印刷　各地新华书店经销

成品尺寸：170mm×240mm　16 开　17.75 印张　275 000 字

2024 年 3 月第 1 版　2024 年 3 月北京第 1 次印刷

定价：88.00 元

ISBN 978-7-5223-2979-6

（图书出现印装问题，本社负责调换，电话：010-88190548）

本社图书质量投诉电话：010-88190744

打击盗版举报热线：010-88191661　QQ：2242791300

序：发展才是社会主义

张建君

2019 年 4 月 15 ~ 17 日，习近平总书记在重庆考察调研期间明确指出："发展才是社会主义，发展必须致力于共同富裕。"① 发展是马克思主义的基本范畴之一，习近平新时代中国特色社会主义思想彰显了马克思主义发展理论的成果，亦展现了发展的重要性。

一、发展权利是一项不可剥夺的人权

发展是人类文明最显著的特征，是人类社会永恒的主题。人类社会从茹毛饮血、刀耕火种的原始状态到上天入海、遨游宇宙的现代文明，都是持续发展的结果。正是基于对人类文明特征和目标的反思和认知，1986 年 12 月 4 日，联合国大会通过了《发展权利宣言》，第一条就指出："发展权利是一项不可剥夺的人权，由于这种权利，所有各国人民均有权参与、促进并享受经济、社会、文化和政治发展，在这种发展中，所有人权和基本自由都能获得充分实现。"② 这表明：首先，发展是一项基本的人权；其次，每个人和所

① 《习近平在重庆考察并主持召开解决"两不愁三保障"突出问题座谈会》，载于《人民日报》2019 年 4 月 18 日。

② 《发展权利宣言》，国务院新闻办公室网站，1986 年 12 月 4 日。

有国家都平等地享有发展权利；最后，发展才是实现所有人权与基本自由的必要前提，离开了发展，一切人权和自由都是空谈。放眼全世界，我们看到一些世界强国打着人权与自由的幌子四处出击、唯我独尊，甚至限制发展中国家的发展权利，不惜制造矛盾、冲突，甚至以武力相威胁，在它们所谓“人权”“自由”的旗号中，看不到半点怜悯和慈悲的影子，完全是对联合国《发展权利宣言》的公然践踏。

21 世纪是一个伟大的世纪，增长之光照耀了全世界。自 2000 年以来，经济发展方面呈现出全球福利普遍增进的局面。这是联合国把“发展权利作为一项不可剥夺的人权”所创造的发展奇迹，是人类以更加文明更加务实更加理性所创造的发展奇迹。2010 年，习近平总书记在《致“纪念〈发展权利宣言〉通过三十周年国际研讨会”的贺信》中指出：“中国坚持把人权的普遍性原则同本国实际相结合，坚持生存权和发展权是首要的基本人权。多年来，中国坚持以人民为中心的发展思想，把增进人民福祉、保障人民当家作主、促进人的全面发展作为发展的出发点和落脚点，有效保障了人民发展权益，走出了一条中国特色人权发展道路。”[①] 中国特色社会主义的发展理念与联合国《发展权利宣言》的精神不谋而合，中国成功的发展实践更是验证了联合国《发展权利宣言》的伟大价值。改革开放 40 多年，中国创造了人类历史上前所未有的发展奇迹，解决了 14 亿中国人的发展难题，中国社会的人权和自由空前提升，书写了 21 世纪人类最伟大的发展史诗，为全世界人民福祉提升作出了卓越贡献。中国的努力，应该赢得全世界的喝彩和赞同。

在新冠肺炎疫情全球大流行的态势下，中国为全世界赢得了防疫的宝贵时间窗口，但有些国家仍然对中国成就视而不见甚至横加指责，错失了最佳的防御时间，造成了严重的民生灾难。习近平总书记在 20 国集团特别峰会上明确指出：“面对突如其来的新冠肺炎疫情，中国政府、中国人民不畏艰险，始终把人民生命安全和身体健康摆在第一位，按照坚定信心、同舟共

① 《习近平谈兴国之要：发展是人类社会永恒的主题》，人民网 2019 年 1 月 21 日。

济、科学防治、精准施策的总要求，坚持全民动员、联防联控、公开透明，打响了一场抗击疫情的人民战争。”① 并发出“坚决打好新冠肺炎疫情防控全球阻击战”行动号召，希望那些受到疫情严重冲击的国家，能够抛弃偏见，认真防疫，加快疫苗研发的全球合作，用科学严谨的防控措施保障人民生命财产的安全，用发展的眼光来看待中国应对疫情的伟大成绩，才能有效应对新冠肺炎疫情的全球挑战，战胜新型冠状病毒这个全人类共同的敌人，用发展来赢得人类社会的全新机遇。

二、发展是中国特色社会主义的本质特征

中国的社会主义道路，是在西方列强横征暴敛、殖民侵略的炮火中产生的，是对产生于西方先进社会制度理念的吸收和实践，是中国人民的抉择。在民族独立革命过程中，中国人民选择了中国共产党，中国共产党带领中国人民经历了100多年的奋斗历程，推动中国社会正在实现从站起来富起来向强起来的历史性跨越，是浴火重生后的发展崛起。在此过程中，中国军事力量从未主动对外宣战或者以武力相威胁，中国人民牢记中国兵家老祖宗孙子的教诲：“兵者，国之大事，死生之地，存亡之道，不可不察也。”② 新中国历代领导人都把捍卫世界和平作为首要的政治任务，明确了“发展”在中国社会中独一无二的重要位置。毛泽东主席指出，落后就要挨打，“那就要从地球上开除你的球籍！”③ 邓小平同志强调，“发展才是硬道理”，一直到习近平总书记指出，“发展才是社会主义，发展必须致力于共同富裕”。这是对社会主义认识的全新突破，既讲清楚了社会主义制度的实践特征，又指明了社会主义制度的发展目标。列宁说过：“社会主义是生气勃勃的，创造性的，是人民群众本身的创造。”④ 这表明社会主义制度不是一成不变，更不是墨守成规，而是尊重社会实践、尊重群众创造，是一个生动活泼的发展过

① 习近平：《携手抗疫，共克时艰——在二十国集团领导人特别峰会上的讲话》，载于《人民日报》2020年3月27日。

② 孙武：《孙子兵法》，上海古籍出版社2006年版，第1页。

③ 中共中央文献研究室编：《毛泽东文集》（第七卷），人民出版社1999年版，第89页。

④ 中共中央文献研究室编：《毛泽东文集》（第七卷），人民出版社1999年版，第129页。

程。可以说，“发展才是社会主义”的提法，是一个伟大的马克思主义的理论创新，把有关社会主义的理论认识提升到了21世纪的全新境界。其中，一个重大突破就是把社会主义看作是一种“发展”的制度框架，目标就是要让全体人民的人权和自由得到普遍、全面、高质量的发展保障，在发展中凸显人权和自由的价值与尊严。因此，习近平总书记明确指出：“中国特色社会主义是全面发展的社会主义。”人民的福祉就是我们奋斗的方向，既要保证人民平等参与、平等发展的权利，更要为社会公平正义奠定更加坚实的物质基础。

从新中国成立初期“一辆汽车、一架飞机、一辆坦克、一辆拖拉机都不能造”的落后状态①，成长为全球产业部类最为完备的工业化国家，把人民从积贫积弱、水深火热的生活状态改变为衣食无忧、全面小康的全新格局，中国人民为此付出了70多年的奋斗历程，书写了一部人类发展史上可歌可泣、无比瑰丽的动人史诗，改革开放40多年更是翻天覆地、震惊世界，被国际社会公认为“发展奇迹”。认真剖析蕴藏其中的规律，最宝贵的一条，就是中国共产党始终坚持“发展是党执政兴国的第一要务，是解决我国一切问题的基础和关键”。把发展作为中国社会的主旋律，使之成为中国特色社会主义的本质特征；把改革开放作为推进发展的制胜法宝和关键一招，敢于破除一切体制机制的障碍和弊端，从而让中国特色社会主义制度成为解放和发展社会生产力的制度样板，生动演绎了“发展才是社会主义”的伟大实践。

发展不是少数人的富裕，多数人的贫穷，“发展必须致力于共同富裕”，这就是中国共产党人的愿景与理念，这和联合国《发展权利宣言》的主旨不谋而合。《发展权利宣言》第二条指出：“国家有权利和义务制定适当的国家发展政策，其目的是在全体人民和所有个人积极、自由和有意义地参与发展及其带来的利益的公平分配的基础上，不断改善全体人民和所有个人的福利。”中国正在向着全面建成社会主义现代化强国迈进。

---

① 中共中央文献研究室编：《毛泽东文集》（第六卷），人民出版社1999年版，第329页。

三、发展是解决人类社会一切矛盾和挑战的根本途径

现在，世界经济正处于新旧动能转换、国际格局与力量对比加速演变的关键时期，世界各国都在积极应变、寻求加速发展的途径。欧洲如此，美洲如此，亚洲也是如此；法国如此，美国如此，中国也是如此。近年来，欧洲“生之者寡、耗之者众”的高福利模式难以为继，英国脱欧成为影响全球走势的典型不稳定事件，困扰法国的“黄马甲之乱”已经肆虐欧洲多国，究其根本原因就是找不到正确的发展方向；在美洲，发展问题同样困惑着南北美洲的诸多国家，过去几年委内瑞拉爆发了高达百分之一百万的通货膨胀，导致美国直接干预委内瑞拉内政；美国前总统特朗普打着“让美国再次强大”的旗号，以振兴美国制造业为己任，奈何美国虚拟经济的泡沫已经湮没了实体经济振兴的根基，特朗普只能挥舞起关税大棒向全球进行横征暴敛。关键原因就是美国长期的经济繁荣和金融膨胀，已经彻底败坏了美国社会勤劳诚信的社会生产机制，制造业的部门利润远远低于其他行业利润，如果不花费巨大的财政补贴，制造业不可能大规模回到美国。而财政恰好是美国的软肋，美国政府债务高达22万亿美元的规模，成为“债务悬崖”，曾让奥巴马政府两度关门，特朗普政府也创下了34天的关门纪录，美国今天的困境一言以蔽之就是“没钱”。问题的根源，就在于美国前总统里根过度迷信泛滥美元的全球收益。在他的第一个总统任期内，1985年美国财政赤字突破2000亿美元，创下了美国年度财政赤字的最高纪录，到1990年美国联邦债务高达31000亿美元，规模是前35年财政赤字的总和①。为此，美国著名经济学家莱斯特·瑟罗提议在他的墓碑上写明：“这里安葬着一个用空前的速度把一个世界最大的债权国变成最大债务国的伟人。”② 这就是美国的问题，无关人权、自由、文明和社会制度，这是美国发展中的矛盾和挑战。数据显示，到2019年2月，美国政府债务刚刚突破了22万亿美元，相当于每个人

---

① 张建君：《全球化视域下的中国发展道路研究》，人民出版社2017年版。

② 米歇尔·阿尔贝尔：《资本主义反对资本主义》，社会科学文献出版社1999年版，第39页。

6.7 万美元。[①] 近年来，美国至少已经有 46 个州出现过财政困境，2009 年美国最富裕的加州一度陷于破产边缘。可以说，人类社会的一切矛盾和冲突，既是发展的结果，也是发展所面临的挑战，最终只能用发展去解决，别无他途，谁也不例外。

中国的发展，就是直面发展矛盾和挑战所创造的人类奇迹。在改革开放初期，邓小平面对“社会主义何去何从”的时代挑战，从解决人民温饱角度直言“贫穷不是社会主义”，最终通过改革开放来释放 14 亿人民的创造热情，中国人民以“白加黑”“五加二”，没日没夜的奋斗精神创造了今天的发展奇迹，靠的是什么？可以说靠的是党的领导、靠的是改革开放，但最根本的还是 14 亿人民的奋斗精神。2020 年，中国如期打赢脱贫攻坚战，取得了现行标准下 9899 万农村贫困人口全部脱贫、832 个贫困县的全部摘帽、12.8 万个贫困村全部出列的世纪伟业，靠的是什么？习近平总书记在全国脱贫攻坚表彰大会上的讲话中做出了精辟总结，他指出：“脱贫攻坚取得举世瞩目的成就，靠的是党的坚强领导，靠的是中华民族自力更生、艰苦奋斗的精神品质，靠的是新中国成立以来特别是改革开放以来积累的坚实物质基础，靠的是一任接着一任干的坚守执着，靠的是全党全国各族人民的团结奋斗。”他强调：“让发展成为消除贫困最有效的办法、创造幸福生活最稳定的途径。”[②]

正是基于这种一往无前的奋斗精神，中国才在“苏东剧变”的全球挑战中，发展出了一片风景独好的中国特色社会主义新天地，证明了“发展才是社会主义”的朴素真理。现在，世界个别国家，没有认真梳理既往的发展经验与教训，没有直面自己发展的矛盾与挑战，没有寻找自己发展的问题与不足，而仍然想着不劳而获，甚至把自己的问题归结为别人的发展，这都是开错了药方，最终的苦果只能由自己吞下。

中国对新冠肺炎疫情的成功阻击，再次证明了发展才是硬道理的朴素结

---

① 覃维桓：《美国政府债务和金价》，《中国黄金报》2019 年 2 月 26 日。

② 习近平：《在全国脱贫攻坚总结表彰大会上的讲话》，载于《人民日报》2021 年 2 月 26 日。

论，充分说明“发展才是社会主义”是个具有中国特色的理论创新。人类社会发展历程已经表明，发展是人间正道，发展才能创造光明和辉煌的未来。任何的弱肉强食、强取豪夺、穷兵黩武都是对人权与自由的公开践踏，都是穷凶极恶的背德表现，无论装饰得多么义正词严、冠冕堂皇，最终都将遭到全世界的唾弃，成为人类文明的真正罪人甚至敌人。“沉舟侧畔千帆过，病树前头万木春。”人类只有一个地球，这是人类共同拥有的家园，发展才能照亮人类的未来，和平与发展是世界潮流，顺之者昌逆之者亡。

目　录

| 绪论 |

经济学的三大发展趋势

在西方社会，经济学家被称为“迷惘的预言家”，经济学则被称为“沉闷的科学”。这是西方经济学把高度数学化当作经济学科学标准的尴尬结果。大量模型和数学公式的推导为的是实现经济学分析的准确性，但非常不幸的是模型和数学公式本身只能实现有限变量之间确定的数量关系，模型和数学公式的运用都要求严格假定情况下的变量关系，而社会经济现象却是一个复杂活跃的系统，各种经济变量之间存在复杂和随机的联系，并且这些变量的关系具有不可重复验证的特性，这就使建立在确定变量之上的模型只能形成对个别、具体经济关系的分析，并不能全面反映和揭示经济现象内里所隐藏的问题。因此，经济学自身规范化和科学化的发展，在西方经济学中被引向了唯数学化和唯模型化的发展方向，如此似乎经济学就可以更加科学。迄今为止，这些努力都并没有增加经济学的科学性，相反却使经济学在自然科学和社会科学之间处于尴尬地位，在活生生的、蓬勃发展的社会经济现实中变成了“乏味无趣的科学”，甚至被称作是“伪科学”。这里的“伪科学”准确地讲是相对自然科学而言的，由于研究对象的差异，经济学永远都不可能成为像自然科学那样的科学，所有的鼓吹都不过是自我陶醉，所有的努力都只是在重复过去的悲剧。首先，研究对象本质特征的差异，自然世界的客观性和经济世界的主观性是形成这种差异的根本原因。其次，研究对象行为特征的差异，自然世界物质对象的稳定性和经济对象的能动性形成了直接的对立。这也就决定了经济学作为科学，只能是社会科学，而不能是自然科学，否则就成了脱离具体社会实践的“伪科学”。

一、经济学的研究对象及发展历程

就现代社会繁荣的经济生活和复杂的经济现象而言，经济学绝对不是一门“乏味无趣的科学”，而是一门“繁荣的科学”。从来没有一个学科像经济学这样拥有庞大的学科家族，衍生出五花八门的部门、派生或者交叉学科。据不完全统计，20 世纪 80 年代各种各样的经济新学科达到了 145 种之多,[①] 而这显然是其他任何一个学科都难以企及的。这种被称为“经济学帝国主义”的经济学扩张现象正在发展之中，且还只是刚刚拉开序幕。经济学帝国主义常被认为是经济学分析工具所导致的，实则不然，其是由经济学所研究的对象——以人为主体的覆盖、影响人类全部活动的社会经济现象——决定的，经济学分析工具只不过为一些交叉学科的发展提供了研究上的便利。在现在这样一个经济力量占据社会生活主导的时代，不懂经济学就根本无法理解社会、无法理解自己所生存的社会环境。在社会科学领域，经济学成为一切经济学科的基础理论，成为一切社会科学研究者必备的理论素养，甚至一个好的自然科学家也只有懂得经济学才能解决研究活动中的资金来源、应用和管理等具体问题，不至于因资金困难而一筹莫展。什么是经济学呢？我们可以对经济学做广义和狭义的理解。广义的经济学是一切经济学科的总称，凡是以经济现象为研究对象，或把经济原理应用于具体领域研究，或运用经济学的方法研究相关问题的学说体系都可以叫经济学。狭义的经济学主要是指政治经济学和西方经济学，政治经济学就是以社会经济现象及其内在规律作为研究对象的科学，不但研究社会的生产方式、生产关系，也研究社会资源的配置和经济活动的效率。西方权威学者仅仅把经济学界定为对有限社会资源进行效用最大化配置的科学，也就是说把经济学仅仅界定为资源配置或者经济行为研究的科学。这并不是严谨的经济学定义，因为这使大量经济学研究的领域没有被包括在其中，例如社会的生产组织问题、社会生产关系问题等。经济学的定义并不是一成不变的，即使在西方经济学的发展历史上，也经历了一个不断变化的过程。

---

① 李成勋：《经济学新学科概览》，世界知识出版社 1988 年版，第 2 页。

把经济学研究对象界定在物质财富生产、交换和分配的狭隘领域，是马克思所谓的庸俗经济学家萨伊所开创的资产阶级经济学的独特传统。例如，资产阶级经济学家马歇尔在 1890 年出版的《经济学原理》为了满足其从人性自私的角度否定马克思主义经济学，把经济学界定为："经济学是一门研究财富的学问，同时也是一门研究人的学问。"① 此后，随着产权私有化、经济人等西方经济学基本内容成为形式化的基本假设前提，经济学成为一门研究作为目的和具有不同用途的稀缺资源之间关系的人类行为的科学，这是 1932 年英国经济学家莱昂内尔·罗宾斯对经济学研究对象重新界定的结果。这种定义在我国也很流行，并且似乎很有道理。其实它在理论上所支持的只有西方经济学，是和马克思主义经济学格格不入、直接排斥马克思主义经济学的定义。其结果是造成西方经济学的研究范围越来越窄，丧失了大量的研究领域，在西方经济学的发展中受到了普遍的批评。总体而言，经济学的研究对象至少包括两个方面的内容：一方面，研究生产力即物质资源的效率化配置；另一方面，研究生产关系即社会制度的和谐发展。

在 1876 年，伴随着马克思的《资本论》（副标题《政治经济学批判》）出版，政治经济学开始出现分化。马克思主义经济学以资本主义社会经济制度作为研究对象，揭示了资本主义社会制度的局限性，指出人类社会制度必然伴随社会生产力的发展而走向社会主义制度。在此基础上形成的马克思主义经济学，和与此相对立的西方经济学从此分道扬镳，各自发展出了在研究范围、研究对象、研究范畴、研究方法、基本原理和理论体系上差异很大的经济学。伴随社会主义市场经济的发展，西方经济学和马克思主义经济学虽然在研究范围、研究对象、研究范畴、研究方法、基本原理和理论体系方面出现很多的相互借鉴甚至融合，更有人干脆把西方经济学称作现代经济学或者经济学；但马克思主义经济学和西方经济学在立场、观点、方法和根本结论上有着根本的差别。这种差别就是：把人类社会看作从原始社会、奴隶社会、封建社会、资本主义社会、社会主义社会不断演进的历史；还是把资本主义社会制度看作超越历史的天然制度。正如马克思恰当指出的："经济学家们在论断中采用的方式是非常奇怪的。他们认为只有两种制度：一种是人

① 马歇尔：《经济学原理》（上下卷），商务印书馆 1981 年版，第 11 页。

为的，一种是天然的。封建制度是人为的，资产阶级制度是天然的。在这方面，经济学家很像那些把宗教也分为两类的神学家。一切异教都是人们臆造的，而他们自己的教则是神的启示。于是，以前是有历史的，现在再也没有历史了”。① 现在，有些经济学家继续走在了老路上。除了上述差别，事实上，我国的马克思主义政治经济学和西方经济学，都是研究社会经济现象的一门科学，两者都把经济现象及其运动规律作为学科研究的中心任务。马歇尔于1890年出版了《经济学原理》，之所以把政治经济学改为经济学，目的就在于反对马克思《资本论》（副标题《政治经济学批判》）所带给资产阶级经济学家的理论冲击，马克思把资产阶级的政治经济学称为庸俗经济学，把资产阶级经济学家称为庸俗经济学家。所以，马歇尔辩称“在将政治经济学用作一门科学的名称时，越来越多的人偏爱用‘经济科学’和‘经济学’来代替”。② 此后，西方的学者基本上沿袭了经济学这种叫法，以示和马克思主义政治经济学的区别。但在现代西方经济学权威教材即萨缪尔森的《经济学》中经济学或者政治经济学仍然是同一个含义；这表明即使在现代西方社会，经济学和政治经济学仍然是同一学科的不同叫法。

第二次世界大战后，伴随着东欧、苏联以及中国社会主义国家的经济发展和改革实践，马克思主义经济学形成了大量的新内容。例如，形成了社会主义过渡经济学、市场社会主义、社会主义计划经济学、世界经济学、社会主义经济学等新的经济学理论。在后期的发展中，随着社会主义国家经济体制的改革深入，尤其是市场经济体制改革的引入，进一步形成了生产力经济学、改革经济学、转轨经济学、特区经济学、社会主义市场经济学、中国经济学，甚至学派化发展的马克思主义经济学等崭新的学科内容。这些经济学新学科突破了马克思主义经济学的教条束缚，开辟了崭新的研究领域，在生产力问题、经济体制的改革与比较、市场经济的基本理论、经济学中国化、经济学本土化的发展与中国经济理性体系化发展等方面作出了很大的贡献。一个值得注意的问题是，在规范化研究和新的理论体系创立方面，马克思主义经济学突破性的进展还需要时间和实践的考验。西方经济学在第二次世界

① 马克思：《资本论》第一卷，第98页。

② 马歇尔：《经济学原理》上卷，商务印书馆1981年版。

大战后的发展也进入了黄金时期。西方经济学产生了一系列在国际经济学界广泛受到学者关注的经济学新理论，如以制度经济学、行为经济学、信息经济学、博弈经济学、实验经济学、演化经济学和混沌经济学为代表的经济学新理论具有广泛的吸引力。国内出现了大量以之为理论前沿的经济学研究，制度经济学的主要理论是产权理论、交易成本理论和委托代理理论；行为经济学主要是以经济人的行为假设来研究人们的政治、经济、社会等一切行为；信息经济学以信息不对称和激励约束理论的研究著称；博弈经济学是以信息经济学为基础的对策理论研究；实验经济学以尝试展开对市场环境中经济行为在可控制环境和过程中的实证研究为主要内容，但真正意义上的实验经济学却是马克思主义经济学中的计划经济理论以及中国社会主义市场经济改革的理论实践，遗憾的是国内迄今为止在这些方面的研究被忽略了；演化经济学和混沌经济学都以自主演化和自组织理论为基础，是社会经济活动的演进论。

二、经济学学科发展的新特点

经济学学科发展的新特点是非常难以全面概括的，但综括马克思主义经济学和西方经济学发展的一些新内容，我们可以将其突出的特点简要地概括为以下一些方面。

（1）加强了对企业理论的研究，企业是现代社会生产的主要组织形式，与市场经济作为社会资源配置基础性手段相联系，企业的组织创新和治理结构也发生着根本性的变化，这些变化使企业经济学作为一门重要的学科得到了发展。对于公司制企业中委托—代理理论、激励约束理论、企业法人治理理论、企业组织创新理论等问题的研究，拓宽了经济学对于企业作为社会基本生产组织形式的研究领域，同时也拓宽了经济学自身的研究范围，大量的企业理论成为经济学理论的重要创新。

（2）加强了对发展理论的研究，伴随世界经济在第二次世界大战后发展出来的不平衡，尤其是工业化进程中农业经济、工业经济、知识经济甚至数字经济等新型经济现象，在发达国家、发展中国家的发展道路选择中，更加重视社会国民经济综合平衡的发展，而不是仅仅追求经济增长；这样就要求社会在经济、政治、文化、国民生活等整体福利指标上有全面的提升，而不仅仅是唯“增长论”。与增长极限论、零增长理论这些极端经济发展理论相比较，现代社会的经济发展理论更加强调可持续发展和循环经济的发展道路，并且形成了发展经济学和循环经济学的独立理论体系，这成为经济学理论中突出的特点。

（3）加强了对金融理论的研究，对金融理论伴随信用经济和虚拟经济的发展得到了快速的发展，在金融衍生工具的应用和操作方面形成了大量非常富有创造力的经济学成果。例如，股票交易方面的理论、期货理论、期权理论以及基金理论、汇市理论等，这些成为经济学的热门理论和最富有创新活力的领域，成为成长最快的经济学理论。由于金融领域实践问题的具体性，对于复杂金融现象的认识必须有深入的社会实践背景，这就使金融理论的研究更加专业。

（4）加强了对制度问题的研究，对制度问题的研究是经济学的老本行。但制度研究在马克思主义经济学和西方经济学中是沿着不同的理论逻辑发展的。马克思主义经济学对于制度的研究是在社会生产关系的研究对象中进行概括，但西方经济学形成了老制度经济学和新制度经济学。制度研究最初是比较经济学的专门领域，但现在因为各方面的因素，特别是社会主义国家的市场经济改革实践，制度经济学的研究出现空前的繁荣。对于新制度经济学理论的学习和把握一定要注意分辨，不要盲从。有些理论尽管天花乱坠，却有可能是伪科学。

（5）加强了对方法问题的研究，经济学对于方法论的研究取得了长足的进步和发展，特别是西方经济学目前在这个领域的研究取得了比较多的成就，马克思主义经济学的方法论研究比较滞后。但有必要指出的是，所谓的方法论个人主义和方法论整体主义之争论，是个伪命题。把西方经济学当作方法论上的个人主义、把马克思主义经济学当作方法论上的整体主义只是个片面和局部的概括，并不能反映经济学研究方法的全貌，也不能反映不同经济学在方法上所取得的成就。有志于经济学研究的同学在这些问题上一定要有开阔的理论视野和全面的态度。

（6）加强了对经济史的研究，经济史研究是与经济资料的完善和研究技术手段的提高密切相关的，经济学本质上是一门实践的科学、历史的科学。

因此，通过对经济史的研究能够对社会经济的现状和发展趋势形成更加明确的认识。

三、经济学学科发展的新趋势

（1）经济学中国化、本土化的发展趋势加强。经济学中国化、本土化是中国经济学独立发展的理性呼唤，是对于西方经济学被当作科学经济理论范式传播的一种抵制。经济学中国化、本土化的发展在中国所欠缺的不是经济思想，而是形式化的学科要求，如术语、原理、逻辑体系等。经济学中国化、本土化命题的提出，表明现有经济学并非本土的；现有经济学与本土的现实还有很大差距，不能很好地服务于本土的经济建设；要使现有的经济学更好地服务于本土的经济建设，必须通过和本土实际相结合，全面地改造现有的经济学；这种改造必然是通过保留其精神和原则而使其在形式和内容上更好地反映本土的现实。通过这种改造，使经济学成为反映本土文化及其理念、研究本土经济现实及其规律的思想理论体系。可以说，经济学中国化、本土化的发展就是要在马克思主义经济学、西方经济学中国化、本土化发展的基础上实现民族文化在经济理性思维和学科体系化发展上的突破，使经济思想的理性成果在中国的大地上成长出中国经济学来。值得指出的是，经济学中国化、本土化的发展，必须解决好以下几个问题：第一，什么是社会主义，如何建设和发展社会主义的命题。这是中国经济学自立的制度基础。第二，生产力落后的发展中国家如何成功地迅速赶超发达国家，其中所蕴涵的经济增长和经济发展的规律究竟是什么，这是中国经济学的核心问题。第三，计划经济和市场经济体制的优劣对比、政府职能的界定，及市场经济体制在现实经济建构中的转型和完善问题。第四，如何协调处理中国社会各阶层的利益分化与社会和谐、收入分配差距拉大以及共同富裕等问题。

（2）经济学数理化、模型化的发展趋势加强。在世界范围内，经济学数理化、模型化的发展趋势是第二次世界大战后经济学发展的突出特点；但经济学数理化、模型化的发展被形式化则是近些年才出现的新趋势。在中国则是近十年的事情，一方面是我国经济学研究自身发展的结果；另一方面是海外留学人员大量引入西方经济学规范的产物。经济学数理化、模型化的发展趋势，显著的效果就是加强了经济学研究的准确性和规范化，但突出的问题就是经济学数理化、模型化的分析研究所具有的片面性和失误越来越明显。如果说这些问题有待通过经济学进一步的发展来解决，那么经济学数理化、模型化发展趋势的一个最新动向和危险就是在数理化、模型化发展趋势中所反映出的形式化现象，即把单纯追求经济学数理化、模型化当作了经济学研究的最主要内容而忽略了对具体经济现象的现实研究和分析，为数学而数学、为模型而模型，最终建构的模型与所研究的具体经济现象并不存在相关性。甚至使人搞不清楚，这种经济学研究的究竟是数学现象、物理学现象还是玄学现象？我们必须承认经济学数理化、模型化的发展是大势所趋，但现在有些学者片面或者别有用心地强调经济学数理化、模型化的发展就是要去思想化、去意识形态化；这显然是极端有问题的提法，如果经济学仅仅具有数理化、模型化的形式，而没有经济思想，无疑是没有任何价值的东西，更不可能是社会科学；如果没有意识形态的归属，就更不可能服务于特定社会制度下的经济现实。

（3）经济学社会化、实践化的发展趋势加强。经济学社会化、实践化的发展趋势是与经济学数理化、模型化相对立的一种经济学发展趋势。这种发展趋势不仅反对在经济学研究中大量地使用数学和模型，而且主张突破经济学狭隘的研究领域，拓宽经济学的视野，把社会现象作为一个复杂系统进行全方位的分析研究。这种发展趋势同时出现强调经济学作为实践、经验和历史科学的特点，而不仅仅是“黑板经济学”，要求加强经济学对于社会问题的现实分析；强调经济学的研究要从社会具体的经济现象和现实出发。值得强调的是经济学社会化、实践化的发展趋势，在西方经济学的发展趋势中也有广泛的反映。例如，同样是诺贝尔经济学奖的得主、著名的美国经济学家加里·贝克尔就在经济学的社会化发展方向上取得了丰硕的成果，他把经济学的研究领域拓展到了社会学、政治学、人口统计学、犯罪学和生物学等广泛的领域，被称为“经济学帝国主义”的代表性人物。但我们必须指出经济学研究所揭示的社会经济运动的侧重不可能完全相同，其合理地反映和揭示现代社会经济运动规律的成分应该是我们能够共通和利用的地方。社会主义市场经济不但有着与西方经济在现实基础上的差别，而且在意识形态、价值观念等方面有着重大的差异，这就使我国的经济学理论和实践都只能走中国特色的道路。尤其是在西方经济学的借鉴上，更需研究其现实的可行性。保罗·萨缪尔森也承认“经济学本质上就是一门以经验为依据的科学。它以解释我们身边的世界为首要目标，然后帮助我们基于正确合理的经济原则来设计经济政策，以提高国内外人民的生活水平”。[①] 就经济学社会化、实践化的发展趋势而言，西方经济学更加强调社会化的发展趋势，马克思主义经济学更加强调实践化的发展趋势。

① 保罗·萨缪尔森、威廉·诺德豪斯：《经济学》第16版，华夏出版社1999年版，第5页。

｜第一章｜

政治经济学的体系演进及四次创新

政治经济学的创新可以简单地概括为两种：一种是从经济学说范畴、术语、基本原理到政策主张的全面更新，是新学说的创立和旧学说的扬弃；另一种是对于各种不同学说甚至对立学派理论主张、观点在特定理论逻辑基础上的体系创新，形成了范畴、基本原理、理论框架逻辑上内在统一的理论体系。前者突出的特点是理论创新；后者突出的特点是体系创新。本章所探讨的主要是政治经济学教科书理论体系的创新。

第一节　政治经济学的四次体系创新

政治经济学理论发展史的体系创新可以从两条线索加以考察：一条线索是政治经济学体系在西方资本主义国家发展中所产生的体系创新；另一条线索是政治经济学体系在社会主义国家发展中所产生的体系创新。这里我们着重考察前者。按照经济学说史的一般理论，形成西方经济学学科理论基础和理论传承的经济学创新，除了因为范畴、术语、原理等方面创新而带来的革命，如边际主义革命、凯恩斯革命、货币主义革命等理论革命外，政治经济学在西方资本主义国家发展的历史还一直伴随着以教科书为代表的理论体系创新。以往我们把这种创新称为折衷，虽然恰当地反映了其理论特征但对其引导学科发展的意义评价不足；就其对政治经济学教科书体系的创新而言无异具有革命性的意义。这种理论体系创新保证了资本主义经济学在制度假设、分析工具和理论逻辑上的一贯性，推进了经济学的规范化发展；为在派别林立的经济理论发展中确立起具有主导作用的主流经济学作出了巨大的理论贡献。

考察政治经济学在西方资本主义国家以教科书为代表的理论体系创新，比较公认的有四次：第一次是以1803年萨伊出版《政治经济学概论》为代表的西方政治经济学教科书创新，这次创新的意义在于牢固地确立了效用价值论在西方政治经济学教科书中的基础地位，并以效用价值论为分析工具对资本主义社会财富的生产、分配和消费做了合理的理论解释。

第二次是1848年约翰·穆勒《政治经济学原理》的出版，在进一步坚持效用价值论的基础上按照生产、分配、交换、社会进步和政府职能的理论框架，为政治经济学适应当时资本主义社会的现实理论需要作出了革命性的贡献。尽管理论折衷和调和是其理论体系的突出特征，但对社会主义理论合理因素的部分认可和对政府职能的研究已经开创了对资本主义放任自由或不干预原则的主动修正，这为此后的理论体系中对于社会主义制度因素的兼容奠定了良好的理论基础。

第三次是1890年，以马歇尔《经济学原理》的出版为代表，使其成为19世纪末政治经济学在资本主义社会发展的集大成式的人物，政治经济学在资本主义社会的发展伴随着名称的变化而进入一个理论范式工具化和理论体系明确化的发展阶段。建立在边际效用价值论基础上的均衡分析框架和数理分析手段（尽管其数理分析是以注释的形式出现的）使《经济学原理》成为政治经济学教科书体系中最耀眼的创新，也成为政治经济学在资本主义和社会主义社会以不同理论体系各自发展的分水岭，其革命性意义异常显著。

第四次是1948年，以萨缪尔森《经济学》的出版为代表，政治经济学在西方进入了成熟的均衡分析框架、规范的工具化的分析手段以及更加细分的经济学门类高度发展的阶段；而且政治经济学进入了以萨缪尔森《经济学》为蓝本的标准化教科书传播阶段。伴随着这本教科书体系的问世，政治经济学开始了以经济学面目征服和统一政治经济学世界的现代历程。这正是今天政治经济学在社会主义中国发展所应该借鉴和重视的宝贵经验，在把政治经济学理论体系创新作为政治经济学发展口头禅的今天，政治经济学在西方资本主义社会的发展史实在是给了我们太多值得总结的理论启示，这对于我们今天所探索着的社会主义政治经济学中国化的发展道路显得尤其重要。

第二节　制度假设的演进和完善

研究政治经济学发生在资本主义社会的四次教科书体系创新，一个最重要的特征就是这些创新都共同认可和维护这样一个基本的制度假设，即私有制基础上的资本主义社会制度最具有合理性。从最初资产阶级学者把资本主义社会制度公然鼓吹为超越人类社会历史的自然人类社会制度，到把社会制度作为政治经济学教科书体系中存而不论的一个基本假设，证明资本主义制度合理性始终是其政治经济学教科书的理论灵魂。使人们认可这样一个社会制度、改革和完善这样一个社会制度，而不是藐视、否定这样一个社会制度；在经济思想的不断变动中，制度假设的一致性就成为经济理论体系创新的锚锭。

政治经济学教科书在西方资本主义社会的发展史充分证明了制度假设的锚锭作用。在这方面萨伊的教科书创新是引人注目的。萨伊对于自己的研究工作是有着清醒的认识的，当时劳动价值论思想已经广泛发展，李嘉图较成熟的劳动价值论思想已经开始主导政治经济学的理论研究。劳动价值论所揭示的劳动者的社会主体地位和作用，已经使资本主义社会的理论精英感到恐慌，空想社会主义的理论和实践更是悬在资本主义社会制度之上的达摩克利斯之剑。对此，萨伊有着清醒的理论认识，他认为对于不能做出正确判断的作家所提出的狂妄学说，最有效的反驳方法就是通过一部确定的政治经济学教科书更明晰地阐述这门科学的正确学说。因此，他在《政治经济学概论》的开篇就指出："一个国家不管政体怎样，只要国家事务处理得完善，就能够达到繁荣"。① 先表明制度和社会的繁荣并不相关；接着便以科学分类的名义把政治经济学中所包含的制度因素以政治学的名义加以剔除，从而达到了

① 萨伊：《政治经济学概论》，商务印书馆1963年版，第15页。

在政治经济学研究中把社会制度作为存而不论的合理假设之要求。在政府与政治经济学的关系上，萨伊明确指出："所要求于政治经济学的是，它给政府提供关于事物本质和必须从事物本质产生的一般规律的正确说明"。[①] 这基本上开辟了此后西方政治经济学教科书革命的一个传统，即社会制度的合理性是个不容质疑的前提假设。

穆勒的著作没有回避资本主义和社会主义的理论对立，而且从比较客观的角度分析了社会主义理论，并对资本主义制度的缺陷进行了理论上的修正。例如，从社会进步的角度明确地指出资本主义社会雇佣关系将逐渐被废除，劳资将展开合作经营等内容都带有强烈的理论辩论色彩[②]，约翰·穆勒解决其理论中制度合理性假设的有效方法就是把社会主义理论所主张的制度因素看成是资本主义制度未来发展的必然内容；这其实也是资本主义政治经济学对社会主义制度假设合理性的部分认可。虽然在资本主义理论和社会主义理论之间进行"调和"是其突出的理论特征，但服务于资本主义并形成和保持资本主义政治经济学制度假设的一贯性是约翰·穆勒真正的理论主旨。在资本主义政治经济学遭到沉重打击的情况下，穆勒通过理论调和及体系折衷为政治经济学中资本主义制度合理性假设提供了最有力的支持，这也是《政治经济学原理》取代旧的教科书理论体系，在此后长达40多年的时间里成为最权威、最受欢迎的资本主义政治经济学教材的主要原因。毫无疑问这是社会实践对其理论价值的充分肯定。

马歇尔是资本主义制度合理性假设的坚定维护者以及为此和社会主义者进行论战的重要代表性人物，但这并不意味着其理论体系的呆板保守。从他对于政治经济学名称、研究对象的修正就可以看出他是务实的经济学家，他之所以一反自萨伊以来资产阶级经济学家把经济学界定为物质财富生产、交换和分配的狭隘领域，提出："经济学是一门研究财富的学问，同时也是一门研究人的学问。"[③] 原因就在于萨伊时代资本主义制度合理性假设并没有受到根本的挑战，萨伊理论的重要任务就是把政治经济学的研究内容尽量框定在与社会制度无关的物质财富生产领域；但马歇尔时代资本主义制度合理性

① 萨伊：《政治经济学概论》，商务印书馆1963年版，第55页。
② 约翰·穆勒：《政治经济学原理》上下卷，商务印书馆1997年版。
③ 马歇尔：《经济学原理》上下卷，商务印书馆1981年版，第11页。

假设已经为马克思主义经济学所否定，马歇尔必须在政治经济学的研究范围内为资本主义制度的合理性寻找根据，这就使他不得不扩展政治经济学的研究对象。扩大了的研究对象满足了马歇尔从人性的角度否定社会主义理论的可能性，他在《经济学原理》最初部分的内容中写到：“一般的历史，尤其是社会主义冒险事业的历史，表明普通的人不能接连长时间地实行纯粹的和理想的利人主义。”① 人是经济人、自私人，这就是马歇尔为资本主义制度辩护所找到的经济学工具。马歇尔作为资本主义制度的坚决维护者，具有坚持资本主义制度合理性假设人性基础的唯心主义特征。这从他对于社会主义理论的轻蔑上就可以充分地得到反映，他指出：“社会主义者没有研究过他们所攻击的那些理论；也不难指出，他们不理解现代社会经济组织的性质和效率。因此，经济学家们不屑于认真检查他们的任何学说，尤其是他们关于人性的各种臆测。”② 对此，在过了约60年以后，马歇尔的再传弟子乔安·罗宾逊作出了比较客观的评价，她指出：“马克思主义经济学和传统的正统派经济学之间的根本区别，首先在于正统派经济学家认为资本主义制度是永恒的自然秩序的一部分，而马克思则认为它是从过去的封建经济过渡到将来的社会主义经济的一个转瞬即逝的阶段。”③ 政治经济学或者经济学理论的根本差别，说到底就是在自己的经济理论中认可什么样的制度假设，反对什么样的制度假设；这在西方教科书体系革命中反映得很充分。

如果说马歇尔的教科书体系还需要“为私有制企业的经济制度提供一个安慰人心的图像”④；萨缪尔森的教科书体系则以科学的名义把私有制的理论逻辑完全贯穿在其理论体系的始终，不需要他告诉你只有资本主义的私有制才有效率，私有制才有效率是理论学习者自觉产生的结论。在萨缪尔森的经济学中资本主义制度合理性已经成为不需要证明的前提假设，资源的效率化配置、市场的价格机制和经济人的自由选择成为捍卫私有制基础上资本主义制度合理性假设的基本逻辑工具；再加上以科斯为代表的产权经济学家的

① 马歇尔：《经济学原理》上下卷，商务印书馆1981年版，第30页。

② 马歇尔：《经济学原理》上下卷，商务印书馆1981年版，第408页。

③ 乔安·罗宾逊：《论马克思主义经济学》，商务印书馆1962年版，第5页。

④ 萨缪尔森、诺德豪斯：《经济学》第12版，中国发展出版社1992年版，第4页。

“产权神话”，政治经济学或者经济学在西方的发展史上就完全完成了其从部分真理向完全真理的过渡，政治经济学或者经济学成为向全世界传播的科学范式。对西方经济学教科书体系和分析工具规范化发展作出杰出贡献的乔安·罗宾逊早就指出：“他们的先入之见与其说体现在明显的政治学说上，毋宁说体现在他们所喜欢研究的问题和他们据以进行研究的假设上。”① 现在有些学者只重视证明过程的逻辑检验，而忽视理论研究的前提假设；只重视西方经济学基本原理的应用，而忽视其理论得出的制度假设；只看到西方经济学优美的分析形式，而忽视其内在的理论导向。似乎只要研究过程科学，结论就一定科学，但往往适得其反。

第三节　分析工具的形成和演进

政治经济学在资本主义教科书创新中分析工具的形成是与效用价值论紧密相联系，并在效用价值论不断发展的基础上发展成熟起来的；而均衡体系和供求分析的框架则是政治经济学的普遍规律，并不必然与某一种社会制度相关。但由于规范分析工具的形成和传播与完善成熟的教科书密不可分，我们竟然往往把规范分析工具当作某一种经济学所特有的东西了，而认为接受它的分析工具就必须接受它的制度假设，这实在是失之毫厘，谬以千里。

西方政治经济学教科书体系创新中分析工具的创新和演进可以从一个前提三个方面来把握。这个前提就是以效用价值论为中心，确立了边际分析方法作为政治经济学一般分析工具的基础性地位。这是西方政治经济学教科书创新的突出成果，是坚持和发展西方政治经济学效用价值论的理论基础，并在此基础上发展到边际效用价值论所取得的分析工具上的革命成果。在萨伊的教科书体系中，萨伊把亚当·斯密价值来自人的“劳力”改为来自人的“劳动”，从而提出各种生产要素都创造价值的效用价值论，并运用这个理论分析工具对资本主义社会财富的生产、分配和消费进行了逻辑一贯的理论分

① 乔安·罗宾逊：《论马克思主义经济学》，商务印书馆 1962 年版，第 5 页。

析，论证了资本主义三位一体的价值创造以及分配方式的合理性，完成了政治经济学教科书体系的创新，确立了建立在效用价值论基础上的政治经济学理论在西方社会经济生活中牢固的主体经济理论地位，成为证明资本主义社会制度合理性的基础理论，有效地引导了全社会成员对于资本主义制度弊端的正确认识，缓解了因为空想社会主义学说、李嘉图劳动价值论以及以西斯蒙第为代表的小资产阶级政治经济学说对于资本主义制度合理性的冲击。萨伊本人也因此在欧洲大陆上获得了“科学王子”的美称。值得我们注意的是，在萨伊所确立的效用价值论中不但通过资本、土地创造价值从而坚持了其制度合理性假设的科学性，而且通过对于财产所有权的一般性论述，在实质上坚持了财产私有制的资本主义制度基础。这也成为西方资本主义政治经济学教科书制度合理性假设和分析工具逻辑统一的突出表现。尽管马克思批评萨伊的理论是庸俗的，但从维护和发展西方资本主义政治经济学的角度而言，萨伊的《政治经济学概论》无疑是具有革命性贡献的。在约翰·穆勒的教科书体系中所贯穿始终的仍然是效用的分析方法，正如他所坚持表明的：“我们所生产的，或者想要生产的，正如萨伊所正确称谓的，乃是效用。劳动并不创造物品，而是创造效用。”[①] 有了这个基础的分析手段，生产费用价值决定论，以及供求分析的工具在他的教科书体系中都有了相应的发展，这增强了其理论调和的能力；也为马歇尔体系中分析工具的规范化发展奠定了基础。

西方政治经济学教科书体系创新中分析工具的创新和演进的三个方面是通过马歇尔的教科书体系得到突出体现的，这也是马歇尔对于政治经济学分析工具的重大发展：第一，把边际增量的分析方法广泛地应用到经济学的分析中；建立在均衡基础上的均衡价格论是马歇尔经济理论的核心和基础，边际分析的方法是长期占经济学基础地位的效用价值论分析工具演进的自然结果；有了边际革命的理论贡献，边际分析工具的运用就成为西方经济学的突出特征。第二，确立了均衡分析的一般方法，并使之成为政治经济学的一般框架。均衡和非均衡是政治经济学中最普遍的一个现象，例如供求、价格与价值、失业与就业、物价稳定与通货膨胀、增长与危机等经济学现象都具有

---

① 约翰·穆勒：《政治经济学原理》上下卷，商务印书馆 1997 年版，第 61 页。

均衡和非均衡的特征。在马克思的理论体系中两大部类的生产比例是最典型的均衡生产模式，马克思的价值和价格原理是最典型的理论均衡关系；但遗憾的是在此基础上工具化的发展远远不够。在这方面，我们恰恰要向西方学习，西方政治经济学教科书一直是否定劳动价值论的，否定价值和价格的原理是它们的方向并最终成了它们的突破口。马歇尔提出的均衡价格理论，只不过是萨伊、穆勒等人提出的效用价值论、生产费用理论、供求论的混合；这种突破是用现象分析的内容取代了本质分析的内容。但当用它来分析说明市场现象的生活时，这个分析工具无疑是最有效的。第三，发展了数理分析的一般工具，使之成为当代经济学的显著特征。数理分析的一般工具在萨伊和穆勒的理论体系里还没有特别的表现，但伴随着马歇尔经济学教科书体系的确立，数理分析工具成为经济学经常使用的工具，在萨缪尔森的教科书体系中图形和数学模型成为表达经济关系的主要内容。乃至现在，数学工具的革新在很多情况下竟然决定着经济学的理论创新，这也成为西方经济学工具化发展的突出标志。以上三个方面工具创新的突出成就，在萨缪尔森的教科书体系中都获得了进一步规范、稳定的发展，成为成熟、标准的经济学分析工具。分析工具的演进和发展，也成为区别于马克思主义经济学、西方政治经济学教科书体系革命在分析工具上的突出特点和成就，这恰恰是创新马克思主义经济学所欠缺的。

第四节　需要真正意义上的体系创新

考察马克思主义政治经济学的发展历史，所欠缺的正是这种革命意义上的体系创新。自以 1867 年马克思《资本论》出版为标志的马克思主义政治经济学体系确立以来，马克思主义政治经济学也经历过两次体系上的创新。第一次是 1916 年以列宁《帝国主义论》为代表，运用马克思主义政治经济学的原理、逻辑框架和分析工具对资本主义制度的最新发展进行了研究，形成了马克思主义政治经济学的重要组成部分。第二次是 1952 年以斯大林《社会主义经济问题》为代表，对马克思主义政治经济学社会主义部分体系的创立；尽管这部分内容因为社会实践的问题已经被摒弃，但马克思主义政治经济学资本主义部分和社会主义部分逻辑一贯和体系统一的难题却因此而显得更加突出。

考察马克思主义政治经济学的两次体系创新，其积极意义是不容否定的；但所存在的一个严重不足就是没有解决好马克思主义政治经济学教科书体系在资本主义和社会主义制度分析以及经济理论上的一贯性和工具化要求问题。也就是没有很好地解决制度假设的内在化和分析工具的创新，从而严重地束缚了马克思主义政治经济学体系的真正突破。造成政治经济学资本主义部分仍然是1867年马克思《资本论》体系的翻版，而资本主义社会的经济实践已经远远不同于马克思所处的时代，以至于理论学习变成空泛的历史说教，分析工具成为难以把握的抽象思维方式，否定资本主义制度的基本理论成了分析社会主义制度弊端的工具。尤其伴随着中国社会主义市场经济体制改革实践的展开，马克思主义政治经济学体系的独立性受到了巨大的挑战。如果不能对马克思主义政治经济学的教科书体系加以真正的创新，就会使政治经济学教科书所揭示的社会主义制度合理性制度假设的锚锭作用荡然无存。想要结合西方政治经济学教科书体系创新考虑马克思主义经济学发展的困境，必须先解决好以下几个方面的问题。

首先，重新界定马克思主义经济学的研究对象。任何理论体系的完备都离不开明确、一致的研究对象。考察政治经济学在西方的四次教科书体系创新，都是在对研究对象的不同界定下进行的，从萨伊狭隘的物质财富生产、交换和分配的研究对象；到穆勒把政府问题实质性地囊括在其中；马歇尔对于政治经济学研究对象的扩大，无疑是萨伊物的研究和马克思生产关系的研究的统一；到了萨缪尔森只不过在强调资源配置基础上对于马歇尔研究对象的细化。这些研究对象的变化和发展都是服务于其制度合理性假设前提的必然结果，研究对象的重新界定充分保证了其教科书理论体系的一致性和制度假设的合理性。这恰恰是马克思主义政治经济学教科书体系所面临的突出难题，即政治经济学资本主义部分和社会主义部分研究对象在理论和现实上难以统一，从而使教科书被人为地割裂开来。就社会主义市场经济体制强调社会资源高效配置的经济现实来看，理论界提出的把马克思主义经济学研究对象界定为既研究生产力即物质资源的效率化配置，又研究生产关系即社会的和谐发展[①]，是很有价值的观点。这样才能为逻辑一致的制度合理性假设提供适宜的理论线索。当然，这也就意味着我们对于马克思主义经济学研究对象的明确扬弃。

其次，借鉴资本主义和社会主义市场经济的体制共性，把反映市场经济发展规律的内容大胆地吸收为社会主义制度合理性假设的重要内容，发展和完善马克思主义政治经济学的社会主义制度合理性假设。政治经济学在西方资本主义社会发展的历史已经充分表明社会主义制度有其非常合理的方面，这也成为其不断修正其制度合理性假设内涵的关键所在。现在，在客观认识资本主义当代发展特点的基础上，社会主义制度也应该科学吸收资本主义制度安排的合理内容，完善和充实马克思主义政治经济学社会主义制度合理性假设的内容，借助市场经济的发展所带给我们发展马克思主义政治经济学的现实经济基础，实现马克思主义政治经济学体系的革命性创新。这样才能解决好政治经济学资本主义部分和社会主义部分的理论割裂。

总之，通过考察政治经济学在西方资本主义国家的发展史，我们清楚地看到马克思主义政治经济学在当代的发展所需要的正是这种真正意义上的体系创新。在政治经济学的制度假设上如何保持体系的一贯性、如何解决政治经济学资本主义原理与社会主义现实之间的矛盾和冲突、如何实现政治经济学分析工具的规范化发展等难题，只有通过政治经济学的体系创新解决。现在，正是政治经济学需要体系创新甚至革命的时候！

第五节　政治经济学体系革命的核心

目前中国马克思主义政治经济学的体系创新，首先，要解决的问题就是制度假设的合理性问题，尤其是制度假设与理论分析框架的逻辑统一。也就是说要使社会主义制度的合理性成为理论学习者学习的自觉结论，而不是简单的说教结论；要使理论学习者能够应用马克思主义政治经济学的分析工具

① 卫兴华：《〈马克思主义政治经济学原理〉修订版的体系结构和理论构思》，载于《教学与研究》2003 年第 7 期。

分析社会现实经济问题，利用自己所掌握的一套分析工具及基本原理不仅能够得出社会主义制度的合理性结论，而且能够对于社会经济问题进行能动的分析。因此，制度假设的问题就是要有效地解决资本主义部分和社会主义部分的理论分割，使社会主义制度合理性的结论成为逻辑一贯的理论前提和基本假设，增强马克思主义政治经济学的规范化学科特征。

其次，在劳动价值论基础上分析工具的革命性创新问题。马克思主义经济学区别于西方经济学最大的理论特征就是劳动价值论，劳动价值论使人们对社会的认识不是建立在物权的基础上而是建立在人权的基础上；使人们对社会经济关系的认识不是建立在孤立的个人主义基础上而是建立在共同劳动的集体主义基础上；使社会主义制度合理性假设不再是空想而变成科学。但相比效用价值论在西方经济学中工具化的发展，建立在劳动价值论基础上的马克思主义政治经济学分析工具及基本原理远远没有得到应有的发展。笔者认为这是建立马克思主义政治经济学社会制度合理性假设的理论基础，也是马克思主义政治经济学分析工具创新发展的理论土壤。西方经济学发展到现在都没能解决的微观和宏观体系的分离，就在于西方经济学的微观部分是建立在效用价值论的基础上，但宏观部分其实是建立在劳动价值论的基础上，尽管西方经济学不承认这个结论，但考察凯恩斯理论的核心其实就是把马克思价值分析的框架转化为价格总量分析框架，而由于价格分析和效用分析的悖离，从而使其微观和宏观上形成了无法逾越的对立。这也提醒马克思主义政治经济学家要敢于大胆地发展马克思的经济理论。

再次，大胆突破旧体系，敢于把一些术语、范畴、基本理论创新的内容反映在体系中，成为分析工具革新的基础。就马克思主义政治经济学的基础理论劳动价值论而言，马克思对于资本主义社会生产分析的基本范围就是与资本主义机器化大工业生产相联系的物质生产领域，也就是资本主义的工业和农业；其时代背景就是资本主义社会劳、资关系的严重冲突和对立。因此，这与当代资本主义第三产业的大发展和劳、资矛盾缓和的生产、生活现实存在巨大的冲突。伴随着我国社会主义市场经济的发展，第三产业在我国也成为发展的产业重点，与此相适应的第三产业的劳动价值创造问题、非物质生产领域的财富创造问题、理论的现实性问题等都面临理论困惑。理论界一直在争论与第三产业相联系的非物质生产领域内服务劳动、精神劳动的价值创造问题，也形成了一些有价值的成果，但总是难以在政治经济学教科书体系中得到恰当的反映，作为分析工具革新就更谈不上了。而与资本主义现实不符的理论又进一步降低了理论自身的说服力。这些都是在马克思主义政治经济学体系，特别是分析工具创新中值得着重考虑的问题。

最后，四大分析框架或分析工具应该突出地在马克思主义经济学中加以发展和应用。这四大分析框架或分析工具就是均衡分析的框架、结构分析的框架、比例分析的框架以及数理分析工具的创新和运用。这四大分析框架中均衡分析的框架和数理分析工具往往被认为是西方经济学的专利，事实并非如此。马克思关于资本主义基本矛盾、供求失衡的经济危机、价值与价格等都是均衡分析的框架，只不过运用的术语有所不同而已。马克思更多地是强调资本主义社会生产资料、生活资料的扩大与人民消费需求的增长是否均衡的问题，而对于供求的个量特征和框架分析较少。但经济危机的发生在马克思看来恰好是两者在总量上失衡的结果，而且马克思通过资本主义社会再生产的简单再生产和扩大再生产的数理模型生动直观地表达了这个经济思想。但现在这一分析框架之所以被认为是西方经济学所特有的，却恰恰就在于个量分析的数量模型关系是后来的马克思主义政治经济学中所没有的。其他类似的结构分析框架和比例分析框架也是马克思主义政治经济学的显著特征，但遗憾的是长期没有得到足够的工具化发展。因此，这些分析框架的确立是马克思主义政治经济学加强其教科书体系和分析工具最为基本的内容，有了这些分析框架，马克思主义政治经济学就能够实现与时俱进的体系创新和理论发展，实现马克思主义政治经济学教科书体系创新的工具化要求。政治经济学在西方的发展历程已经证明了这是可行的发展之路，我们所要做的就是敢于进行体系创新和分析工具的更新。

| 第二章 |

制度假设、分析工具与政治经济学的创新

经济学本质上是一门经验科学、历史科学、实践科学。把经济学当作脱离具体社会实践、社会制度和具体国情的纯粹科学是一种彻头彻尾的幻想。现代西方经济学的权威学者保罗·萨缪尔森认为经济学本质上就是一门以经验为依据的科学。恩格斯明确指出政治经济学本质上是一门历史的科学。马克思则强调科学的经济学必须研究本国现实中的经济关系。因此，经济学作为经验科学的特性，使广泛地应用数学和统计的工具成为可能；经济学作为历史科学的特性，使我们能够从社会历史演进的角度理解人类社会制度和生产方式的更替与局限；经济学作为实践科学的特性，增强了经济学通过制度设计改革和完善经济体制来促进全社会福利的可行性。经验科学基础上的实证研究、历史科学基础上的规范研究、实践科学基础上的制度和利益研究成为经济学科的突出特征。数量、统计的方法，历史和逻辑统一的研究方法以及科学抽象的方法缺一不可。目前有些学者把数学化和模型化作为经济学研究的唯一标准，显然是具有局限性的认识。数量和统计的方法所增强的只不过是经济实证研究的准确性；但社会制度演进和生产方式更替以及社会基本经济制度和经济体制改革的正确认识在根本上是无法通过数学和统计来加以阐释的。唯数学化和模型化的经济研究脱离了具体国情和社会实践；不但不能产生有用的理论成果而且可能成为推销某些错误主张的工具。

第一节　理论适用性及其局限

从库恩的“范式”到拉卡托斯的“硬核”“保护带”“科学研究纲领”，这些术语是西方经济学方法论研究的重要范畴。库恩的“范式”、拉卡托斯的“硬核”“保护带”“科学研究纲领”的思想固然对不同学派研究方法及逻辑特征的揭示很有价值，但并不全然科学。现在“范式”“硬核”“保护带”“科学研究纲领”这些范畴对于国内马克思主义经济学和西方经济学比较研究产生了广泛的影响，但有些研究仅仅着眼于“范式”“硬核”“保护带”所标识的体系差别，忽略了不同经济体系的共性，给不同学说体系的理论借鉴和发展创新造成了很大的伤害。这就是“范式”“硬核”“保护带”“科学研究纲领”经济学研究的理论局限性。国内学者在对库恩的“范式”和拉卡托斯的“硬核”“保护带”“科学研究纲领”可以成为划分经济学流派依据研究中，曾经指出有些硬核、保护带和启示法是各个流派共同拥有的，但并没有进行专门的研究。笔者所要做的工作就是在探讨上述范畴理论适用性的同时，就这些术语划分给不同学派经济思想的共性和体系创新研究所带来的——从库恩开始到被拉卡托斯加深的伤害加以纠正。

从“范式”“硬核”“保护带”“科学研究纲领”的角度考察不同的经济学理论体系，这些术语划分给不同学派经济思想的共性和体系创新研究所带来的伤害，最集中地表现在马克思主义经济学和西方经济学的比较研究中。这些方法的使用容易形成对现存理论体系的差异进行简单化的概括和体系差别，而掩盖了它们作为经济学理论学科的共性。马克思主义经济学和西方经济学的长期论战进一步加深了各自在“范式”“硬核”“保护带”“科学研究纲领”上的差别和对立。“范式”按照其创始人库恩的说法，就是一个科学共同体的成员所共有的东西，即“范式无需可发现的规则的介入就能够确定常规科学”①。范式只是科学哲学分析过去稳定成果中科学知识逻辑结构的特征的工具，最重要的是掩盖了不同理论体系在基本原理及学术内容上的共

① 托马斯·库恩：《科学革命的结构》，北京大学出版社2003年版，第43页。

识。就同一学科而言，其实有大量内容是共同的，但由于立场的不同，同样的理论可能得出大相径庭的结论。而且在新体系与旧体系之间并非全然是科学取代非科学，库恩指出："部分由于选择，部分由于歪曲，早期科学家所研究的问题和所遵守的规则，都被刻画成与最新的科学理论和方法上的革命的产物完全相同。"① 在经济学的教科书上也是如此，大量数学和模型化的发展加强的只是西方经济学的科学形式而绝不是科学内容。

作为证伪主义的余波，被称作有80%卡尔·波普尔思想成分和20%库恩思想成分的拉卡托斯，是卡尔·波普尔的学生。他认为理论是给科学家们提供"科学研究纲领"的思想，他的"科学研究纲领"是库恩"范式"的转型。拉卡托斯的"科学研究纲领"包括消极的启发即研究纲领中不被质疑的"硬核"和积极的启发即可以被修正的研究纲领的"保护带"——将硬核假设应用于研究时的规则。拉卡托斯的"硬核"就是指不可证伪或者不能拒绝的公理，放弃"硬核"就意味着整个理论体系的崩溃。"保护带"则是一组保护"硬核"不受经验事实反驳和否定的假设或原理。可以说，拉卡托斯的"硬核"在自然科学中可以被称为是不可证伪或者不能拒绝的公理；但在经济学中其实只是基本的制度假设。接受公有制度假设还是私有制度假设只与研究者的立场、观点和方法有关，并不是普遍认可或者不能拒绝的公理。无论是库恩的"范式"，还是拉卡托斯的"硬核""保护带""科学研究纲领"，都仅仅是对经济学逻辑体系及其特征的简单概括，与经济学是不是科学、哪一种经济学更科学没有必然的联系。尤其是在人们把"范式""硬核""保护带""科学研究纲领"与意识形态挂钩的情况下，这些术语的运用所带来就可能不是促进经济学体系的发展，而是对一个经济学体系的发展和创新形成更大的限制和束缚。无论是马克思主义经济学还是西方经济学所研究的都是人类社会的经济现象及其规律，在经济学基本原理和规律的认识上，除了制度假设和分析工具的差别并不存在根本的对立，即目的都是全社会生活水平和福利的提高，但认为促进目的实现的社会制度和手段有所不同；研究对象也只有经济发展阶段和具体经济问题的不同，以及在具体社会制度下处理这些经济问题的手段之不同。也就是说，不同的经济体系具有不

① 托马斯·库恩：《科学革命的结构》，北京大学出版社2003年版，第124页。

同的基本制度假设和符合这个制度假设要求的分析工具；而并不存在“范式”“硬核”“保护带”“科学研究纲领”等范畴表面上所揭示的形式、术语、范畴、理论框架上的根本对立。同样的形式、术语、范畴、理论框架在不同的理论体系中可以有不同的表现形式。正如马克思的《资本论》被说成是“革命的理论”，那是因为我们看到在这个理论框架中降低和束缚全社会生活水平和福利提高的不是别的，恰恰是资本主义制度本身；而凯恩斯的宏观干预政策是对马克思《资本论》宏观经济分析结论的另一种表述，除了制度假设的不同，两者在“范式”“硬核”“保护带”“科学研究纲领”方面的差别并不能掩盖其理论对策的共性。

因此，研究马克思主义经济学体系的发展与创新，我们绝不能把马克思主义经济学和西方经济学在“范式”“硬核”“保护带”“科学研究纲领”的角度对立起来，动辄“范式危机”，动辄“范式教条”，在“科学研究纲领”的虚名下甚至以“硬核”“保护带”的形式搞理论体系的教条和封闭化发展；而是要普遍地揭示和发展它们除了基本制度假设和个别分析工具不同之外的广泛联系和共性。运用这些共性和联系发展和创新马克思主义经济学体系的现代形式。

第二节　意识形态和分析工具的统一

现在理论界中有一种观点认为西方经济学就是现代经济学，似乎更加科学，因为它比较少有理论说教和辩论的色彩。相比较马克思主义经济学它更加强调提出假设、建立模型、数学证明、得出结论这套科学的方法；同时它似乎也不要求有一种共同的信仰即表现出所谓的科学共同体形式，只要自由的个人偏好就好。它强调接受这套研究方法就要去思想化、去意识形态，所谓重要的不是内容而是形式，甚至宣扬经济学研究仅仅是“智力上的游戏”。这就是自由的经济学研究，在科学的名义下，与思想都无关，更不要说意识形态了。但事实上他们传授给学生的所谓现代经济学却是一套在严密的意识形态锁链下打造的理论体系，这个理论体系的出发点经济人假设、私有产权制度假设、自由竞争假设、放任自由假设尽管一再地被修正但没有一条是公认的科学原理，都是资本主义制度意识形态的核心理念和原则。运用这套理论，无论研究者态度如何公允、形式上如何科学都必然得出资本主义制度的逻辑结论。而这些东西的鼓吹者却在批评马克思主义经济学：经济学教育是分析工具的教育而不是意识形态的教育。

当然，在完成了制度假设锚定和分析工具操作主义、模型化发展之后，西方主流经济学的教科书就根本没有必要探讨意识形态和社会制度的问题。它们表现为“范式”“硬核”“保护带”“科学研究纲领”的范畴、基本原理和假设就自然而然地体现着它们的制度倾向和价值判断。什么是分析工具，什么是意识形态，似乎是两回事，其实根本不是这样。乔安·罗宾逊是对于西方经济学教科书体系和分析工具规范化发展作出杰出贡献的著名经济学家，她对此的评价是：“他们的先入之见与其说体现在明显的政治学说上，毋宁说体现在他们所喜欢研究的问题和他们据以进行研究的假设上。”① 成熟起来的西方经济学也有其自己科学的发展规律，有自己的现实经济问题需要研究。因此，主流的西方经济学就是在这样的制度假设和分析工具中研究资本主义国家的经济，意识形态显然不是它研究的重点，也不是需要时时刻刻标榜的内容。

对于经济学和政治的关系，英国著名经济学家马克·布劳格有个精辟的概括。他指出，经济学家一直和与政府政策有关的问题打交道。因此，他们的主要经济学说，不仅从拉卡托斯意义上来说是科学研究框架，而且也是政治行为框架。经济理论的这种双重职能使得某一特定理论可以既是“退化的”科学研究框架，又是“进步的”政治行为框架，即为政府提供一份详尽的政策衡量标准单子②。一句话，经济学是科学研究框架和政治行为框架的统一。这充分证明在经济学教育中所标榜的与意识形态无关、与政治无关、与思想无关是幼稚的提法。在“私有财产神圣不可侵犯”的资本主义宪政理念出现400多年后的现代社会，资本主义法学家菲利普（Loic Philip）指出，“财产权不应被视为宪法原则；它已受到如此普遍的立法约束，以致不能再被认为是‘不可侵犯的神圣权利’”③。我国著名法学家唐忠民指出，

---

① 乔安·罗宾逊：《论马克思主义经济学》，商务印书馆1962年版，第5页。
② 马克·布劳格：《经济学方法论》，北京大学出版社1990年版，第276页。
③ 张千帆：《西方宪政体系》（下册），中国政法大学出版社2000年版，第110页。

对公有财产和私有财产予以宪法上平等保护的主张，其实是混淆了宪法法律关系中的财产权和民事法律关系中的财产权，在宪法的层次上，公共财产权体现公共利益，从根本上高于体现个体利益的私有财产权，理应受到国家的优先保护①。但这种正确的思想并没有得到广泛的认同。原因何在，就是标榜不讲意识形态的新自由主义经济学理论已经改变了人们的思想观念，增强了人们的私有化预期，乃至对于正确的观点都不能客观地接受。

第三节　两大体系的根本差异及思想实质

西方经济学和马克思主义经济学作为两大经济体系的根本差异就是社会制度假设的不同，围绕制度假设不同所构成的所有制差异、政府角色定位的差异等构成了西方经济学和马克思主义经济学的体系差异。但就西方经济学和马克思主义经济学本身作为在市场经济基础上以社会经济现象作为研究对象的科学而言，有大量的可以成为共同理论的内容。例如，价格理论、市场资源配置和运行机制的理论、生产组织理论、消费者行为理论、市场结构和竞争理论、市场失灵理论、货币金融理论、国民收入理论、经济周期理论、经济增长和经济发展理论、宏观经济平衡理论等，其中除了因为制度假设所带来的根本差异（而且这种制度差异因为混合经济的发展已经大大降低了其理论对立性），理论的共同性是马克思主义经济学和西方经济学极其重要的内容，马克思本人的经济研究中也有大量明确体现这些市场经济理论共同性的内容。这尤其为我们在社会主义市场经济条件下的经济发展和经济学建设提供了坚实的理论基础。马克思主义经济学就是要把这些理论在自身的学科建设中加以有效的反映。从这个角度上来说，马克思主义经济学必须始终学习和借鉴西方主流经济学的理论成果。

新自由主义经济学只是西方经济学中与马克思主义经济学极端对立思想的学派化发展，新自由主义经济学有多种存在形式，但其经济学思想的实质是否定马克思主义经济学的制度假设和分析工具。其突出的表现就是对西方

① 唐忠民：《平等保护公私财产权并不恰当》，载于《人民日报》2004 年 11 月 7 日。

经济学中凯恩斯的宏观经济思想也坚决否定，因为在他们看来凯恩斯宏观经济思想和政策主张受到马克思主义经济学尤其是马克思经济思想的蛊惑，形成了对资本主义自由市场经济思想的破坏。最近几年我国经济学界出现的所谓经济学讲不讲道德的争论，就是20世纪30年代前后凯恩斯和新自由主义经济学的鼻祖罗宾斯的论战主题之一。凯恩斯指出："经济学基本上是一门道德的科学而不是一门自然科学，这是和罗宾斯对立的。"① 罗宾斯和凯恩斯之间持续了近十年激烈的经济学争论。尽管实践帮了凯恩斯的忙，论战以罗宾斯的最终失败而告终；但罗宾斯对于凯恩斯经济学的攻击、对历史学派特别是美国新兴的制度主义经济学的谩骂，极力捍卫着西方经济学主流思想的传承。如果说罗宾斯开创了西方主流经济学偏重以资源配置和人的经济行为选择为研究对象的经济学实证研究传统；他的盟友米塞斯、哈耶克则确立了20世纪以来一切新自由主义经济学的思想基础。米塞斯的核心思想是"只有观念能够打败观念，只有资本主义和自由主义的观念能够打败社会主义的观念"，这成为米塞斯《社会主义》一书的主题和米塞斯经济思想的灵魂。哈耶克则把资本主义认为是西方历史道德规范的一种外在表现（国内有学者所谓的教堂多的地方经济就发展，基督教才能发展市场经济的说法正是哈耶克这种思想的变相表现）。哈耶克最初是帮助罗宾斯同凯恩斯展开论战，但并没有从中得到多少好处，并最终去了美国。《通往奴役的道路》是哈耶克否定社会主义的成名作。他对自己的思想有极其明确的表述，正如他在其最后的作品《致命的自负》中所明确指出的，该书的主要作用是要证明："我们这个时代最有影响的政治运动之一，即社会主义，显然是建立在一些错误的前提上。"② 该书的副标题就是《社会主义的谬误》。可以说，从《通往奴役的道路》到《致命的自负》，哈耶克经济思想终其一生所贯彻的就是"用观念打败观念，用资本主义观念打败社会主义观念"的新自由主义经济学教条。

在哈耶克看来："自由社会的鼓吹者与社会主义体制的鼓吹者之间的斗争，并不是一场道德冲突，而是一场知识冲突。"③ 这就是米塞斯、罗宾斯、

① 马克·布劳格：《经济学方法论》，北京大学出版社1990年版，第101页。
② 哈耶克：《致命的自负》，中国社会科学出版社2000年版，第5页。
③ 阿兰·艾伯斯坦：《哈耶克传》，中国社会科学出版社2003年版，第276页。

哈耶克的意识形态。米塞斯、罗宾斯、哈耶克所开创的新自由主义经济学并没有就此停步，在第二次世界大战后伴随着资本主义和社会主义两大阵营的冷战需要，哈耶克终于迎来了自己的辉煌时刻，他在这场观念战胜观念的冷战中，因为货币理论、经济周期理论等杰出思想贡献而受到1974年诺贝尔经济学奖的鼓励。新自由主义经济学思想也获得了蓬勃的发展。在罗宾斯、哈耶克和凯恩斯论战的时期，科斯仅仅是罗宾斯旗下没有名气的青年追随者。经过罗宾斯与凯恩斯论战和资本主义与社会主义理论热战的洗礼，就在苏联解体的1991年，他的产权理论竟然因为对于市场化改革的贡献而使其获得1991年诺贝尔经济学奖。以他为鼻祖的新制度经济学也取代了美国旧的制度经济学，从科斯到阿尔钦，新制度经济学成为一个在我国影响很大的流派，并深刻影响着中国的经济改革。为米塞斯、罗宾斯、哈耶克所赞许，特别是哈耶克朝圣山俱乐部的成员，形成了整个西方反马克思主义、社会主义思想的整个谱系，成为各种形态新自由主义经济学战胜社会主义思想的理论源泉。我们可以把他们简单地进行如下的梳理：经济思想上是以罗宾斯、米塞斯、哈耶克为代表鼓吹经济学是资源配置的实证科学、方法上的个体主义研究方法、制度上的自发自生秩序；经济哲学思想上是以波普尔、拉卡托斯为代表的证伪主义哲学思潮；经济理论上是以弗里德曼等为代表的自由主义经济理论，还有以新制度经济学为代表的整个学说体系；在政治和法律思想上是以诺齐克和罗尔斯为代表的社会正义论。华盛顿共识只是他们兜售其坏主意的显性形式，经过几十年发展的新自由主义经济学已经在形式上日益地具有科学的经济学所要求的一切形式化装备。他们的意识形态已经完全变成了其理论的条件假设、前提假设以及各种形式的制度假设和特定的术语、范畴，也就是说已经被他们的“范式”“硬核”“保护带”“科学研究纲领”所掩盖。

第四节 中国化马克思主义经济学的发展

马克思主义经济学是个开放的体系。现在必须正确处理马克思的经济学、马克思主义经济学或者马克思主义政治经济学、社会主义经济学和中国经济学之间的关系；必须加速马克思主义经济学中国化理论成果的学科化发展。

马克思的经济学是马克思主义经济学的主要内容和理论源头，是马克思本人的经济学说体系；但马克思主义经济学就是马克思主义政治经济学，是包括马克思、恩格斯、列宁、斯大林、毛泽东、邓小平等系列成果以及最新社会主义经济实践成果在内的经济理论总称。马克思的经济学以个人独立的体系和明确的理论内容为特点，是独立封闭、个人的理论体系；马克思主义经济学则以主义为特征，是赞成这个主义旗帜的一系列其他人的成果总称，是发展开放、众人的理论体系。所以，以马克思的经济学为核心和理论源头的马克思主义经济学是个内涵广泛的开放体系，包括了伴随社会实践不断发展和成熟的一系列以社会主义为实践基础，以马克思、恩格斯、列宁、斯大林、毛泽东、邓小平等理论体系为内容的马克思主义学说，以及围绕上述学说所形成的各种各样的经济学说和思想。

马克思主义经济学包括社会主义经济学，但社会主义经济学并不能涵盖马克思主义经济学，是马克思主义经济学的一个分支或者说是社会主义阶段的马克思主义经济学。所以，把社会主义经济学叫作马克思主义经济学并不会引起特别大的争议，而马克思主义经济学叫作社会主义经济学，则往往为多数人所不同意。现在，社会主义经济学在中国也就是中国经济学，但中国经济学却因为中国问题研究和中国文化背景的特殊性具有理论体系上的独立性①。尽管马克思主义经济学仍然是中国经济学的理性来源，但中国经济学并不完全是马克思主义经济学；中国经济学的发展和马克思主义经济学的创新有着极其明确的关系，这种关系就是由中国经济这个研究范围和实践基础所共同决定的。

马克思主义经济学中国化的成果应该得到重视和发展，中国社会主义经济实践成果的理论转化也应及时，理论探讨和创新不应为“范式”“硬核”“保护带”“科学研究纲领”的惯性思维所束缚，也不能把马克思主义经济学原本就有的基本理论、分析范畴和研究框架拱手让给西方经济学，导致马克思主义经济学向更加狭隘的所谓“范式”“硬核”“保护带”“科学研究纲

① 哈耶克：《致命的自负》，中国社会科学出版社2000年版，第5页。

领”退缩。马克思的《资本论》中最突出的就是有关市场经济的基本理论以及供求分析的范畴和均衡分析的框架，马克思《资本论》第一章关于商品、货币对立运动的矛盾分析，是对于市场经济基本矛盾的研究，《资本论》第二卷更是从单个的资本循环和社会总资本的周转精辟地解剖了市场运行机制的一般原理。其中，商品买和卖、决定商品价值的社会必要生产劳动时间和商品价格之间的关系都是对供给与需求范畴的深刻揭示；整个社会总资本的再生产和两大部类的生产模型是最典型的均衡分析框架，而且这个宏观的均衡分析框架是和微观基础上商品价值和使用价值、商品和货币的外部对立的微观均衡模型完全一致的。但现在这些分析框架似乎成了西方经济学才有的内容，这是马克思主义经济学家值得检讨的事情。至于在此基础上关注于所谓的“范式”“硬核”“保护带”“科学研究纲领”以及类似的争论，最终使马克思主义经济学陷入了为坚持马克思主义经济学“范式”“硬核”“保护带”“科学研究纲领”而战的理论研究局面，马克思的大量经济理论被说成是斗争的理论、革命的理论、意识形态的理论就成为不可避免的结局。而后，如张培刚（2000）、洪银兴（2005）等学者指出的，自改革开放以来，实验经济学的方法一直为我国经济体制改革所采用，家庭联产承包责任制实验、经济特区实验、乡镇企业实验、价格双轨制实验、市场经济的改革实验等都是真正的实验经济学范例；但我国马克思主义经济学中实验经济学的体系、方法和案例并没有得到广泛的发展。如果再往前推，中国建立计划经济体制的实践，特别是陈云同志经济思想中宝贵的实验经济学思想并没有在马克思主义经济学中得到应有的发展和总结。与此相联系的大量马克思主义经济学中国化的成果在我国马克思主义经济学体系中应该得到充分的认可和发展。

| 第三章 |

当代中国经济学理论创新的四个基础

第一节　理论基础：出发点与理论借鉴

首先，没有马克思主义经济学关于社会基本制度假设这个理论出发点，中国经济学作为社会科学就是难以成立的，因为没有制度环境和制度安排的经济学是无法研究社会的生产方式、生产关系、资源配置、收入分配等这些具体社会经济问题的。在当代中国社会主义制度就是一切社会制度假设的现实基础，这是由历史和现实所决定的。现在理论界经常探讨经济学与社会制度的关系，社会制度是经济学理论体系发展和成熟的前提与基础，这基本上是所有经济学学派的共识。社会制度这些基本假设的差异，会形成经济理论的根本对立，在西方经济学的发展历史上，也曾经因为理论创新涉及对西方经济学基本制度假设的微调，产生了经济学的道路之争。争论到最后被纳入西方经济学理论体系的内容，基本上都接受资本主义的基本制度假设并且服务于这个制度前提。20 世纪 20 ~ 30 年代爆发过世界范围内经济学的大论战，一个是以米塞斯为代表的资本主义经济学家和以兰格为代表的社会主义经济学家间的论战，这场论战在我国经济学界有很多介绍。但同时在西方还有另一场大论战，叫作十年论战，是以罗宾斯、哈耶克为代表的西方极端自由主义经济学家和以凯恩斯为代表的资产阶级经济学家之间的论战[①]，这个论战

① 阿兰·艾伯斯坦：《哈耶克传》，中国社会科学出版社 2003 年版。

在我国国内理论界长期被忽视了。该论战持续了很长时间，20 世纪 20～30 年代，甚至到 50 年代，整个充斥西方经济学论战的主题就是西方社会走什么道路，学谁的经济学。当米塞斯到美国去时，没人理他，大家都倾向于马克思主义的经济学，所以这个自由主义大师很受冷落。这场论战是极其重要的，是西方社会和西方经济学走什么道路的论战，但这个论战被中国学者忽略了。所以说，西方经济学有论战，有道路之争。尽管经过论战和实践的检验，凯恩斯主义一度成为西方经济学的主流思想，但论战并没有结束，这个道路之争一直到 1974 年哈耶克获得诺贝尔经济学奖和 1990 年前后才勉强划上句号。在某种程度上，可以说罗宾斯、哈耶克与凯恩斯之间的论战，就是西方微观经济学和即将形成的宏观经济学之间的论战，凯恩斯的宏观经济学并没有改变资本主义的基本制度假设，仅仅是对于放任自由的市场经济制度假设进行了修正，但当时担任美国总统的胡佛还是把凯恩斯《就业、利息和货币通论》（以下简称《通论》）包含的思想称为“马克思主义者凯恩斯的学说”①。实践证明凯恩斯对于微观经济学的市场经济制度假设的修正是正确的，但这场争论说明，经济学的理论创新必须以基本制度假设为理论出发点。

其次，有了基本制度假设这个出发点以后，在中国经济学的研究中要大量吸收西方经济学的东西。吸收哪些东西呢？一定要把大量真实客观的东西介绍到我们国内，现在国内熟悉的一些诺贝尔经济学奖得主，基本上都是新自由主义经济学学派的。新自由主义的源头是 1944 年成立的“朝圣山学社”，其基本的理念就是反对马克思主义和社会主义制度，捍卫资本主义放任自由的市场经济体制。1974 年他们的精神领袖哈耶克获得诺贝尔经济学奖。其中肯尼思·阿罗是比较早获得诺贝尔经济学奖（1972 年）的。此后，这个学社的弗里德曼、乔治·斯蒂格勒、莫里斯·阿莱斯、詹姆斯·布坎南、加里·贝克尔、科斯、卢卡斯、诺斯等先后都获得了诺贝尔经济学奖。一共十位诺贝尔经济学奖得主都出自同一个学社，而且弗里德曼的货币主义学派、卢卡斯的理性预期学派、科斯的新制度经济学派、詹姆斯·布坎南的公共选择学派或者宪政经济学派都是服务于上述宗旨而产生的学派，科斯的

---

① 凯恩斯：《就业、利息和货币通论》，高鸿业译，商务印书馆 2004 年版，译者前言。

获奖时间恰好是在苏联解体、东欧剧变后一年。哈耶克的理论宣扬社会主义是纳粹主义的思想基础，他的名著《通往奴役之路》论证社会主义制度是对于人民的奴役。因此，一定要把西方经济学和新自由主义经济学区别开。在学习和借鉴西方经济学时，我们不难发现，西方经济学有很多问题的确与社会制度和意识形态无关，研究的就是西方社会的一些具体问题，所以大量运用数学方法。这就是他们的科学研究，一定要加以借鉴。因为经过长期的发展，所谓意识形态和社会制度的问题，已经演变成了西方经济学的基本制度假设和理论前提，并不需要反复地加以说明和论证。这是西方经济学理论体系和马克思主义经济学理论体系的一个重大差别。在中国经济学体系的创立和形成中要很好地加以借鉴和吸收。不要说是西方经济学的我们就排斥，把新自由主义经济学和西方经济学划分开以后，再来对西方经济学里面一些科学的东西加以吸收和借鉴，这是中国经济学发展和创新的重要理论来源。

最后，要把握西方经济学和马克思主义经济学的理论共性，科学借鉴西方经济学。研究两者的共同点，把共同的东西挖掘出来。比如，市场资源配置和运行机制的理论、供求原理、市场结构和竞争理论、市场失灵理论、资本周转理论、资本循环理论、社会再生产理论、货币金融理论、国民收入理论、经济周期理论、经济增长和经济发展理论、宏观经济平衡理论等。这些理论基本上在西方经济学和马克思主义经济学中都是分析和认识社会经济现象的基本理论内容，除了社会制度假设的理论环境不同，基本上不存在西方经济学和马克思主义经济学的差别。再比如，马克思主义经济学在社会再生产中表现出来的社会总需求、总供给理论，以及社会供求的总平衡，即马克思主义经济学的社会再生产实现论，其实在西方经济学中就表现为凯恩斯的宏观国民收入理论，这是西方宏观经济学的主体内容。因此，在西方经济学和马克思主义经济学关系问题的研究上，长期以来理论界对两者的共性研究和把握不足，这是中国经济学理论创新非常大的一个局限。现在理论界对于西方经济学的崇拜，可以说基本上是对于美国经济实力的崇拜。西方社会经济的发达和西方经济学并不完全挂钩。正如西方经济学的代表人物萨缪尔森所指出的，全球资本主义并没有带来普遍繁荣，仍有很多人处于极端的贫困之中。世界银行估计，占世界人口 1/5 的 12 亿人每天的生活费低于 1 美元

（这个数据并不包括中国）[①]。因此，对于两者既不能忽略其理论共性也不能搞教条化崇拜，应该客观地相互借鉴，取长补短。

我们必须指出，中国经济学的创新也应该在完善基本假设和分析工具上下功夫。要把科学的基本假设和意识形态的说教区别开来，因为这涉及什么是经济学科学。意识形态带有理论宣传的色彩，而基本制度假设是进行科学的经济学研究不可或缺的理论出发点。经济学之所以被认为是科学，就在于它是在严格的理论假设和逻辑推导中展开问题的研究，尽量保留了客观和科学的态度；但意识形态的理论说教带有严重的主观和强制色彩，和科学研究有根本的差别。因此，中国经济学的创新必须夯实这些理论基础。

第二节 思想基础：中国自己的经济思想

中国和西方的经济思想在历史传承上有很大的差别。西方经济思想的先行人物色诺芬，就已经开始探索什么是财富的问题。色诺芬对财富的界定是财富是一个人能够从中得到利益的东西。他甚至说，如果朋友对我有用，朋友就是我们的财富。就是我们今天很多人说的：财富就是对一个人有用的一些东西。他既从物的角度考虑财富问题，又从有用性的角度考虑财富问题，开创了西方经济学两种价值理论和以财富思想为核心的经济学渊源[②]。两种价值理论，一个是劳动价值论发源的可能性，另一个是效用价值论发源的可能性。

现在我们所熟悉的古典政治经济学学派，其经济学成就就是建立在劳动价值论的基础上，这是马克思劳动价值论的重要思想渊源。我们研究中国的经济思想，中国的经济思想里恰好没有围绕“什么是财富”这个主题所形成的经济思想研究。胡寄窗先生是比较著名的中国经济思想研究专家。他认为《礼记·大戴礼》中“慎之劳，劳则富”的观点，就是劳动价值论思想在中国的萌芽，事实上这里的“富”仅仅是指“富裕”而不是“财富”，关于财

① 萨缪尔森：《全球资本主义的失败》，《国外社会科学文摘》，2000 年第 7 期。

② 色诺芬：《经济论 雅典的收入》，商务印书馆 1997 年版。

富和价值的思想后来在中国始终没有以范畴、基本原理、研究方法、学说体系的形式得到发展[①]。西方经济学在对劳动价值论、财富研究的过程中，发展出来今天的体系，中国经济学进一步发展、创新的话，必须反映中国的人文理念和中国的经济思想，中国有很多经济思想，包括古代经济思想和近现代经济思想，但都没有形成体系化的发展，尤其是在经济学基础理论中反映得很少，这是制约中国经济学独立发展和理论创新的瓶颈地带，这个地方如果没有突破，中国经济学就很难获得理论体系的创新和发展。

西方文化中则存在以物质成果和物质利益的充足为特征的物本主义的文化。在西方文化中物质财富的获取是社会生产生活的核心，也是个人获取社会良好评价的前提。西方的历史就是一部围绕物质财富杀伐征掠、疯狂创造的历史。西方的生产力，用马克思的话来讲，即“征服和改造自然而获取物质财富的能力”。西方的社会正是充斥着物、围绕着物的社会。个人的地位和名誉乃至社会的评价都是以物质财富占有的充足作为成功的基础。因此，在西方经济学里重要的不是研究在生产中人们相互的关系和地位怎么样，而是有限的生产要素投入如何保证最大的收益获得。根据美国密歇根大学政治学教授罗纳德·英格尔哈特参与 1999～2000 年“世界价值观测量”（world values surveys）研究的报告指出：“在西方历史上，新教伦理的崛起——一种容忍并鼓励经济积累的一个物质主义的价值体系——是一个重要的文化变化，为资本主义和工业革命开辟了道路。”[②]

这种中西方文化中的人本主义与物本主义的差别，不但深刻地反映出两种文化的人文差别；而且深刻地影响着它们各自经济学思想的形成和理论的演进。这正是有用的中西方经济学最终将殊途成立的根基所在。这更让我们想起了第一位睁眼看世界的中国近代化先导严复所说的“尝谓中西事理，其最不同而断乎不可合者，莫大于中之人好古而忽今，西之人力今以胜古”[③]。中国人何以“好古”，大概在于中国的人本主义特征中人文的体味全然在古人的思想、言论及经典之中，是以玩味而忘今，追古而薄今；西人之“力

① 张建君：《社会主义劳动价值论》，甘肃人民出版社 2002 年版。

② 罗纳德·英格尔哈特：《全球化与后现代价值观》，载于《国外社会科学文摘》2001 年第 4 期。

③ 严复：《论世变之亟》，见《严复集》（第一册），中华书局 1996 年版，第 1 页。

今”，大概在于西方的物本主义特征中物本的内涵全然在于今人的创新、进取和开发之中，是以得物而忘古，新物而薄古。至于中国天人一理、物我同一的自然观更与西人天人物理、物为我用的自然观大相径庭，因此，西人的道路是一条征服的道路，中国人的道路则是一条演进的道路。此中的差别就决定了中国经济学的创新不但要重视这个经济思想的根本差别，而且要以此为基础形成以人为本的经济学核心思想和以可持续发展理论为体系的中国经济学发展道路。

第三节　现实基础：深化对市场经济认识

尽管邓小平同志的“两个不等于”① 初步打破了以往人们在经济体制和社会制度上的狭隘认识，但把市场经济等同于资本主义的观点仍然存在，西方经济学的理论也强化着这种认识。甚至有一种观点认为，市场经济就是资本主义市场经济，中国没有市场经济。我们必须历史地看待市场经济的理论与实践，把市场经济当作资本主义社会制度的基本特征，其实也就是把市场经济当作西方社会所特有的社会生活方式，马克思主义经济学所否定的是资本主义放任自由的市场经济体制并不意味着凡是市场经济就必然是资本主义的，市场经济发展到资本主义放任自由的市场经济体制有其历史发展的过程。在这个历史发展过程中，法国年鉴派著名学者布罗代尔在 1976 年就明确指出：“处于日常物质生活巨大实体之上的是市场经济。市场经济布下了一张张罗网，维持着各类网络的生机。在以本义而言的市场经济之上的是资本主义。资本主义惯常是在这个层面上繁荣起来的。”② 他对于人们把市场经济和资本主义混为一谈的思想坚决反对。按照他的研究，18 世纪前中国就拥有世界上最发达的集市网络，他指出：“在初级市场的层面上，组织得最令

---

① 邓小平提出：“计划经济不等于社会主义，资本主义也有计划；市场经济不等于资本主义，社会主义也有市场”。即“两个不等于”（资料来源：《邓小平高瞻远瞩的战略思维》，人民网，2022 年 1 月 18 日）。

② 布罗代尔：《资本主义的动力》，三联书店 1997 年版，第 23 ~ 24 页，第 21 页。

人惊讶的肯定是中国了，其布局几乎达到了数学般地准确。”① 根据经济合作与发展组织（以下简称经合组织）首席经济学家安格斯·麦迪森的估算，1820 年中国的国内生产总值（GDP）是以 1992 亿美元雄踞世界之最，占世界 GDP 总量的近 1/3②。中国市场经济的发达由此可见。

中国人从来不缺乏市场经济的知识。中国远古典籍《周易》中就包含了大量的市场经济思想。《周易》里有一卦，叫《噬嗑》。孔子在《周易·系辞下传》中明确解释是：“日中为市，致天下之民，聚天下之货，交易而退，各得其所，盖取诸噬嗑”。可见，市场的地位作用以及运动规律通过上述言简意赅的论述，已经得到充分说明。在这种市场经济中政府的行为也有说明，“黄帝、尧、舜氏作，通其变，使民不倦；神而化之，使民宜之。……黄帝、尧、舜垂衣裳而天下治，盖取诸《乾》《坤》”③。养民、便民、市场经济、无为而治，这就是符合天地之道的治国大法。这就是中国有典可考的市场经济思想和文化理念。与现代西方经济学所谓的市场经济思想有很多一致之处，如果我们真正能够汲取中国的文化理念和传统，中国的经济学一定能够站在世界的前沿。这是古人在 2000 多年前对市场的思想解释。再进一步看，汉朝就是典型的小商品经济基础上的市场经济。司马迁的《史记·货殖列传》对此有典型的论述。在《史记·货殖列传》中，司马迁指出：“人各任其能，竭其力，以得所欲。故物贱之征贵，贵之征贱，各劝其业，乐其事，若水之趋下，日夜无休时，不招而自来，不求而民出之。岂非道之所符，而自然之验邪？”④ 这其实反映的正是我们现在所谓的市场经济的思想。“人各任所能，竭其力，以得所欲”其实也就是“各尽其能，劳动交换”的分工交换思想。中国香港的经济学家扬格甚至指出这里的“低流之水”其实就是亚当·斯密所谓的“看不见的手”。在《货殖列传》这篇不可多得的经济宏文中，司马迁一针见血地指出了“天下熙熙，皆为利来；天下攘攘，皆为利往”的市场经济生活的实质。因此我们研究中国经济学必须从理论和实践上把握中国的市场经济历史进程。梁启超曾经指出亚当·斯密的

① 布罗代尔：《资本主义的动力》，三联书店 1997 年版，第 23～24 页，第 21 页。

② 安格斯·麦迪森：《中国经济的长远未来》，新华出版社 1999 年版。

③ 黄寿祺、张善文撰：《周易译注》，上海古籍出版社 1989 年版，第 572 页。

④ 司马迁：《史记·货殖列传》，中华书局 1982 年版。

很多思想其实来自中国的老子、司马迁等。亚当·斯密的著作中大量讲到中国，说中国这个国家已经很富强了，但是为什么没有进一步发展，似乎是它的法律制度束缚了生产力进一步发展的可能性。现在，亚当·斯密被当作自由放任市场经济思想的鼻祖，其实比亚当·斯密早了一千多年就完整表达这些思想的司马迁更应该得到这个荣誉。所以，中国经济学的发展，一定要把市场经济作为理论创新的现实基础。不要把市场经济当成某一个国家的，或者某一种制度的，市场经济作为一种社会生活方式是在历史上长期存在的。这是中国经济学发展不可或缺的现实基础。

目前，中国特色社会主义市场经济体制正处于不断探索和完善之中，中国经济学的发展正面临着最复杂和最有研究价值的经济现象和经济问题，中国的社会主义经济实践迫切需要中国经济学的大力发展和创新，但我们必须注意到市场经济转型的实践还没有提供建立严整理论体系和相对最优经济模式的现实基础。市场经济是以市场为社会资源配置方式的这一点是没有本质差别的。但除了这一基本点外，运用这一资源配置方式的实际经济条件不同，则具体实现这一资源配置方式的具体制度也是不同的。例如日本、美国都搞市场经济，但它们实现市场经济的许多做法并不一样。日本的市场经济以政府为主导，有专门的计划部门制定一系列产业政策、经济计划诱导整个国民经济活动；而美国却将经济计划视为破坏私有制、过分强调国家在经济发展中作用的角色而加以否定，宣扬放任自由。联邦德国采取的“社会市场经济”更是从目标和做法上都有别于其他国家。其社会公平原则中规定社会总产值中一部分归雇员所有，雇员对企业的生产与管理享有“共同决定权”或“参与决定权”。这都是和日本、美国“私有利益至上原则”直接对立的。形成差别的根本原因就是各国的经济现实不同。尽管从理论上来讲都是市场经济，但和不同的经济现实相结合，理论差别的产生就不可避免，甚至是直接对立的差别。这只是就经济运行的具体制度安排而言，从理论经济学更深刻的制度安排层次来认识，其中还存在着根本性的制度差异。如果说联邦德国采取社会市场经济的成功是立足于其理想典型的经济学理性基础之上；中国市场经济改革的成功也必然是不能够离开社会主义市场经济这个最核心的范畴。从市场经济的内部运行机制来讲，社会主义市场经济配置的资源总体就是本质上直接区别于资本主义和私有制的公有的生产资料，在这个前提下建立起的经济体制的目标、任务也将在本质上区别于资本主义。综上所述，两种市场经济的差别毫无疑问是本质上的不一样。所以，当前中国经济学的主要任务应是从现实的市场经济实践出发，对市场经济运行的各方面、各环节进行具体深入的研究；从中概括出反映中国社会主义市场经济实践特征的理论认识，而不是以极端自由市场经济的教条改造中国的社会制度。如果我们脱离开中国社会主义市场经济这个最大的经济现实，就不可能形成中国经济学的理论创新和发展。

第四节　体系基础：研究对象的重新界定

作为中国经济学创新体系基础的经济学研究对象不是一成不变的，而是伴随经济学体系创新和理论创新而不断发展演变的。但目前，中国经济学的发展创新在研究对象上受到两大教条的束缚，难以提出自己独立的创新和判断。一方面，是来自马克思主义经济学自身的传统束缚。马克思主义经济学研究对象的界定是源自马克思的经济学体系，在马克思的经典著作《资本论》中明确指出："我要在本书研究的，是资本主义生产方式以及和它相适应的生产关系和交换关系。"① 马克思的经济学对政治经济学研究对象的这种表述，成为一切马克思主义经济学家研究的起点。马克思论著中生产方式的多重含义，无疑增加了理解的分歧。按照苏联教科书的经典解读，马克思主义经济学的研究对象被界定为社会生产关系。因为社会生产关系是马克思、恩格斯所构想的科学社会主义制度区别于资本主义的显著差别，生产力之所以被忽略就是因为马克思主义经济学家接受了一个不言自明的基本假设——社会主义能够拥有比资本主义更发达的社会生产力，因为社会主义制度是资本主义社会生产力高度发达的结果。社会生产关系这个研究对象强化了马克思主义经济学关于社会生产性质、本质方面的研究，而忽略了代表社会最活跃力量的生产力，造成了马克思主义经济学教条化和说教化的发展倾向，甚至远离了生动、鲜活的社会具体经济现象。这是以苏联教科书为代表的传统

① 马克思：《资本论》第一卷，人民出版社 1975 年版，第 8 页。

马克思主义经济学没有取得更好发展的根本原因。另一方面，是来自西方经济学研究对象界定对中国经济学体系创新的束缚。西方经济学发展过程中，在四本革命性的教科书（萨伊、穆勒、马歇尔、萨缪尔森）里面对于经济学的研究对象有过四次不同的界定。但影响最大的定义是罗宾斯提出的，他的定义并不是在教科书革命性创新中形成，而是在对马歇尔教科书定义否定的基础上提出来的，但他的定义基本上被萨缪尔森的教科书所继承。这个定义现在是在我国对经济学研究对象界定上影响最大的观点。罗宾斯重新界定经济学与前面我们提到的西方经济学道路之争的“十年论战”有关，罗宾斯认为经济学就是在稀缺资源和人的需求之间进行有效率化配置的一个选择过程。这个定义在西方并不被看好，因为它不是经济学帝国主义的概念而是经济学“丧权辱国”缩小领地的概念，因此一直受到批判。罗宾斯的界定不是科学的，但是这个不科学的定义影响了一大批人，影响了中国经济学界对经济学研究对象的认识。

我们要建立当代中国的经济学理论，在对经济学研究对象的界定上，一定不要接受某一派就一定盲从某一派。要注意研究西方经济学发展过程中四本革命性教科书的不同做法，詹姆斯·穆勒对萨伊经济学定义基本上是接受的，但马歇尔对穆勒经济学定义是否定的，罗宾斯对马歇尔经济学定义是否定的，而萨缪尔森则基本上接受了罗宾斯的定义，这都是随着需要和实践在变化而不是一成不变的。萨伊、穆勒的教科书中，基本上把经济学研究对象界定为物质财富生产、交换和分配的领域。马歇尔为了和马克思主义论战，把这个定义进行了修改，经济学既研究生产的问题，也研究人的问题，而且对经济人做了大量的论证。他把经济学研究范围扩大，不再只研究财富的创造问题，也研究人的问题，人的问题就是生产关系的问题①。到罗宾斯又重新回去了。因为在 20 世纪 30 年代，正是全世界向社会主义走的一个阶段；所以，他不研究与社会制度有关的问题，只研究资源配置。我们要发展和创新当代中国经济学，就必须注意对于经济学的定义和研究对象要有准确的界定，既不能狭隘化，也不能泛化。从中国传统经济思想和市场经济的现实出

---

① 张建君：《基本假设、分析工具与政治经济学体系的创新》，载于《教学与研究》2006 年第 4 期。

发，发展和创新中国经济学的研究对象，既不能仅仅局限于社会生产关系的研究，也不能仅仅限定在稀缺资源的效率化配置选择上；而应该把中国人本主义经济思想和西方物本主义经济思想相结合，把马克思主义生产关系研究对象和西方经济学稀缺资源的效率化配置选择研究对象相结合，大胆拓展中国经济学的研究对象，在进一步深刻把握社会主义市场经济规律的基础上，使中国经济学成为一门研究在稀缺资源的效率化配置选择基础上以以人为本和共同富裕为目的、实现社会群体和自然资源间可持续发展的经济学，这应该成为中国经济学研究对象重新界定的发展方向。

第四章

劳动价值论：学习、反思与创新

劳动价值论是经济学思想和理论体系化、学科化发展的基础理论，劳动价值论作为经济学的基础理论确立了人们进行经济学思考最基本的理性原则，是经济学最初与其他社会科学区别开来的重要标志，是经济学思想成熟的基本要件。马克思的劳动价值论则创造了人类经济理性认识社会经济活动所能够达到的最高成就，这一成就就是在人类社会的历史进程中第一次明确地指出了社会主义和共产主义社会制度的可能性，第一次在理论上把人类从物权禁锢的世界和被动适应的社会制度中解放出来，阐述了人在社会历史生活中的命运和前途。这是经济学思想迄今为止能够在人类社会进程中所释放出的最耀眼的理性光芒。理解和认识劳动价值论的思想，是人类社会走向更加文明的必由之路。

现在，随着我国社会主义市场经济体制改革的深化，曾经被教条化的马克思主义正面临全面的解构和责难，攻其一端，不及全局；责其枝叶，失其根本；成为理论上的悲哀。在拜读了晏智杰教授的《劳动价值论：反思与争论》一文后（以下本章引证材料中没有特别注明的均出自此文）[①]，甚为惊奇。其中有不少的观点是笔者反复学习、多方求证而不能解其疑惑的内容，于是只能付诸于文字，向晏教授本人请教。

① 晏智杰：《劳动价值论：反思与争论》，载于《经济评论》2004 年第 3 期。

第一节　马克思劳动价值论的分析条件

马克思对于劳动价值论的研究集中地反映在其不朽名著《资本论》中。尤其是马克思《资本论》的第四卷又叫《剩余价值理论》，系统地反映了马克思劳动价值论思想的批判、继承和发展，在对重农主义、重商主义以及古典学派一切代表人物价值理论深入研究和批判的基础上，结合当时资本主义机器化大工业生产方式的根本性革命，马克思提出了自己的劳动价值论思想，其中剩余价值理论是其突出的表现形式。因此，任何理解和掌握马克思《资本论》的人都知道这样一个基本的事实，那就是马克思劳动价值论研究的分析前提条件并不是晏教授所谓的“原始实物交换，劳动以外的要素无偿和简单劳动”，而是资本主义机器化大工业的生产方式以及与此相适应的生产关系。所有学习过马克思《资本论》的人都知道这样一句名言“我要在本书研究的，是资本主义生产方式以及和它相适应的生产关系和交换关系。”① 而原始实物交换只是马克思在分析货币本质和起源时，回答和揭示为什么“货币是商品”等理论问题的历史起点和萌芽状态。把原始实物交换作为马克思劳动价值论研究的分析前提条件是对于马克思货币起源和本质理论的错误和狭隘理解的结果，这既和马克思在《资本论》中所表明的研究对象和研究范围不相符合，而且也和马克思在《资本论》第四卷中对于劳动价值论研究的历史进程和资本主义生产方式的前提要求是背道而驰的。这和马克思一再批判的“不管劳动过程的社会形式如何，只从它们是一般劳动过程的要素这个形式来理解；从而，把生产的资本主义形式变成生产的一种永恒的自然形式”② 的一切资本主义学者没有任何的差别，这难道不是令人费解的看法吗？晏教授认同和强调的“经济学价值论的中心课题是揭示社会生产力发展的一般条件和基础”，但晏教授显然对于马克思劳动价值论所据以分析资本主义社会生产力发展一般条件和基础的理论是不予认可的，否则，他无

---

① 马克思：《资本论》第一卷，人民出版社 1975 年版，第 8 页。

② 马克思：《剩余价值理论》第 1 册，人民出版社 1975 年版，第 15 页。

论怎样都会对马克思在《资本论》第四卷明确研究自己的劳动价值论之所以区别于亚当·斯密劳动价值论的一般理论加以适当的注意。马克思所研究的资本主义社会生产力发展的一般条件和基础是什么呢？这不是一个新问题而是一个马克思在其劳动价值论分析中所面对的基本条件，这个条件就是“因为活劳动——由于资本同工人之间的交换——被并入资本，从劳动过程一开始就作为属于资本的活动出现，所以社会劳动的一切生产力都表现为资本的生产力……同样，现在社会劳动的生产力和社会劳动的特殊形式，表现为资本的生产力和形式”①。正是在这个条件下马克思才提出了区别于亚当·斯密、李嘉图等一切古典经济学家的劳动价值论，才实现了马克思分析资本主义社会生产方式的理论要求，我们不知道晏教授是用怎样的慧眼看出马克思劳动价值论的分析前提条件是实物交换。至于把“劳动以外的要素无偿和简单劳动”也作为马克思劳动价值论分析条件，就更有点荒唐和可笑了。众所周知，在资本主义三位一体的公式中劳动以外的要素不但有偿而且被认为是天经地义，怎么说是“劳动以外的要素无偿”呢？如果说“无偿”，在资本主义条件下恰好是雇佣工人剩余劳动被资本家的无偿占有；而资本家凭借机器、厂房、设备、土地等生产资料的所有权不但有偿，而且这些劳动以外的因素是资本家完全占有剩余索取权神圣不可侵犯的法权依据。因此，我实在搞不清楚晏教授在这里想要表达什么样的意思。这和马克思的劳动价值论有什么联系呢？因为不是“劳动以外的要素无偿”才有了劳动创造价值的理论；而是有了劳动价值论才使我们认识到资本主义三位一体的局限，才有了社会主义制度的出现和现在资本主义福利社会的不断实践。况且就马克思价值理论的一般分析而言，劳动以外的要素尽管不创造价值，但它们仍然能够以不同的形式获得自身价值的实现和转移，甚至成为决定社会分配的依据，正如马克思所指出的：“它们只有成为占有一部分价值即一部分物化在商品中的劳动的根据（条件），才是它们所有者的收入的源泉。”②

对于晏教授所谓马克思劳动价值论分析的“简单劳动”前提条件，后面

① 马克思：《剩余价值理论》第1册，人民出版社1975年版，第418页。

② 马克思：《剩余价值理论》第1册，人民出版社1975年版，第74页。

还要具体说明，这里我们只用一句话加以批驳，凡是马克思讲到简单劳动的时候，总是作为与复杂劳动的对立面出现，总是在社会现有的正常生产条件（主要是技术水平）下与平均的劳动熟练程度和强度相联系，而不是孤立的，甚至被认为是简单的体力劳动者。想想马克思有关劳动力的一般定义，“我们把劳动力或劳动能力，理解为人身体即活的人体中存在的、每当人生产某种使用价值时就运用的体力和智力的总和”①。我们千万不要忘记了马克思劳动力定义中的“智力”要求，也千万不要把一般的抽象的理论进行庸俗化的理解。如果因为这只是一个定义并不能够充分地说明问题，那么，再看看马克思对于资本主义生产所需要的劳动力的具体要求，“劳动力在它被使用的专业中，必须具有在该专业占统治地位的平均的熟练程度、技巧和速度”②。综上所述，笔者实在无法理解为何“原始实物交换、劳动以外的要素无偿和简单劳动”就成了“决定了（马克思）劳动价值论的适用范围”的分析前提条件。

至于说马克思的劳动价值论是“从有限的非资本主义条件下得出的原理”，前面的引证已经作出了有力的反驳。就马克思的理论研究而言主要集中在自由资本主义阶段的资本主义生产方式，因此，我们必须正视马克思经济理论的局限性，这也是我们今天深化马克思经济理论研究的基本前提。但晏教授在“有限的”后面加上“非资本主义条件下”则使我们很困惑，那就是马克思的劳动价值论与资本主义生产方式无关，而且是在“有限的非资本主义条件下”——只能是原始社会、奴隶社会、封建社会条件下的某一阶段，是哪一有限阶段呢？晏教授没有具体说明，后面我们会具体说明。但我们通过其文章的摘要以及开篇论述可以看到，正是这样一个“有限的非资本主义条件下得出的原理”竟然“在反对封建主义和反对资本主义的革命斗争中发挥过一定的教育、鼓舞和动员作用，对此应当加以充分肯定”。真不知道这个“有限的非资本主义条件下得出的原理”是如何在反对资本主义革命的斗争中“发挥过巨大的动员和教育作用”，这简直太过于精辟了！不能不让人拍案惊奇。

① 马克思：《资本论》第一卷，人民出版社 1975 年版，第 190 页。
② 马克思：《资本论》第一卷，人民出版社 1975 年版，第 222 页。

第二节　什么是商品二重性学说？

晏教授指出："商品二重性学说将使用价值和交换价值界定为商品的两种'属性'，从而将它们截然加以区别，并进而认定它们的创造源泉各有不同。"令人拍案惊奇的是，这里的商品二重性学说竟然是晏教授的杜撰，因为马克思在其经典著作《资本论》第一卷第一篇第一章第一个标题就是"商品的两个因素：使用价值和价值（价值实体，价值量）"①。这里无论是价值、价值实体还是价值量都不可能被交换价值所取代。马克思明确指出："交换价值首先表现为一种使用价值同另一种使用价值相交换的量的关系或比例，这个比例随着时间和地点的不同而不断改变。"② 即使是天底下最聪明的人也知道交换价值这种使用价值交换所表现出来的量的关系或比例和马克思"因此，在商品的交换关系或交换价值中表现出来的共同东西，也就是商品的价值"③ 是不能相互替代的。尽管马克思曾经有这样的表述"起初我们看到，商品是一种二重的东西，即使用价值和交换价值"④，所谓起初就是在价值和交换价值没有明确区分的阶段，正是通过对于交换价值的深入研究马克思才提出了自己的商品二因素学说，把古典经济学家经常混淆的价值和交换价值进行了明确的区分，从而劳动价值论思想趋于完善的系统理论。在晏教授的研究中价值就这样公然地被交换价值替代了，并且没有特别的原因。这是很奇怪的研究方式。晏教授接下来的论述就更奇怪了，他指出使用价值和交换价值"它们不过是一个事物的两种形式或两个方面，从而是'等价的'关系，本无所谓性质之分。既然如此，财富和商品的这两种形式的创造源泉也断无分化的可能，它们的源泉不能不是同源的"。也就是说物的有用性和物的交换数量是"等价的"，按照字面的理解只能是物的有用性就是物的交换数量或者比例。这里什么是晏教授所谓"等价的"，笔者实在不敢揣测，只有请晏教授亲自解惑了。但显然晏教授的用意在于否定"作为使用价

① 马克思：《资本论》第一卷，人民出版社 1975 年版，第 47 页。
② 马克思：《资本论》第一卷，人民出版社 1975 年版，第 49 页。
③④ 马克思：《资本论》第一卷，人民出版社 1975 年版，第 51 页。

值，商品首先有质的差别；作为交换价值，商品只能有量的差别，因而不包含任何一个使用价值的原子”[①]。至于晏教授紧接着的“既然如此”，才使笔者有些惊讶，在晏教授看来，作为决定商品使用价值的自然物质属性和商品交换所反映出来的社会交易关系并不存在区别。但奇怪的是，进一步地，晏教授却没有提出更神奇的理论，而是拗口地提出财富和商品这两种形式的“源泉不能不是同源的”这样平常的判断。在马克思的理论中从来就没有把它们当作是异源的，如果有把它们当作是异源的，那就只有晏教授曾经可能是这样看待，但现在不知道如何突然发生了思想上的转变。马克思明确指出：“因此，劳动并不是它所生产的使用价值即物质财富的唯一源泉。正像威廉·配第所说，劳动是财富之父，土地是财富之母。”[②] 马克思在《资本论》第一卷开宗明义地指出商品是资本主义社会财富的元素形式，在马克思的理论中财富与商品源泉的同一性是明确的，财富的创造必须是劳动和劳动资料的结合。但这并不能取代马克思认为财富与价值具有不同源泉的劳动价值论原理，活劳动是创造价值的唯一源泉。

按照晏教授的提法，劳动价值论的理论内核是两个二重性假说，那么，商品理论的内核是什么，马克思劳动价值论和商品理论的区别与联系又是什么呢？

第三节　劳动本身并不具有什么二重性

这是多么精辟的说明，劳动本身当然不具有二重性，劳动当然就是劳动，如果再加上具体劳动其实已经是画蛇添足了；但如果加上商品就是商品就更正确了。因为晏教授要的是实际的存在，在他看来“劳动总是具体的，不是抽象的”，因此马克思的劳动二重性学说中抽象劳动的提法在他看来不能“同实际存在的劳动实体平起平坐，共同构成‘劳动’”。这里，大概是晏教授过于表白自己的高见，却忽略了一些基本的事实。其一，马克思劳动

---

① 马克思：《资本论》第一卷，人民出版社 1975 年版，第 54 页。

② 马克思：《资本论》第一卷，人民出版社 1975 年版，第 50 页。

二重性学说中的抽象劳动不是要和具体劳动平起平坐“共同构成劳动”，而在根本上就是同一个劳动，是从不同实体所体现出来的劳动，这里劳动的一个方面作为具体劳动形成了商品的实体；另一个方面作为抽象劳动是人类劳动力在生理学意义上的耗费，这些耗费不是过眼云烟，而是以劳动力的具体劳动时间得到了体现。这竟然被晏教授以“实际存在”的名义否定了。其二，马克思明确指出：“商品中包含的劳动的这种二重性，是首先由我批判地证明了的。”[①] 但在晏教授这里只有“劳动就是劳动，劳动就是具体劳动”，商品哪里去了呢？这里的实体不仅有劳动而且有劳动的成果，尤其是这里劳动的二重性不是脱离商品生产的独立存在，而是体现在商品中的劳动。因此，当我们看到晏教授强调“劳动二重性学说的偏颇在于，对‘抽象劳动’这个原本属于思维范畴的概念不适当地赋予了实体范畴的意义”时，我们知道晏教授在“实际存在的是各种不同形式和内容的劳动”景象中迷失了方向，只知道劳动的具体，不知道商品的具体；看到了商品的具体，又忘记了作为价值实体就是劳动的具体。因此，不是劳动二重性学说存在偏颇，也不是属于思维范畴的抽象劳动被赋予了实体范畴的意义；而是晏教授在劳动二重性学说中丢掉了商品这个前提，不知道这里有商品和劳动两个实体。我们还应该指出具体劳动也是思维范畴，所谓范畴都是思维的、抽象的，在范畴问题上讨论思维范畴和实体范畴是很奇怪的事情。

第四节　商品交换的基础

在接下来有关“劳动价值论的分析逻辑是有缺陷”[②] 的研究中，晏教授显然是“很客观的”，他对于马克思劳动价值论的分析逻辑有一系列表面上的承认，但细心的读者不难发现，他在对于马克思劳动价值论分析逻辑的说明上一开始就进行了概念的偷换，就是他把不同商品交换的“共同物”换成了“共通物”，马克思指出：“各种商品的交换价值也同样要化成一种共同

---

① 马克思：《资本论》第一卷，人民出版社 1975 年版，第 57 页。

② 晏智杰：《劳动价值论：反思与争论》，载于《经济评论》2004 年第 3 期。

的东西，各自代表这种共同东西的多量或少量。”① 所谓共同的东西即“因此，在商品的交换关系或交换价值中表现出来的共同东西，也就是商品的价值”②。慎重思考上述马克思的分析，一方面使我们进一步认识到了晏教授所谓的马克思商品二重性是故意歪曲了交换价值和价值的关系；另一方面使我们看到晏教授的“共通物”是个绕过价值范畴的伪马克思理论。因此，有了这个“共通物”的铺垫，晏教授就堂而皇之地提出所谓的“共通物”“例如，一般的抽象的效用就是其中之一”的论调。真不明白这是怎样的学术逻辑，打着劳动价值论的旗子，完成了概念的替换，最后却煞有其事地提出商品交换的基础“为什么不可以归结为一般的抽象的效用这个‘共通物’呢”？

我们不仅要问晏教授这里“一般的抽象的效用”是什么？是铁和棉花具有同样的效用吗？如果我们遵守晏教授只要实际存在，不要抽象的逻辑，两种商品不可能存在自然属性上的“一般的抽象的效用”“共同物”，就是“共通物”也不能存在。这是想要讲效用价值论又犹抱琵琶半遮面的做法。但为了避免读者误解，我们必须指出晏教授所谓的“一般的抽象的效用”其实就是指各种商品的具体效用，晏教授指出“误以为商品交换的基础同各种具体效用无关也就是和一般效用无关”，显然晏教授的“各种具体效用”就是“一般效用”。铁可以铸造机器，棉花可以纺纱织布，在劳动概念上坚定主张抛弃抽象概念的晏教授现在却慷慨地主张商品交换的“共通物”可以是“一般的抽象的效用”！

第五节　有没有劳动价值论和生产价格理论的不同？

我们翻阅了所有的马克思主义经济学基本教科书都找不到上面这样的理论观点，劳动决定商品的价格，这就是晏教授的劳动价值论吗？如果我们仔

---

① 马克思：《资本论》第一卷，人民出版社 1975 年版，第 55 页。

② 马克思：《资本论》第一卷，人民出版社 1975 年版，第 50 页。

细阅读一下《资本论》第三卷第二篇“利润转化为平均利润”的有关论述，我们就知道从理论上的商品价值决定，到实际资本主义社会生活中成本价格的现实；从部门竞争、行业竞争到平均利润的形成再到生产价格的决定，马克思从来没有讲过商品的价格仅仅决定于劳动。相反，他指出“要使商品互相交换的价格接近于符合它们的价值”①，必须满足三个条件，仅以第二个条件为例：“2、就直接的商品交换来说，这些商品是双方按照大体符合彼此需要的数量来生产的”②，这一点就现在人类社会处理市场信息不对称的能力而言，仍然是根本上无法达到的。因此，如果我们对于马克思的经济理论有稍微地尊重原意，就至少知道在商品的价值决定价格的关系上，尚且需要满足如此苛刻的假设条件，何况我们用劳动直接来决定商品价格。这个时候，我想起了西方经济学时刻提醒人们的教条，那就是必须尊重作者的理论假设。晏教授显然忘记了这点。马克思是如此明确地指出：“不同生产部门的商品按照它们的价值来出售这个假定，当然只是意味着：它们的价值是它们的价格围绕着运动的重点，而且价格的不断涨落也是围绕这个重心来拉平的。”③这是多么明确地强调了商品按照价值销售仅仅是一个理论假设；而且这个假设并不像我们有些同志错误理解的商品的价值直接决定其市场价格。价值仅仅是市场价格围绕涨落的重心，是重心而不是中心。因此，平均化的理解都是片面的，何况直接在两者之间划等号，就更文不对题了。

当然，我们不相信晏教授没有读过这些内容，尽管晏教授没有明确的表示，但我们知道就在上述引文的同一页就有晏教授倾心的内容。这就是晏教授在说明劳动价值论“适用范围”时的提法：“按照恩格斯的说法，这个范围在历史上存在过五千年到七千年之久”。这仅仅是晏教授根据恩格斯一个注释的自我推断，晏教授用它来说明劳动价值论的局限并且夸夸其谈：“马克思的分析条件是有限的，因而从中得出的劳动决定商品价值的结论的适用范围也必然有限。”这真是令人拍案惊奇的研究方法！因为恩格斯在这里要说明的不是劳动价值论适用范围的有限性，而恰恰是证明了“因此，撇开价格和价格变动受价值规律支配不说，把商品价值看作不仅在理论上，而且在

①② 马克思：《资本论》第三卷，人民出版社 1975 年版，第 198 页。

③ 马克思：《资本论》第三卷，人民出版社 1975 年版，第 199 页。

历史上先于生产价格，是完全恰当的"①。也就是说从价值规律演变成生产价格的规律在理论和实践上都成立。对于资产阶级经济学家否认价值理论与价格、生产价格关系，把价格和生产价格看成是原始存在的，否认价值先于价格、生产价格的说法；恩格斯的注释指出："那时，即1865年，这还只是马克思的'见解'。今天，自从毛勒到摩尔根等人对原始社会作了广泛的研究以来，这已经成了不容争辩的事实了。"② 在接下来的地方就有了马克思关于现代社会"要使商品互换的价格接近于符合它们的价值"，必须满足的三个条件以及仅仅把它作为假定的说明。令人奇怪的是晏教授怎么就能够得出"商品价格仅仅由劳动这一个要素决定"的夸张结论，并把它作为"劳动价值论的功能具有先天性缺陷"的第二个表现呢？

在这个缺陷的说明中，晏教授认为劳动价值论与市场价格论脱节，但事实是这样吗？我们可以看到就在同样的地方，马克思重点论述了市场价值同生产者生产个别商品的个别价值的区别，指出市场价值和生产价格的联系，指出："因此，如果供求调节着市场价格，或者确切地说，调节着市场价格同市场价值的偏离，那么另一方面，市场价值调节着供求关系，或者说，调节着一个中心，供求的变动使市场价格围绕着这个中心发生波动。"③ 这样深刻的说明和解释在晏教授看来是脱节的。其实脱节只是晏教授的一个借口，"多余"才是晏教授真正的态度，这在晏教授重建现代经济学价值论的意见中反映得很明确："承认价值规律就存在于供求关系之中，而不希求在供求关系之外还去找什么能够说明价值和价格决定的第三者，第三者是多余的。"晏教授现在要的就是简单，简单就好，这似乎不是学问的态度！

第六节　如何看待马克思劳动价值论

通过对于晏教授据以立论部分的系统分析，我们可以看到晏教授对于马克思劳动价值论的认识是问题百出的，我们不能指望对于马克思劳动价值论

①② 马克思：《资本论》第三卷，人民出版社1975年版，第198页。

③ 马克思：《资本论》第三卷，人民出版社1975年版，第202页。

或者经济学价值论在这样的认识前提下提出什么有价值的东西。但对于晏教授所谓的“如何看待劳动价值论的‘政治后果’”，我们还必须发表一些实事求是的看法。

首先，就晏教授“不能设想发出这种吓人警告的学者竟然会不了解马克思主义经济学的内涵及其历史诉求，因而我们不能不对此类警告的真实用意深表疑问”进行论述。这里的吓人警告就是动摇了马克思劳动价值论就可能引起马克思主义大厦倒塌。对于未来我们不妄加揣测，但对于马克思主义经济学（尤其是劳动价值论）的内涵及其历史诉求我们倒要向晏教授进行请教了，马克思主义经济学（尤其是劳动价值论）的内涵及其历史诉求究竟是什么呢？马克思在《资本论》第一卷第二版跋中有这样的一段名言：“就这种批判代表一个阶级而论，它能代表的只是这样一个阶级，这个阶级的历史使命是推翻资本主义生产方式和最后消灭阶级。这个阶级就是无产阶级。”① 这就是马克思主义经济学的历史诉求，马克思主义经济学的这种历史诉求的理论基础和合法性是什么呢？这就是劳动，劳动者的劳动才是社会进步的永恒动力，才是晏教授热衷的“生产力发展的一般条件和基础”（但显然晏教授并不这样看待），才是生产力中最活跃、最能动的因素。但在奴隶社会、封建社会、资本主义社会以来的人类社会中，劳动者都是处于被自己所创造的物质产品压迫得喘不过气来的悲惨局面，是被社会遗忘了的大多数。马克思主义经济学第一次把劳动者放在了社会主人的位置，指出了劳动者的活劳动是价值创造的唯一源泉，为社会主义——这一崭新人类社会制度的建构奠定了最坚实的理论基础，把人从物的奴役中解放出来。而我们现在有些学者完全忘记了社会主义是什么，他们还能真正地理解马克思主义劳动价值论的理论内涵吗？回答是肯定的，过去不能，现在不能，将来更不能。

其次，晏教授所谓的坚持劳动价值论“与发展社会生产力的要求相脱节，对市场经济基本规律即市场价格的决定和变动缺乏说服力，甚至还会导致对以建立社会主义市场经济体制为目标模式的改革开放和社会发展路线的抵触和否定”。马克思主义经济学，包括劳动价值论如果不能对于背

① 马克思：《资本论》第一卷，人民出版社 1975 年版，第 51 页。

弃社会主义原则的行为做出批评和否定就不会有人类历史上社会主义社会的历史实践，就不会有国际共产主义运动；马克思主义经济学，包括劳动价值论如果不是对市场经济的基本规律有如此深刻的揭示和说明，就不可能有世界范围内的生命力，就不可能有人类理性第一次主动提出的社会主义制度成为现实。马克思以劳动价值论为基础的经济学，特别是其主要著作《资本论》，正是研究市场体制和机制的重要著作，正因为我们要实行社会主义市场经济体制，马克思的经济理论就更需要被很好地学习、研究、继承、运用和发展。就是在西方经济学以科学面目纵横世界的今天，马克思的《资本论》仍然被作为西方学习经济学的主要推荐书目，当我们在西方经济学主流派别的学说中寻找现代经济学的真谛时，它们的意见却使我们大吃一惊。《经济学的秘密》首版于 1982 年，1998 年出版了第 4 版，是美国著名网上书店亚马逊书店的五星级畅销书。作者是两位美国著名的经济学家即制度经济学的杰出代表罗伯特·耐尔·海尔布伦纳（Robert. Neil. Heilbroner）和莱斯特·瑟罗（Laster. Thurow）。该书指出："要想真正掌握经济学的基本原理，最好的办法就是去阅读三位伟大的经济学家的著作——亚当·斯密、卡尔·马克思和梅纳德·凯恩斯。"① 美国著名经济学家 C. E. 林德布鲁姆指出："如果问到关于市场体制最重要的一本书是什么时，许多人可能会说是亚当·斯密的《关于国民财富的性质和原因的研究》。其他的人可能回答是马克思的《资本论》……。我个人认为，学习和研究市场体制，上述两本书是需要阅读的。"② 因此，至于晏教授其他把胡乱的揣测当作理论的探讨和把马克思的只言片语当作痛斥马克思主义的依据不值一提。

因此，就晏教授而言，"为什么'拓展'之路行不通"不是问题而是必然的结论。因为，在如此奇怪的劳动价值论研究中反思还来不及呢，哪里有功夫去谈论理论发展的问题。晏教授选择了最简单的方法。

---

① 罗伯特·耐尔·海尔布伦纳、莱斯特·瑟罗：《经济学的秘密》，海南出版社 2001 年版，P21。

② ［美］C. E. 林德布鲁姆：《市场体制的秘密》，江苏人民出版社 2002 年版，第 13 页。

第七节　“重建”还是“拿来主义”？

晏教授所谓的“重建现代经济学价值论的几个问题”，其实只要三句话就可以说得清楚：第一，供求价值论；第二，价值多要素决定论；第三，三位一体分配论。这都是马克思所批评和批判过的庸俗经济学家的一般共识，我们在前面已经有过分析，根本不是什么新东西；但我们不能不对晏教授“当此初创之际，我这里仅能就我个人认为最急迫的问题提出一些不成熟的看法供参考”的表态感到奇怪：供求价值论、价值多要素决定论以及三位一体分配论这些耳熟能详的西方经济学成果怎么就成了晏教授个人“不成熟的看法”了呢？一个人不可能穷尽一切真理，谁的就是谁的，实事求是一点好不好？

在晏教授的重建看法中，唯一具有新意的就是“坚决批判那些凭借垄断性占有资源（经济的、政治的或行政的资源等）而无偿占有社会财富和别人应得成果的行为，认为这是新时期中国社会出现的一种最值得重视、需要下大力气加以惩治的剥削行为”。晏教授所谓的上述行为是“剥削行为”是不对的，如果存在上述行为，那只能有一个结果就是“犯罪行为”而不是“剥削行为”。限于篇幅，我们不再对此进行深入的探讨，有兴趣的读者可以进一步地深入思考。由于晏教授大作所带给我们的理论冲击，有拍案惊奇的感觉，是以通过上述文字向晏教授学习请教。

第五章

马克思主义政治经济学货币本质论

货币本质的争论是经济学中一直存在的一个现象，把价值形成看成一种完全无关紧要的东西或在商品本性之外存在的东西是古典政治经济学货币理论的突出特征，这与其将资本主义生产方式误认为是社会生产的永恒的自然形式思想是一致的。马克思主义经济学研究的一个重要贡献就是第一次从货币历史发展的角度指出作为资本主义社会经济生活主宰的货币是社会商品交换过程的"结晶"，是固定充当一般等价物的商品。马克思明确指出："既然一切商品只是货币的特殊等价物，而货币是它们的一般等价物，所以货币在它们面前充当一般商品，而它们在货币面前只代表特殊商品。"① 这是对于货币本质的一个精辟说明，是对货币和商品区别与联系的简要概括。货币作为人类社会劳动独立的价值形式经历一系列发展阶段，在资本主义社会资本、货币以及作为货币存在形式的纸币、信用货币似乎是独立于社会商品生产活动的东西。因此，马克思的货币本质论是我们正确认识劳动与价值创造关系、货币起源的重要理论基础，对于理解资本主义商品拜物教、货币拜物教以及资本拜物教产生的社会经济关系基础提供了重要的理论说明，揭示了资本主义社会生产方式和社会生产关系的历史局限性。

理解货币本质主要在于把握"固定充当一般等价物"这个特征，而不是"商品"特征，更不是"特殊商品"特征；但"商品"或者"特殊商品"的界定是就货币定义的归类而言，重要的是在把握货币本质的前提下准确定义

① 马克思：《资本论》，中国社会科学出版社 1983 年第 1 版，第 71 页。

货币的问题，如果不能深刻地理解货币本质就必然会在对于货币定义的归类问题上产生错误的认识。1939 年由胡明翻译、上海光明书局印行的列·阿·列昂捷也夫所著的《政治经济学基础教程》中就明确指出："货币是一般的商品，是一般的等价物，货币是价值的化身，是抽象劳动的化身。货币是那种印号，它是市场的自然力加在商品上的社会承认的戳记。"① 但在人民出版社于 1953 年根据苏联外国工人出版社中文版翻印的列昂节夫的《政治经济学》一书中这段话变成了："货币是一种特殊的商品，是测量价值的总衡量。货币是价值的表现物，是抽象劳动的表现物。货币好比一个图章，市场上的盲目势力就拿这个图章在商品上盖上一个社会公认的印记，由此而将这个商品由私人劳动的生产品变成社会劳动的生产品。"② 这和更早由新华日报华北分馆所出版的列翁节夫的《政治经济学》中的表述完全一致，即："货币是一种特殊的商品，是测量价值的总衡量。"③ 列昂捷也夫和列翁节夫是列昂节夫的不同译法，由此可以看出货币的本质究竟是"一般商品"还是"特殊商品"实际上属于翻译的问题。苏联科学院经济研究所编，包括列昂节夫等众多苏联经济学家参加并在国内经过三次讨论修订的苏联《政治经济学教科书》第一版（1955 年）、第二版（1956 年）以及第三版（1959 年）均有相同的表述："货币是充当一切商品的一般等价物的商品，它本身体现着社会劳动，并表现出商品生产者之间的生产关系"④。这里不但没有"特殊"二字甚至连"一般"二字也予以取消，说明货币的本质是充当一般等价物的商品，而与货币的形态无关。我国学界对此也进行了修订，但并不彻底。例如，王峰明、牛变秀的《超越货币本质'一般论'与'特殊论'的对立》、《再论超越货币本质"一般论"与"特殊论"的对立》的基本观点大同小异，有很多地方值得商榷。

对于货币的本质，可先理解"本质"一词，《现代汉语词典》对"本质"的解释是："指事物本身所固有的，决定事物性质、面貌和发展的根本

---

① 列昂捷也夫：《政治经济学基础教程》，胡明译，上海光明书局印行 1939 年版，第 110 页。

② 列昂节夫：《政治经济学》，人民出版社 1953 年版，第 98 页。

③ 列翁节夫：《政治经济学》，新华日报华北分馆印刷，第 88 页。

④ 苏联科学院经济研究所：《政治经济学教科书》，人民出版社 1955 年第一版，第 76 页；1956 年第二版，第 76 页；1959 年第三版，第 52 页。

属性。事物的本质是隐蔽的，是通过现象来表现的，不能用简单地直观去认识，必须透过现象掌握本质。”因此，把货币商品自身的“物理—自然”外在属性和货币商品的“经济—社会”本质属性混为一谈，是非常奇怪的思维方式。货币商品自身的“物理—自然”外在属性恰恰是纷繁复杂的经济现象，并不决定货币性质、面貌和发展。马克思曾经风趣地讲过：“在货币形式上，一种商品和另一种商品完全一样。因此，货币可以是粪土，虽然粪土并不是货币。”① 很显然，货币商品“物理—自然”的外在属性并不是决定货币性质、面貌和发展的根本属性；马克思通过对货币历史的漫长考察，揭示出货币从最不显眼的石斧、贝壳等特殊的货币商品，一直发展到炫目的金银，发展到纸币以及信用货币。如果按照货币商品形式的特殊性去认识货币，产生的恰恰是货币拜物教。透过这些货币商品形式的探索性，才能发现决定货币商品性质、面貌和发展的根本属性不是它们的“物理—自然”属性，而是货币商品内在的“经济—社会”属性，正是社会交换这个货币商品内在的“经济—社会”属性决定着货币商品从普通物向贵金属、从贵金属向纸、从纸向电子信用的发展。因此，套用哲学的辩证思维来探讨货币本质问题，恰恰是把马克思主义经济学已经搞清楚的基本原理推向错误和后退。对此，我们有必要加以具体的分析。

第一节　两个不同的问题

我们首先要指出的是货币和货币商品是完全不同的两个观念，货币是指价值形式发展的独立化产物，是一般等价物的完成形态，是经济学的一个规范术语；而货币商品则是特指本身以商品形态存在的货币，如金、银等贵金属，是表达特定商品与货币的密切关系。因此，不能把货币和货币商品当作通用或者等价的范畴来使用，更不能把货币商品所包含的一些特殊关系推广到对于货币本质的一般性认识中。其次货币商品所表达的商品与货币的密切关系并不是体现在货币商品作为一般等价物的本质规定上，而是体现在“货

① 马克思：《资本论》第一卷，人民出版社 1975 年版，第 128 页。

币商品的使用价值二重化了”[①]，即在它作为商品所具有的特殊使用价值之外，又取得了一种由它的特殊的社会职能产生的形式上的使用价值，这都是对于货币商品作为商品形态的特殊性的论述。因此，马克思明确地指出是货币商品的使用价值二重化了。货币商品形态的这种特殊性和货币商品作为一般等价物或者价值形式的一般性是两个不同的问题，统一它们的基础是货币商品特殊的使用价值，而不是货币商品作为一般等价物的价值形式规定性。马克思指出：“一般等价形式专门同一种特殊商品结合在一起，即结晶为货币形式的时候，这种假象就完全确立起来了。一种商品成为货币，似乎不是因为其他商品都通过它来互相表现自己的价值，相反，似乎因为这种商品是货币，其他商品才都通过它来表现自己的价值。……这些简单的物，即银和金，一从地底下出来，就立即表现为一切人类劳动的直接化身。货币的魔术就是由此而来的。”[②] 通过此内容读者自己就能够判断为什么在理解货币的本质上要强调是“固定充当一般等价物的商品”，而不是“固定充当一般等价物的特殊商品”。银和金作为货币的商品形态特殊性已经产生了人们对于它们的盲目崇拜，如果我们再强调货币的本质是“固定充当一般等价物的特殊商品”，其实就是把货币局限在某一种特殊商品的使用价值上，这就在根本上使人们仍然迷信于货币形式的特殊性而不能充分认识货币本质所揭示的社会生产关系的一般性，这种认识和货币自身的发展史是相矛盾的，和“充当一般等价物就成为被分离出来的商品的特殊社会职能”的本质相冲突。同时，马克思对于货币本质的说明更透彻，即：“货币是它们的一般等价物，所以货币在它们面前充当一般商品，而它们在货币面前只代表特殊商品。”[③]

第二节 货币即一般等价物的完成形态

货币商品是货币作为价值形式发展的一个特定阶段，正是在这个阶段上，金、银等贵金属所具有的“物理—自然”属性满足了价值量不存在质的

① 马克思：《资本论》第一卷，人民出版社 1975 年版，第 108 页。
② 马克思：《资本论》，中国社会科学出版社 1983 年第一版，第 73 页。
③ 马克思：《资本论》，中国社会科学出版社 1983 年第一版，第 71 页。

差别而只有量的差别这个重要的交换特征，才使金、银成为天然的货币。但这并不意味着货币商品超越了货币“一般等价物”的这个本质规定，所以人们知道的一句名言的前半句准确地界定了这种关系即“金银天然不是货币”。

因此，金、银之所以成为货币就在于人类社会商品交换关系的日益扩大和突破地方的限制，使价值形式即等价物形式日益发展成为一般人类劳动的独立化表现，从而使价值形式固定地通过一般等价物表现的需要越来越迫切。这样，就使金、银等贵金属作为货币商品成为可能，在它们成为货币的道路上其自身的“物理—自然”属性起到了决定性的作用；这种属性发挥作用的基础就是能够最恰当地充当价值形式，从而达到了价值形式即一般等价物发展的现代形式即货币形式。但货币商品并不是货币作为一般等价物发展的终结，而是一个必然的阶段。正是因为货币取得了成为社会劳动的一般价值形式，其“物理—自然”的属性掩盖了其固定充当一般等价物的实质，在商品交换关系占据社会生活中心的经济社会中，货币成了经济生活之谜，似乎具有特别神秘的力量，形成了人们盲目迷信货币的货币拜物教。马克思的货币本质论不是要强调货币商品所具有的超越“一般等价物”的“特殊性”规定——这个金灿灿的炫目的货币形式；而是要“探讨商品价值关系中包含的价值表现”，探讨货币作为价值形式是“怎样从最简单的最不起眼的样子一直发展到炫目的货币形式”①。因此，强调货币商品自身的“物理—自然”属性与商品价值的“经济—社会”属性的内在契合是倒因为果的货币商品形态论而不是货币商品本质论，当然也不是货币本质论。这也是把货币的本质归结为“固定充当一般等价物的特殊商品”观点所具有的明显局限，至于在此基础上进一步把货币本质简化为“特殊论”就彻底地放弃了什么是货币本质的争论，这种观点中特殊的是作为商品的金、银而不是作为货币的金、银。

第三节 货币的本质

马克思主义经济学中的货币本质论所要解决的是货币作为价值形式的发

① 马克思：《资本论》第一卷，人民出版社 1975 年版，第 51 页。

展路程以及包括在其中的社会生产交换的一般关系，而不是要解决货币是不是商品。马克思指出："还在17世纪最后几十年，人们已经知道货币是商品……困难不在于了解货币是商品，而在于了解商品怎样、为什么、通过什么成为货币。"①

对于商品怎样、为什么、通过什么成为货币，这是马克思货币本质论区别于其他经济学理论最为深刻和精彩的内容之一。马克思从简单的、个别的或偶然的价值形式开始了货币起源的探索，在这种简单的、个别的或偶然的价值形式中马克思指出了商品的自然形式成为价值形式的等价形式，但这只是货币的萌芽并不是货币本身。在对总和的或扩大的价值形式的考察中马克思明确指出"商品价值表现的无限的系列表明，商品价值是同它借以表现的使用价值的特殊形式没有关系的"②。这就使摆脱特殊等价形式的一般等价形式的发展成为可能，一般等价形式是价值的一种形式，可以属于任何一种商品。重要的不在于是何种商品，而在于一般等价物的物体形式成为一切人类劳动可以看得见的化身，所体现的不是物的属性而是一般的社会劳动。在这个基础上产生的货币成为"能直接的一般地交换的形式，即一般等价形式"③。因此，马克思就作为商品的金、银向作为货币的金、银转变做过一个精彩的描述，"金能够成为实在的货币，是因为商品通过它们的全面让渡使金成为它们的实际转换或转化的使用形态，从而使金成为它们的实际的价值形态"。④ 所以，金、银之所以成为货币商品，固然有其特殊的"物理—自然"属性，但这并不是根本原因，根本原因不在于它自身的使用价值，不在于它是个特殊商品，而恰恰是"蜕掉了它自然形成的使用价值的一切痕迹"而"蛹化为无差别的人类劳动的同样的社会化身"⑤，即成为固定的一般等价物这种价值表现的纯粹形态。因此，让我们再次引用马克思的名言："在货币形式上，一种商品和另一种商品完全一样。因此，货币可以是粪土，虽然粪土并不是货币。"⑥ 这正是对货币本质的精辟说明，也是对于货币商品形态特殊化最有力的否定。

---

① 马克思：《资本论》第一卷，人民出版社1975年版，第110页。

② 马克思：《资本论》第一卷，人民出版社1975年版，第78页。

③ 马克思：《资本论》第一卷，人民出版社1975年版，第86页。

④⑤⑥ 马克思：《资本论》第一卷，人民出版社1975年版，第128页。

所以，讲货币是固定充当一般等价物的商品而不是特殊商品，正是对于货币本质深刻认识的结论，即："货币作为一般等价物，代表一切商品，因而是一般商品。'一般商品'与'一般等价物'是相对应和照应的。"① 也就是货币本质的重点是固定充当一般等价物而与作为货币形式的商品是不是特殊商品无关。但正是有了对于货币固定充当一般等价物的这个本质性揭示才为我们把握作为商品的货币提供了清楚的理论依据，才能更好地把握货币作为商品的归类说明，货币不是商品的符号，也不是聪明人的发明，更不是被特殊的物质属性包裹着的神奇的东西。当然，也不完全等同于资产阶级经济学家维里的货币观点。这是我们需要明白的。

最后我们应该指出，马克思货币本质论仅仅是马克思对于商品怎样、为什么、通过什么成为货币的历史说明，是马克思货币理论的开始，并不是马克思货币理论的全部。马克思的货币理论除了货币本质论，还有货币职能、货币流通规律、信用货币以及虚拟经济等一系列理论。正确的马克思货币本质论对于我们科学地认识货币这一人类社会的经济现象无疑具有深刻的指导意义和理论价值。因此，不存在超越的问题。值得指出的是，在马克思货币理论中作为货币符号的纸币、信用货币以及在当代所表现出的虚拟货币形式等问题，使我们对于货币本质有了进一步思考的必要，也将成为我们未来研究方向。

第四节　美元的衰败未来

美元是美国的法定货币，但美元问题现在是全世界的问题，表面上美国可以通过美元收割全球，并且利用美元指数作为掩护，利用黄金储备以及石油美元强化其作为国际货币的霸权地位，但脱离了货币本质的美元滥发，却正在把美元逼向衰败的边缘，在给全球制造问题与麻烦的同时，将美国自身的金融安全推到了悬崖边上。

---

① 卫兴华：《〈马克思主义政治经济学原理〉修订版的体系结构和理论构想》，载于《教学与研究》2003 年第 7 期。

美元将在全球赎买浪潮中由强变弱，并最终丧失其“一元独大”的国际货币地位。随着全球金融危机的不断深入发展，世界主要经济体都面临严重的经济衰退，稳定世界经济、提振经济信心，成为全球共识。但如果美元“一元独大”的现行国际货币体系框架得不到彻底的改善，则世界经济发展的前景并不光明；美国消费、世界生产，美元危机、世界衰退的格局就很难改变。因此，改革国际货币体系，探讨美元的前景，将是稳定世界经济和提振全球信心的关键。

一、美元国际地位的三个标志和一个难题

美元作为国际货币，有三个重要的地位，是其他主权货币所无法相比的。一是国际储备货币的地位，二是国际结算货币的地位，三是国际初级产品定价货币的地位。这三个地位决定了美元有着“一元独大”国际货币的霸权地位。美元虽然是主权货币，但美元同时具有超主权的储备能力。美元国际储备货币的地位是美元作为国际货币的根本性标志。这可以看作是布雷顿森林体系留给美国最大的全球创富机制，布雷顿森林体系将美元与黄金挂钩、各国货币与美元挂钩的做法，塑造了美元在全球货币体系中超越主权的信用形象。这个霸权地位面临的最大挑战，就是这样一个超主权国际货币的发行当局要负起稳定货币发行的道义责任，才能使这个货币的信用保持长期看好；如果放任货币发行的道义责任，造成的最终结果是一国货币将成为全球问题。美国的次贷危机之所以发展成为全球金融危机的导火索，美国操纵或放任发行美元的道义责任是主要的原因。这次全球金融危机看似是对世界经济的考验，事实上是对美元国际货币地位第一次提出了全球性的挑战，把美国放任货币发行的责任推到了风口浪尖，成为对美元信用的直接拷问。

在布雷顿森林体系框架下，美元与黄金挂钩、其他国家货币与美元挂钩，各国已经意识到美国是否有足够黄金回购其他国家所持美元的现实难题，如果美国不能按照布雷顿森林体系所规定的黄金与美元兑换比率回购美元，就意味着各国所持美元要承担大幅贬值的风险；美元发行由于受到黄金储备预算硬约束，使得美国非常重视美元发行的道义责任，防止因美元过度发行所带来的不利经济冲击，并趁机扩大了美国在汽车、钢铁等制造业及石

油等能源业的全球市场占有率，实现并保持了美国经济的长期贸易顺差，奠定了美元牢固的国际货币地位。事实上，美国早就为其放任美元发行道义责任埋下了伏笔。1960 年，美国耶鲁大学教授特里芬就明确提出，美元虽然取得了国际核心货币的地位，但美元作为国际结算与储备货币，在国际贸易过程中会不断外流并在海外沉淀，使得美国处于长期贸易逆差的状态；而美元作为国际货币的前提是必须保持美元币值稳定与坚挺，为此美国只有保持长期贸易顺差才能有效回收外流美元并保持币值稳定。[①] 这就形成了所谓的“特里芬难题”。此后，在美元汇兑黄金方面，美国就出现了不能有效偿付的问题，无限供给的美元和有限的黄金储备成为布雷顿森林体系的软肋，美国的做法很简单就是推动美元贬值，并在 1971 年停止美元兑换黄金的承诺，布雷顿森林体系立即解体。自此，美元的外流摆脱了黄金储备预算硬约束，美国进入长期贸易逆差的放任发展时期，美元道义责任的丧失和美国推动的金融全球化进程，使得金融危机成为世界经济发展的显著特征。美元虽然是美国的货币，但真正成为世界的难题。

因此，判断美元的未来，就是看美元能不能保持其三个重要地位不可动摇。金融危机，尤其是重大的全球性金融危机是考验美元上述地位的重要时刻。

二、两种不同的金融危机与道义责任的丧失

金融危机虽然在本质上是一种货币现象，但金融危机有不同的表现。在金融危机的理论认识上，西方教科书的观点是有局限性的理论看法，认为金融危机就是一种货币现象，只不过恶性程度会有所不同，这个看法是有局限性的。按照是否善尽货币发行的道义责任，笔者把金融危机分为两种，第一种是市场失衡的金融危机，这是最为广泛的金融危机，最大的问题就是实体经济和虚拟经济的市场失衡，引发了以货币现象作为主要内容的金融危机，这种危机通过市场出清、以衰退为代价会逐渐恢复到平衡状态。这就是很多专家坚持的危机可以消除但是必须付出时间成本的基本观点。第二种是操纵

① 罗伯特·特里芬：《黄金与美元危机》，陈尚霖、雷达译，商务印出馆 2021 年版。

或泛滥货币的金融危机，这是笔者提出来的原创性观点，最重要的标志是货币当局放任了货币的发放、回笼、利率、汇率等有关稳定货币的政策所引发的金融危机，最典型的特征是货币当局操纵或泛滥货币发行。前者在经济活动中经常发生，伴随经济调整和阶段性的衰退会得以调整，不会影响到货币体系自身的信誉和地位。后者则不经常发生，一旦发生必然引发货币体系自身的信用危机。如津巴布韦 2008 年推出的面额为 1000 万津元、5000 万津元、1 亿津元甚至面值 100 亿津元的新币（这是世界上迄今为止面值最大的纸币），通货膨胀率高达 2 亿% 多，就是典型的操纵或泛滥货币的金融危机。其结果为数万亿津元才能买一条面包，导致本国货币边缘化，使得美元、英镑等强势货币取得合法流通地位[①]。这次全球金融危机在某种意义上就是强势货币放任货币发行的道义责任所引发的操纵或泛滥货币的金融危机。对金融危机做上述区分，就是要搞清楚我们现在面对的是什么样的金融危机，这样才能形成对解决危机渠道的明确认识。

当前的全球金融危机，正是布雷顿森林体系解体后的国际货币发行国放任货币道义责任、泛滥货币所造成的危机。美元要承担主要责任，因为美元具有特殊的国际地位，不仅是主权货币，而且是国际货币。因此，美元的危机不仅是美国的危机，而且是世界的危机。即美国的货币，世界的问题。自次贷危机爆发以来，美国频频采取注入货币刺激经济的做法，已经引起了国际社会的恐慌。2009 年 3 月 18 日，美联储更是宣布购买最多 3000 亿美元长期国债和 1.15 万亿美元抵押贷款证券的救市措施，再次体现了美国操纵或泛滥美元的做法。危机之前美联储资产负债表上的负债（约为基础货币量）在 1 万亿美元的规模；现在美国的基础货币总投放量已经达到了 4.45 万亿美元[②]。这个做法表明美国已经放弃了稳定美元的道义责任。过度的贪婪奠定了美元三大地位将面临信用崩溃的危机局面，但是美元三大地位的丧失，不是凭空丧失的，而是要在逼迫全球赎买美元及其资产的浪潮中完成，就是全球国家都要付出代价。原因就在于，各国利用美元节约了交易成本，但是节约交易成本不是没有代价的，代价就是美元收取铸币税甚至大幅贬值的风

---

① 《津巴布韦央行发行面额为 100 亿的钞票》，新华网 2008 年 12 月 23 日。

② 钮文新：《美元注水，全球新灾难》，载于《中国经济周刊》2009 年 4 月 7 日。

险。因此，各国要承担因为美元道义责任丧失所带来的信用风险和信用危机，这次就是典型例子。美元道义责任的丧失，最为核心的一点就在于，美元可以借助其国际货币地位，能够通过泛滥美元向全球吸食各国的储蓄和财富，这成为美元放任其道义责任的根本动力。

三、全球赎买引发全球危机

2008 年的全球金融危机带有明显的操纵或泛滥美元实现全球掠夺财富的危机特征，是操纵或泛滥美元全球恶果的一次集中爆发。长期以来，美国习惯了高于产出 6% ~7% 的高消费模式[①]，正如索罗斯所言“美国作为全球金融中心正在吸食世界的储蓄”[②]，这使得美国放弃了稳定美元供给的道义责任，美元泛滥的结果使得美国能够非常便捷地从其他国家转移财富。根据美国“证券产业金融市场协会”公布的材料可知，仅仅自 2001 ~2008 年以来就有大约 27 万亿美元的债券被出口到世界各地，这相当于美国 2007 年 GDP 的 2 倍。根据国际清算银行保守估计可知，2006 年底美国境内的股票、债券、外汇、大宗商品期货和金融衍生品市值约为 400 万亿美元，为 2006 年美国 GDP 的 36 倍左右。虚拟经济创造的 GDP 占其全部 GDP 的比重，则从 1950 年的 11.37%，上升到 2007 年的 20.67%[③]。美国的消费模式事实上是依托美元国际货币地位掠夺其他国家储蓄而形成的畸形经济模式，全球都在为使用美元作为国际货币的行为而付出赎金。1980 年后美国社会的财富突然出现井喷现象，美元吸食全球财富的贡献不可忽视。

现在，全球都在为使用美元作为国际货币的便利地位而付出赎金。美元便捷了国际贸易和国际储备，使用者就要承担美元风险甚至付出赎金。比如持有美元外汇储备的贬值以及投资美国债券、股市、楼市等造成的直接损失，都是付出赎金的过程。在美元放任其道义责任的情形下，全球赎买和全球危机就无法避免，但这种赎买过程会最终威胁到美元作为国际储备货币、

---

① 美联储公布的数据显示，2001 ~2007 年间，美国的广义货币供给量环比增长 11%，远超过 GDP 增速（唐双宁：《美元、人民币和世界货币》，《金融时报》2008 年 12 月 10 日）。

② 《索罗斯抨击美国政府应对危机“考虑不周”》，载于《经济参考报》2008 年 10 月 14 日。

③ 刘骏民：《虚拟经济的经济学》，《新华文摘》2009 年第 6 期。

国际结算货币、国际初级产品定价货币的地位，最终使全球国家在承担成本的过程中，逐渐放弃美元作为国际货币的需求。但美元三大地位的丧失，必须是在逼迫全球赎买美元及其资产的浪潮中完成，为此全球国家都将付出代价，成为使用美元作为国际货币的赎金。这次危机冲击所造成的损失只是赎金中的一部分。美元的赎买机制，一是各国持有美元及美国资产的间接赎买机制，通过美元资产的贬值和投资丧失形成的购买赎金；二是向国际货币基金组织（IMF）持续注入美元的直接赎买机制，形成泛滥美元的圈集赎金；三是承受因为美元泛滥而引发的全球金融危机中的经济损失，也是构成赎金的重要组成部分；四是继续获得发行美元所带来的铸币税。全球赎买将在危机中寻求全球稳定，而这一稳定的焦点即国际货币的稳定。在全球赎买没有达到足够的程度时，也就是泛滥货币的危机没有发展到无法控制的局面时，美元的三大地位很难被全面撼动。但美元将由此走上由强变弱的发展道路。原因就在于，一方面国际储备货币的美元地位动摇；另一方面一些国家双边自救的货币互换协议的推进，必将引起泛滥美元的回流，造成美国经济爆发更为严重的货币泛滥危机。

全球金融危机的进程，开始由美国危机国际化进程，转向国际危机美国化进程。这个过程虽然不可能在短期完成，但伴随着美元操纵或泛滥危机的每一次扩容，美国都将为自身的金融崩溃挖下了更大的陷阱。

四、“顺向为王、逆向衰败”的美元未来

美元独大的国际地位，完全是建立在美元良好的历史信用基础之上，因此，形成了美元国际初级产品定价货币—国际结算货币—国际储备货币的“货币之王”国际地位的演进。其中，最为牢固的基础地位，就是美元取得了国际初级产品定价货币的地位。但伴随着美元泛滥，美元的信用大打折扣，以美元定价的国际大宗商品更是坐在了“过山车”上，成为影响和动摇世界实体经济的最大因素。实体经济的不稳定将进一步加剧世界金融体系的动荡，全球经济将为此付出高额交易成本，这就使得国际大宗初级产品寻求新的定价货币显得尤为紧迫，但又难以在短期内解决。这种信用的动摇，短期之内，在既定国际金融体系中很难得到有效解决。因此，危机往往源自对

国际储备货币的寻找，对国际储备货币的寻找动力，就是源自世界各国对国际储备货币赎买能力的衰退。构建国际储备货币的通道，就是各国愿意承担成本进行货币互换或者采取类似的双边货币结算，这将动摇到美元作为国际结算货币的地位。随着国际市场双边结算或货币互换的增多，美元作为大宗初级商品定价货币的地位也必将被动摇，从而呈现出美元“国际储备货币—国际结算货币—国际初级产品定价货币的逆向信用”衰退过程，并最终丧失其长期形成的国际货币地位，形成其国际货币地位逆向衰亡的过程，退回其主权货币的身份。

从全球赎买的角度来看，美元的难题是这个体系自身的弊端，引发的最大问题是什么呢？它更加泛滥它的货币，以泛滥货币来向全球获取它不应该得到的财富，这就为美元的地位挖下了更深的坑。拥有这样的运转体系，它的崩溃是指日可待的，全球金融危机给这个崩溃过程提供了一个展示平台，让全世界看到美元三大地位都岌岌可危，都在动摇。美国是民主国家，历史上的罗马也是民主国家，有几十万名奴隶给他们生产。一位哲人说，罗马衰败在哪里？就是生活奢侈堕落。美国现在也是这样，美国的强大不是说美国制度就是最好的制度，美国制度有它自己的问题，放任货币道义责任，甚至借助霸权地位推动全球有利于美国模式的改革发展，形成吸食全球财富的掠夺机制，加剧国内社会的两极分化，甚至穷兵黩武等都是美国制度固有的局限。因此，美国的经济制度获得最好的发展动力，但最后走向了哪里，就是面对全球的腐败。在面对全球腐败的过程中，美元必然走向崩溃，美国就要自己埋葬自己。笔者所谓的美元崩溃和衰亡，是指它回归到主权货币、丧失国际货币地位，不是说它彻底完了。美元在丧失了国际货币地位后，仍然有可能是强势货币，但美元“一元独大”的国际储蓄货币、国际结算货币、国际初级产品定价货币地位就荡然无存了。

这就是美元的衰败未来。不论这次金融危机是否足够直接造成这个后果，但有一点是确定的，那就是美国如果继续操纵或泛滥美元，这个结果将会出现。

五、美元衰弱之时有可能就是美国解体之日

俄罗斯有学者曾经提出美国解体的问题，并没有引起特别的关注。但在

美元走向衰败的背景下来看，这个提法也不是完全没有可能。美国作为世界最大的债务国，其国家信用岌岌可危。更重要的是美国国内经济呈现出严重的两极分化，英国经济记者威尔·哈顿在其出版的《我们居住的世界》一书中指出：美国已经不是机会均等的国家，在发达国家中是最不平等的国家。他强调道，占人口1%的富裕者控制了美国38%的财富，在美国富人和处于奴隶状态的穷人之间的两极分化，与中世纪没有什么两样。更为不公平的是，美国金融危机的救市政策，付出救助成本的是社会大众，收到实惠的则是危机制造者金融寡头，美国国际集团在得到政府救助的情况下，管理层依然领取高额的奖金，就已经充分表明了美国社会利益的分化，而这种矛盾将在国际危机国内化的过程中表现得更为充分。同时，美国各州之间在发展经济的程度和水平上存在较大差距，各州均可选择有利于自己的经济政策和发展道路。长期以来，借助美元作为世界货币的地位，美国各州共享美元带给美国的全球财富，利益均沾。随着美元国际货币地位的丧失，美国因为操纵或泛滥美元所形成的巨额亏空需要清偿，各州经济责任的承担和国内亏空的严重压力，将使各州寻求有利于自身的发展道路，严重的利益鸿沟和松散的联邦架构，使得这样的社会已经丧失了作为国家的共同利益基础，将很难经受住严重经济危机的打击，不能完全排除因为美元危机而引发美国解体的可能性。

长期以来，一些学者迷信美国的民主政体和军事实力，常常将美国军事实力看成美国转移危机的最终手段。在美元作为世界货币地位遭受挑战和衰败的背景下，美国无论对世界任何一个国家发动较大规模的战争，都有可能加速美国的破产，从而最终引发美国解体。

六、美元的衰弱，对人民币既是机遇也是挑战

货币双边结算或货币互换的扩散，标志着美元作为国际储备货币地位和结算货币地位已经动摇，这是全球国家的共识。美元的衰弱，就意味着其他主权货币在世界市场上要扮演重要的角色，就看哪一种货币能抓住机会。通过什么样的渠道来抓住这个机会，对人民币既是个机遇，也是个挑战。机遇就是人民币要突破主权货币，在亚洲范围内能够发挥主导地位，成为亚元的

基础，在国际上能够成为国际储备货币或者国际结算货币，至少是辅助的国际货币，这就得有一个明确的货币推进战略，这不是一下子就被世界所认可，而是在经济发展和贸易相互平衡的过程中逐渐夯实的货币地位，这是机遇。双边结算也要估计它面临的挑战：第一，在国际普遍贸易中增加了一个交易的限制和束缚因素，使贸易变得不太便利，各国在贸易过程中会因为货币的分割状态而出现更为复杂的交易过程，而这个复杂交易过程有可能影响国际贸易的稳定性。第二，各国货币的稳定性并不完全都是可以预期的，包括人民币。不是完全稳定不变，而是处于不断变化的过程中。还要承担因为双边货币随着经济变化产生的影响，本书将其称为货币风险问题。人民币区域化、集团化的进程要加速，但既要看到机遇也要积极应对挑战，这点非常重要。区域经济一体化进程中，中国要扮演着一个重要角色，就是在周边和新兴国家里形成更为稳定的货币结算机制，这个稳定的机制将逐渐凸显人民币作为未来国际货币的重要性。

目前，中美互为最为紧密的利益相关体。可以说美元的问题就是中国的问题，中国的问题也就是美元的问题，为什么呢？中国持有美国国债份额是最大的，因此美国能不能保证中国持有的国债份额保值以及安全性问题，是非常重要的。同时，美元是推动人民币走向区域化、集团化、国际化最强大的推手，这个推手可以借助这两万多亿美元把人民币扩散到新兴国家和其他国家去。不是说美元外汇储备我们只赎买，也不能拿到美国去，因为美国也是交易平台，汇通天下，这只是全球市场提供的，真实交易时，跟它实体经济、整体经济关联性不是很大。这样的情况下，中国人民币的区域化、集团化和亚洲化进程要很好地利用两万亿美元的外汇储备，要把它作为一种权重推动人民币亚洲化进程。

七、中国的前途就是决战金融全球化

全球化最显著的特征就是金融全球化，金融全球化是世界所有国家不能孤立起来进行经济体制改革和金融体制改革，甚至是货币的发展。为此，中国要把美元主导金融全球化发展的经验、教训加以透彻的研究和把握，从中提炼出指导中国金融体系改革的成熟思路，明确中国金融体制改革需要坚持的内容，需要改革的内容，需要创新的内容。比如说，商业银行的国有模式有没有价值，怎样使中国模式在金融全球化发展过程中比西方模式具有更强的竞争力。这次美元的逆向衰退过程，暴露了美国“一元独大”的内在运作机制，美元怎么运作的我们原来不清楚，现在搞清楚了。中国要在对美国模式次贷危机所引发的全球金融风暴全盘思考的基础上，对于下一步中国金融体系的创新提出更有针对性和更为可行的改革思路。这次，恐怕是很好的机会，不能只应对危机过去就过去了，要抓住这次危机带给中国参与经济全球化最重要的趋势——金融全球化的机遇，中国（尤其是人民币）的前途就是决战金融全球化，这是绕不开的发展道路。需要强调的是，美元地位削弱不是一蹴而就的，美元的衰败它有个渐次全球赎买的过程。

有文章讲中国是全球化最大受益国①，这是感性判断而不是理性判断。为什么呢？我的研究发现，1976 年中国和欧盟主要国家人均 GDP 相差 6.6 倍左右，可是到 1999 年中国与欧盟主要国家人均 GDP 相差扩大到 32 倍，和美国相差约 42 倍，一直到 2007 年中国和美国人均 GDP 才回落到 25 倍左右，与欧盟主要国家人均 GDP 的差距回落到 20 倍以内②。一个重要的原因就在于这轮全球化的典型特征是金融全球化，而中国的发展完全依靠实体经济的输出，这成为和发达国家收入差距迅速扩大的重要原因之一。因此，要冷静判断本轮全球化过程的最大受益国，不能轻易讲中国就是最大受益国。中国的初级产品、资源产品甚至制造业产品的确卖出去了，但环境成本和社会成本很高。要反思继续按照这个模式发展下去，还能不能在金融全球化时代受益，要考虑能否摆脱现有模式来发展国民经济。中国经济增长发展的模式必须改革，必须走条新路出来，完全按照西方经济发展模式是没有前途的。一方面，要对中国经济发展战略重新评估，要从出口导向型的经济战略逐步向内源式经济增长的方向转变，要更加重视对内推动国内需求的内源式发展战略，转向满足本国人民需求的方向。要使中国老百姓有更好的生活水平，享受更为丰裕的物质产品和更为良好的社会服务，这就要求把内源式经济增长作为主要的发展方向。使中国老百姓能够更好地享受改革开放的成果，而不

---

① 华民：《经济全球化与中国的改革开放》，载于《学术月刊》2007 年第 7 期。

② 苏联科学院经济研究所：《政治经济学教科书》，人民出版社 1955 年版。

是形成了一小部分既得利益集团和广大的贫穷阶层，最后的结果也是两极分化。如果这点不能纠正和调整，恐怕人民币在区域化、集团化、国际化乃至金融全球化发展进程中仍然没有强大的推动力。另一方面，对市场经济的美国模式必须加以重新评估、重新认定。在G20伦敦金融峰会上，发达国家的示威游行人群打出的牌子是“资本主义已经不管用了”，这说明市场经济的美国模式、德国模式、法国模式以及其他模式都存在着严重的弊端，这给中国一个重要的启示，即中国的市场经济模式有什么特征，有没有新东西、新内容，能不能避免发达国家的市场经济弊病。俄罗斯转型经济完全拷贝美国模式却崩溃了；而中国摸着石头过河形成新的发展模式，被称作是新发展主义，就是一条新道路，一个新模式。笔者认为中国的转型模式恰好揭示了市场经济的理论架构逻辑，转型吻合了市场经济制度层次性建构的理论逻辑，由此形成了市场经济的中国模式，通过对这个理论进一步提升，能够使我们对中国的发展模式，特别是新发展主义道路形成更为明确的理论认识，区别于美国等发达国家的市场经济模式，形成新兴国家发展的第三条道路①。这个突破，决定了中国在未来20～30年战略机遇期里能不能形成和美国平等对话的理论基础；如果不能在发展道路方面就没有办法和美国平等对话，就很难取得决战金融全球化的最终胜利。

① 张建君：《论中国经济转型模式》，中共中央党校出版社2008年版。

| 第六章 |

凯恩斯与马克思国民收入理论的比较研究

凯恩斯是经济学界传奇性的人物，这一方面是因为他在自20世纪30年代以来的很长时间被认为是资本主义经济制度的挽救者，他的经济政策主张到现在仍然是资本主义市场经济宏观调控中最为重要的政策工具；另一方面是在他近50岁时毅然与他所接受且成就斐然的经典学派传统学说决裂，提出了根本区别于此前他所信奉的经典学派理论[①]，横空推出了现在组成西方经济学重要部分的宏观经济学，这显得和他所谓的“一个人到了25岁或30岁以后，很少再会接受新说”[②] 的名言格格不入。虽然他创造了新说，但按照他的意见统治世界的思想当有一个继承和发展的过程而不可能横空出世。因此，尽管凯恩斯在《就业、利息和货币通论》中表现出来的决裂思想，经过乔安·罗宾逊（Joan Robinson）、汉森（Alvin Hansen）、希克斯（J. R. Hicks）等追随者的广泛传播，已经成为西方经济

① 本章主要依据徐毓枬先生1981年《通论》译本展开研究，为了保持论文术语的一致性，对于古典学派仍然沿用徐先生“经典学派”的译法。采用高鸿业先生译本的地方都有特别说明。对于凯恩斯经济思想的转变，乔安·罗宾逊、莫格瑞奇等都有大量的理论解释和说明，想要了解其中具体内容最简单的办法就是阅读方福前的《从〈货币论〉到〈通论〉——凯恩斯经济思想发展过程研究》一书，该书所使用的基本上是英文第一手文献，对凯恩斯经济思想的转变方福前先生也给出了自己的合理解释，是国内研究凯恩斯理论最有参考价值的著作之一。本章主要考察凯恩斯《通论》所表达的国民收入思想与马克思社会总产值思想的逻辑比较。笔者认可乔安·罗宾逊所指出的：“我在另一地方曾提出《资本论》第二卷中的理论素描与凯恩斯有很多相似之处的论点。”（1962年，第8页）但乔安·罗宾逊并没有就笔者进行比较研究的主题进行过类似的探讨，因为乔安·罗宾逊是立足凯恩斯的理论评价马克思，而笔者是从马克思的理论出发考察凯恩斯；角度的差异决定了理论发现的差异。

② 凯恩斯：《就业、利息和货币通论》，徐毓枬译，商务印书馆1981年版，第326页。

学继经典学派之后的资本主义主流经济思想，研究其理论思想形成渊源的文献也层出不穷；但这些研究却往往局限于经典学派思想的传承和凯恩斯自身经济思想的渐变，终难对其理论上的突然转折给出令人信服的答案。

第一节　理论比较的基本准备：文献述评

在众多凯恩斯经济思想研究者和研究文献中，马克思的经济学说和思想似乎很少被提到，提到之处也多有微词，凯恩斯本人也是如此。他在对盖赛尔（Silvio Gesell）与马克思学说的比较中明确指出："我相信后世之可得自盖赛尔者，要比可得自马克思者多。"① 盖赛尔是经典学派理论之外，凯恩斯本人所认可的一个理论先知；但历史已经证明凯恩斯的判断仅仅是个人的意见，甚至在对他本人的理论影响上也不完全客观。通过我们对于凯恩斯与马克思经济思想的比较研究，我们知道凯恩斯本人是熟悉马克思学说的，尽管凯恩斯本人一直回避这个事实；但马克思的经济思想无疑深刻地影响了凯恩斯经济学说的形成，这在凯恩斯《通论》开篇对于马克思经典学派界定的借用上就已有所反映，当时担任美国总统的胡佛更是把凯恩斯《通论》包含的思想称为"马克思主义者凯恩斯的学说"②。当时西方经济学界的罗宾斯（J. Robbins）、哈耶克（F. A. Hayek）、米塞斯（L. Von. mises）这些极端自由放任资本主义制度的捍卫者，甚至不惜直接和凯恩斯展开十年论战。随着研究的不断深入，我们发现有些理论事实与人们的普遍认识，甚至当事人的一般表白并不全然一致。

本章主要就凯恩斯《通论》经济思想的重要内容国民收入公式及平衡条件与马克思的社会总资本再生产理论做一些比较研究，而这方面在理论界似乎缺乏相应的研究文献；当然也就意味着更多有价值信息的存在。研究起源于笔者对两大学说宏观经济平衡基本公式对比的相似性发

① 凯恩斯：《就业、利息和货币通论》，徐毓枬译，商务印书馆 1981 年版，第 301～302 页。

② 高鸿业：译者前言，参见凯恩斯：《就业、利息和货币通论》，高鸿业译，商务印书馆 2004 年版。

现。国民收入理论是凯恩斯宏观经济分析的基本模型，社会总资本的再生产和社会总产值实现是马克思宏观经济整体分析的基本模型，两者都可以被看作以国民收入为核心对宏观经济整体进行分析研究的宏观模型，这是进行比较研究的共同基础；深入研究马克思和凯恩斯的理论模型，我们看到凯恩斯的国民收入基本公式以及实现宏观经济平衡的基本条件储蓄 = 投资（S = I）与马克思资本主义两大部类再生产基本公式、平衡条件有内在的相似性，同样作为对宏观经济整体运行状态的研究，凯恩斯的 S = I 只不过是在引入储蓄概念后对于马克思两大部类再生产基本平衡条件的变形①。在这个问题上，尽管存在差别，即凯恩斯主要研究宏观经济的短期平衡问题，马克思所研究的是长期经济增长和社会再生产问题；凯恩斯以宏观经济的平衡为理论基础，而在马克思的理论中平衡则是资本主义再生产的例外；论证的目的也不一样，凯恩斯的理论着眼于宏观经济怎样平衡的具体措施，马克思的理论着眼于资本主义经济危机如何破坏其经济基础而要求整个社会制度的改造②；同时凯恩斯的理论以储蓄概念的引入、心理预期的分析、边际方法的运用实现了经济理论与马克思经济学说形式上的差别。但凯恩斯宏观经济学强调资本主义宏观经济均衡以及维持均衡的政策思路，与马克思强调的资本主义社会再生产的基本公式以及实现平衡条件的思想有着重要的理论联系。因此，可以说凯恩斯开创的宏观经济学在一定程度是对马克思社会再生产理论的吸收和发展，即凯恩斯的经济思想更多地可以看作是对马克思经济思想的改良成果。这里笔者所谓的继承和发展是仅就经济思想和理论逻辑而言，笔者不是要揣测历史事

---

① 就在笔者完成本章写作两个月后，进一步查找文献并修改时，笔者有幸读到乔安·罗宾逊的《论马克思主义经济学》一书，乔安·罗宾逊是凯恩斯的学生，对凯恩斯《通论》的理论形成有着清楚的了解，她明确指出凯恩斯的理论与马克思有大量的相似之处和互补性。这在马克思主义学者的研究中往往被忽视，实事求是地讲，她对于两者理论的评价无疑是最中肯的。在该书关于凯恩斯投资率与储蓄率问题的理论上，她概括地指出："这种理论是和马克思用消费品工业和资本品工业之间的平衡来分析再生产相一致的，并且发展了他为其奠定基础的学说"（1962 年，第 57 页）。尽管她提出的只是结论，但笔者下面从理论形式上的系统研究则充分证明了这个结论。这足以说明马克思的理论是凯恩斯《通论》思想的重要源泉。

② 以上三点区别是方福前先生审稿修改意见中明确提出并被吸收在书中的，笔者对此致以衷心感谢！

实，而是要梳理理论逻辑发展的可能性或者联系①。

第二节　理论模型的比较、简化及讨论

对于马克思社会再生产基本公式与凯恩斯国民收入基本公式的比较，我们必须从其假设开始，并注意其差别。

首先，我们来看马克思资本主义社会再生产的一些重要的假设。为了简便起见，我们不一一罗列其假定，并尽量选择共同适用于简单再生产和扩大再生产的重要假定。

假设1：假定全社会只有两个阶级进行生产和消费：即资本家阶级和工人阶级。

假设2：假定从事资本主义再生产的是社会总资本。

假设3：假定产品按照它们的价值交换，且生产资本的组成部分没有发生任何价值革命。

假设4：假定生产条件在不同的年份是不变的（假定简单再生产是没有任何积累或规模扩大的再生产）。

假设5：假定暂时撇开固定资本的损耗和补偿。

假设6：假定社会总生产分成两大部类，每一部类拥有的所有不同生产部门总合起来就形成一个单一的大的生产部门：一个是生产资料的生产部门，另一个是消费资料的生产部门。两个生产部门各自使用的全部资本，各形成社会资本的一个特殊的大部类。每一部类的资本都分成两个组成部分：可变资本 V 和不变资本 C，由全部年劳动加入的价值部分 V 和 M 部分组成。每一部类的全部年产品的价值和每个个别商品的价值一样，也

① 方福前：《从〈货币论〉到〈通论〉——凯恩斯经济思想发展过程研究》，武汉大学出版社1997年版。需要特别说明的是，本章最初仅仅是从理论上逻辑地推导出了凯恩斯国民收入公式和基本平衡公式是马克思社会总产品实现公式的进一步变形，但对于凯恩斯究竟是否研读过马克思的论著，没有给出直接的文献说明。在本章完成一年后，根据编辑的提议，我们补充了证明这个事实的确凿文献，这更加证明了本章的观点是正确的。国外文献可以进一步阅读《凯恩斯全集》第13卷相关内容；国内文献可以直接阅读《从〈货币论〉到〈通论〉》第149～150页、第198页相关内容及所列文献。

分成 C + V + M。

在凯恩斯的国民收入理论中除了假设 5 被严格考虑并以“使用者成本”的形式得到探讨外，假设 1、假设 2、假设 4 由于所具有的社会生产整体性的特征即都探讨一定社会的社会总产值和国民收入，无论是从社会的生产和消费、投资和储蓄二分法角度进行研究，还是从社会生产关系整体角度进行研究，这几方面假设差异并不影响宏观经济总量公式的比较。因此，就国民收入的总量公式而言，上述假设形式上的差异并不影响其总量公式上的可比性。由于凯恩斯是在价格分析的基础上从储蓄和投资关系的角度宽泛地探讨了国民收入的基本公式和平衡条件，马克思是在价值分析的基础上从生产和消费的角度探讨了国民收入的基本公式和平衡条件，所以，凯恩斯尽管对于假设 3、假设 6 从价值角度进行的假设进行了形式上的扬弃，但在实质上产品价值与价格在其理论中是被等价看待的。这通过在国民收入公式的提出过程中，产品价值、价格被交错使用的状况就可以得到印证。关注凯恩斯对于“使用者成本”的分析，我们不难看出其所谓的“使用者成本”的计算仍然沿用的是商品价值的法则。这样我们就不难理解他所强调的“使用者成本在经典学派价值论上之重要性，我想一向被人忽略了”①。这一点我们在后面还要展开进一步的分析。因此，假设的不同并不影响我们对于凯恩斯国民收入公式与马克思社会总资本公式的比较。

其次，我们对模型的基本公式进行比较研究。马克思社会总资本再生产模型的基本公式为：

$$\text{Ⅰ}\ C + V + M = W_S$$

$$\text{Ⅱ}\ C + V + M = W_X$$

$$W_S + W_X = W_Q$$（这是社会总产值加总公式）

这里的 W_S 代表的是第一部类所生产的表现为生产资料形态的商品总价值；W_X 代表的是第二部类所生产的表现为消费资料形态的商品总价值；W_Q 代表的是社会总产值。这种社会总产值计算公式是对马克思两大部类社会再生产公式的简化加总。值得指出的是，马克思的第一部类是被假定为生产生产资料的生产部类，其实质反映的是社会再生产中的“投资”问题；马克思

① 凯恩斯：《就业、利息和货币通论》，徐毓枬译，商务印书馆 1981 年版，第 59 页。

的第二部类是被假定为生产消费资料的生产部类，其实质反映的是社会再生产中的“消费”问题。但无论是第一部类还是第二部类在生产的基础上所表现出的投资和消费都具有交融和双重的性质，并不截然分离。

按照马克思的理论，两大部类的 C 只发生价值的转移而不发生价值增殖，因此马克思的国民收入就是两大部类的 V + M。但如果我们不是从价值转移而是从成本耗费的角度考虑国民收入，马克思的公式则可以完全变成另一种形式。因为第一部类 $\text{I}\,C + V + M = W_S$完全是满足社会再生产所需要的生产资料，扣除其成本 R_1，也就是社会下一年生产所需要的投资，即投资$I = W_S - R_1$；第二部类$\text{II}\,C + V + M = W_X$完全是满足社会再生产所需要的消费资料，扣除其成本 R_2，也就是社会下一年的全部消费，即消费 $X = W_X - R_2$；社会生产总成本 $R = R_1 + R_2$，因此国民收入 $Y = W_Q - R$。

根据 $W_S + W_X = W_Q$计算国民收入，有 $W_Q = Y - R$，$W_S = I - R_1$，$W_X = X - R_2$，

则：$Y - R = (I - R_1) + (X - R_2)$

$$Y = I + X - (R_1 + R_2) + R$$

$$Y = I + X$$

如果我们用西方经济学惯用的消费符号 C 取代 X，即 Y = I + C①。

我们惊奇地发现这就是凯恩斯国民收入的基本公式，而这一公式的得出只不过是把马克思两大部类社会生产综合考虑的结果。Y = I + C 即国民收入只是在考虑了社会生产成本问题基础上将马克思社会总产值的数学公式两边同时减去一年的成本就可以得到，而且并不改变等式的关系，这样就直观地得到了国民收入、投资、消费之间的关系，而这正是马克思两大部类生产公式中所包含的一个重要但又被后来的马克思主义经济学家所忽视的经济思想。如果我们着重从马克思两大部类生产实质即生产和消费的角度考虑问题，投资和消费的这种关系在社会总产品的生产中也有同样的反映。

再次，凯恩斯投资和储蓄的基本关系（即宏观经济学基本平衡条件）与

---

① 在徐毓枬先生 1981 年《通论》译本中国民收入被翻译成“所得”，按其译文凯恩斯的国民收入公式是“所得 = 产品价值 = 消费 + 投资”（第 58 页）。这里的产品价值提法与马克思两大部类社会总产值按照商品价值加总计算的公式在思路上是完全一致的。固定资本的损耗和补偿被马克思以假定的形式暂时撇开没有进行考虑，但把以 C 为代表不发生价值增殖的部分，换成成本进行考虑也是完全可行的。

马克思社会总资本再生产平衡条件的比较。

我们来比较马克思资本主义社会简单再生产和扩大再生产的平衡条件。

简单再生产基本平衡条件及派生条件为：

Ⅰ(V+M)=ⅡC

ⅠC+V+M=ⅠC+ⅡC

ⅡC+V+M=Ⅰ(V+M)+Ⅱ(V+M)

扩大再生产基本平衡条件为：

Ⅰ(V+M)=ⅡC+(ⅠΔC+ⅡΔC)

把握马克思简单再生产和扩大再生产平衡条件公式，固然要注意其派生条件的重要性，但简单再生产和扩大再生产的平衡公式都只是一种经济均衡的理想状态而不是常态。这在扩大再生产平衡条件的公式推导中反映得最充分，就是扩大再生产必须满足两个基本的前提条件，即：

Ⅰ(V+M)>ⅡC

Ⅱ(C+M-M/X)>Ⅰ(V+M/X)

这就是马克思与把资本主义生产方式和经济制度当作完美形式的古典经济学家的根本区别，马克思指出资本主义社会无限扩大的供给在两极分化的社会消费面前从根本上无法解决有效需求不足的矛盾。这里Ⅰ(V+M)的核心所反映的其实就是社会的消费动力，ⅡC反映的是社会的投资可能。因此马克思通过简单再生产和扩大再生产的基本公式和平衡条件的分析，揭示了社会消费和社会投资的基本关系。由于马克思假设工人只能勉强维持其生活即基本的消费；所以，储蓄对于工人而言，实际上是被假设为零的。无论是简单再生产还是扩大再生产，其价值增殖部分即M完全属于资本家。

这样，在简单再生产的基本平衡条件中Ⅰ(V+M)=ⅡC，由于M假设被资本家完全运用于个人消费，所以简单再生产的基本平衡条件潜在的经济含义就可以简单地表现为：消费=投资［Ⅰ(V+M)代表第一部类工人和资本家的“消费”，ⅡC代表第二部类资本家的生产投入即“投资”］，作为理想状态，尽管它揭示了连凯恩斯也在疑惑的消费与投资的复杂关系①，但在

① 凯恩斯对消费与投资关系的疑惑，在《货币论》中有反映，导致他在《通论》中通过重新定义储蓄、投资等概念的形式，实现了理论突破。他指出：“虽然储蓄量是消费者消费行为之总结果，投资量是雇主投资行为之总结果，但二者必然相等，都等于所得减消费。”（第58页）

存在储蓄的现实经济生活中，这种简单关系显然不具有实际的说服力。马克思理论的高明之处，就在于它针对的永远是经济现实。因此，投资、消费、储蓄之间的关系不能局限在简单再生产基本平衡条件中考虑，这只是再生产的出发点；而必须放在反映社会生产实际状况的扩大再生产基本平衡条件中来考虑，这才是资本主义社会生产的基本特征。

扩大再生产基本平衡条件是：

Ⅰ（V + M）= ⅡC +（ⅠΔC + ⅡΔC）

这里假设资本家用于投资的剩余价值是 M/X，那么，用于消费的就是 M - M/X，代入扩大再生产基本平衡条件就有：

Ⅰ（V + M - M/X）= ⅡC +（ⅠΔC + ⅡΔC）

根据简单再生产的基本平衡条件Ⅰ（V + M）= ⅡC，等式左边消去Ⅰ（V + M），右边消去ⅡC 有：

Ⅰ M/X = ⅠΔC + ⅡΔC

等式右边：ⅠΔC + ⅡΔC 代表整个社会所有的投资。等式左边：M/X 是净所得减去消费后的值，当马克思把它称作投资时，本式表明资本家用于投资的剩余价值必须满足全社会追加投资的总和；而当凯恩斯把储蓄定义为所得与消费之差，“同样，净储蓄为净所得与消费之差”① 时，扩大再生产的基本平衡条件最简单的经济含义就是：储蓄 = 投资。可以用公式简洁地表示为：

S = I

对此，凯恩斯也有一些简单的数学推算，但他的定义方法无疑起了关键的作用：“所谓本期投资，一定等于资本设备（由于本期生产活动）在本期中之价值增益，这显然等于我之所谓储蓄，因为储蓄是一期之所得之并未作消费之用者。”② 在简单再生产中马克思把工人和资本家的收入（即 V + M）都看作是生活消费，在扩大再生产中尽管考虑了资本家对 M 部分的投资转化，但储蓄始终不是马克思考虑的重点。而在凯恩斯看来“储蓄与投资之所以相等，乃是因为生产者与消费者，或生产者与资本设备购置者之间之交易，有双重性质”③，因此，整个社会产品不是售于消费者，就是售于生产

①② 凯恩斯：《就业、利息和货币通论》，徐毓枬译，商务印书馆 1981 年版，第 57 页。
③ 凯恩斯：《就业、利息和货币通论》，徐毓枬译，商务印书馆 1981 年版，第 58 页。

者，而生产者的投资又用于购买其他生产者的机器设备，这在马克思的理论中是投资行为，而在凯恩斯的定义中被叫作储蓄。所以，凯恩斯明确指出：“因之，就社会全体而论，所得超过消费部分（即我们所谓储蓄者），不能不与资本设备之价值增益（即我们所谓投资者）相同。”① 这样，凯恩斯就完成了其理论上的一个重大突破，彻底摆脱了经典理论的束缚，形成了自己独特的理论认识。但通过对于构成凯恩斯宏观经济学理论体系核心的国民收入理论基本公式的考察，我们不难看出凯恩斯的宏观经济学并非空穴来风，而是站在巨人的肩膀上，这个巨人就是马克思。从马克思的社会总资本再生产基本平衡条件到凯恩斯宏观经济学宏观经济体系的平衡条件，是经济学在理论上的一个重大转型，但更是一个重大的发展。

至此，我们才能明白为什么凯恩斯的《通论》要对所得、储蓄及投资进行重新定义，甚至对一些名词“弃而不用”，他指出：“我恐怕我把名词如此用法，已经引起许多混乱，因为有许多结论（尤其是关于储蓄与投资之差额者），只有把我所用名词依我的特殊意义来解释才是对的。”② 这些话的中肯含义却往往被读者所忽略了，因此当有读者抱怨凯恩斯《通论》的难懂和章节编排的不畅时，其实就在于凯恩斯似乎刻意地回避了其理论的可能性渊源，他对经典学派的理论批判与马克思对于政治经济学的批判之间其实有一个共同的现实基础，即资本主义的经济危机证明自由放任的资本主义经济不是最完善的社会经济制度。

第三节　理论模型思想的区别与联系

通过上述凯恩斯国民收入基本公式和马克思社会总资本再生产基本公式的比较，我们发现其中包含了对于社会整体生产和收入创造认识的惊人相似，这种相似说明在两者的经济思想中具有某种明确的理论联系。这就需要我们进一步比较分析其理论模型中所包括的经济思想。

① 凯恩斯：《就业、利息和货币通论》，徐毓枬译，商务印书馆1981年版，第58页。

② 凯恩斯：《就业、利息和货币通论》，徐毓枬译，商务印书馆1981年版，第56页。

第一，通过上述马克思社会总资本再生产的基本公式和平衡条件的简单推理和变形，我们看到从马克思社会总资本再生产基本公式和平衡条件推出凯恩斯国民收入的基本公式和宏观经济稳定的基本条件的合理性，这充分肯定了在凯恩斯的国民收入或者对于宏观经济整体性的认识上存在着与马克思社会总资本再生产理论上的某种联系。凯恩斯解除资本主义经济危机的“药方”和马克思在资本主义社会再生产理论基础上提出的国家宏观调节措施有高度的一致性。例如，凯恩斯通过资本边际生产率、消费倾向等区别于马克思理论的新术语发表了对经济危机中投资的看法，他指出：“所以我的结论是：我们不能把决定当前投资量之职责放在私人手中。”① 马克思指出资本主义社会总资本再生产动态危机的基本矛盾就是私人生产投资的无政府状态和消费不足，提出有计划按比例的解决方法，其实主要就是针对解决私人投资的盲目性。那么，凯恩斯认为不能把决定当前投资量的职责放在私人手中，应该怎么办呢？他所认可的最聪明的办法是：“一方面设法由社会来统制投资量，让资本之边际生产率逐渐下降，同时用各种政策来增加消费倾向。”②我们可以清楚地看到，尽管凯恩斯使用了很新的术语，但他的主要结论却是马克思式的。如果我们仔细阅读凯恩斯有关投资与消费关系的著作，则可以发现他对这种关系的认识和马克思在社会总资本再生产理论中所表达的思想完全一致，即投资不能离开消费而独立存在，消费减少，投资也将减少。

第二，凯恩斯宏观经济稳定条件与马克思社会总资本再生产基本平衡条件尽管存在形式上的差异，但所表达的经济思想却具有高度的一致性。即无论是马克思的简单再生产平衡条件还是扩大再生产平衡条件的得出都充分证明资本主义经济不可能实现生产和消费的平衡，平衡是理论上的设想而不平衡是经济常态和趋势。凯恩斯宏观经济的平衡条件“储蓄＝投资”同样也只是在其定义下的平衡，而他的整个理论所证明的恰好是投资与储蓄在资本主义社会的不平衡，解决这个不平衡是其理论的主要任务。这就进一步说明了凯恩斯国民收入理论与马克思社会总资本再生产理论在经济思想上的一致性，只不过这种一致性被理论形式上的差别所掩盖了。就其差别而言，主要

①② 凯恩斯：《就业、利息和货币通论》，徐毓枬译，商务印书馆1981年版，第277页。

体现在两点上：第一，国民收入计算中价值与价格的关系差别；第二，消费、储蓄与投资关系的转化。在第一点上，尽管存在马克思的社会总资本再生产是从价值角度展开公式的探讨，从而区别于凯恩斯国民收入或“所得”更多是在价格基础上提出公式；但按照马克思经济理论中价格与价值的关系，两者在总量上是一致性的。凯恩斯所谓的“我们的分析法与价值论连接起来了”① 似乎是个很奇怪的表达，但仔细分析，凯恩斯《通论》中分析法与价值论的连接也主要在其提出国民收入公式时才有所体现。正如本章前面所论述的，这里的价值与价格差异并不影响总量公式的比较，而只是一种名词的改换，这在思想上仍然是马克思式的②。第二点上的差别是革命性的，反映了分析思路的根本转变。马克思的社会总资本再生产理论中并不存在储蓄的概念，因为这是基于马克思经济理论的一个重要假定即工人的工资只能勉强维持其自身的生活需要，并不存在储蓄的可能性；资本家占有的剩余价值划分为消费和投资两部分。但随着社会生产力的发达，储蓄成为广泛存在的社会经济现象，这就成为凯恩斯使自己的理论区别于马克思理论的显著特征和根本突破点。当然，凯恩斯储蓄概念的提出是在其作为货币经济学家积累了深厚的理论基础上的必然产物，这也是凯恩斯成就其理论的伟大之处，从而开创了西方经济学发展史上宏观经济学的时代。

第三，马克思和凯恩斯在货币资本对于社会再生产中作用机制的认识上存在重大的差异；但这一差异先来自对在社会再生产或者宏观经济中起着决定性影响的货币资本和投资之重要关系共同性认识的基础之上。马克思在其社会再生产理论中对于货币资本的重要作用有突出的说明，把它看作是发动整个社会再生产的第一推动力和持续的动力，这也就是社会再生产最重要的投资和动力；而且强调了货币资本扩大和加速周转等影响投资的货币问题。

---

① 凯恩斯：《就业、利息和货币通论》，徐毓枬译，商务印书馆 1981 年版，第 4 页。

② 乔安·罗宾逊在《论马克思主义经济学》一书中，一方面指出“按照马克思自己的议论，劳动价值论不能提供一种价格论”（1962 年，第 18 页）；另一方面，她在该书第三章“劳动价值论”一节的结论中又指出：“马克思议论中的任何一个有实质的论点都不是以劳动价值论为依据的”（1962 年，第 22 页）。这种结论缺乏对马克思《资本论》第三卷价值向生产价格转化理论、劳动价值论向剩余价值发展的恰当认识，无疑是错误的。但乔安·罗宾逊对马克思价值论和价格论总量一致分析的方法论认识是深刻的，她在另外的一篇论文中指出：“对学院派经济学家说来，‘价值论’是相对价格（用各种其他商品来表示的各种商品的价格论）。”（1963 年，第 6 页）即价格论就是价值论，这也就是凯恩斯的做法，即直接用价格论取代价值论。

这里马克思不但已经把货币理论作为社会总资本再生产的重要组成部分加以研究，而且显然在马克思的资本周转、资本循环以及社会再生产理论中货币始终是和供求相联系的重要经济力量。就凯恩斯自己的表白而言，摆脱把货币看作是供求通论以外的一种力量，“倾向于把货币理论推展为社会总产量论”① 是在其《货币论》完成之后的理论进步；而这种认识在马克思的社会再生产理论中已经有了明确的论述，这是两个人对于货币资本和投资重要关系的共同性认识。

凯恩斯是作为一个很有成就的货币经济学家在经济学界崭露头角的，尽管《通论》代表了凯恩斯思想的根本转折和对其以《货币论》为代表遵循传统路线的思想的扬弃，但货币经济学家的经历无疑使凯恩斯一旦看到了货币资本在社会再生产中的作用机制，就能够独辟蹊径在前人的基础上达到比马克思更高的成就。在货币理论研究的基础上，对利率作用机制的认识为凯恩斯在社会总产量框架下展开对于生产、消费、投资、储蓄的研究开辟了崭新的理论空间，这在他对于经典学派所谓的两套利率论的批评中反映得淋漓尽致（凯恩斯指出：“故经典学派有两套利率论，在第一卷价值论中有一套，在第二卷货币论中又是一套。”②）。凯恩斯对利率机制的独特认识，使他对消费、储蓄、投资关系的论述通过利率而形成了有机的整体，正如他所指出的：“储蓄与投资都是经济体系之被决定因素，而不是决定因素。经济体系之决定因素，乃消费倾向、资本之边际效率以及利率；储蓄与投资只是此决定因素之双胎儿。”③ 消费倾向、乘数、资本之边际效率、灵活偏好等相应的概念创新无不建立在凯恩斯对利率作用机制的崭新理论认识的基础上，利率调整的政策建议也就成为凯恩斯宏观经济稳定政策的杰出理论创新。正是有了货币经济学研究的理论准备，凯恩斯才在利息理论创新的基础上为宏观经济学的创立作出了贡献。

第四，马克思固定资本补偿理论与凯恩斯“使用者成本”以及投资思想具有一致性。固定资本的损耗和补偿问题尽管在再生产过程中被马克思以假定的形式暂时撇开，但固定资本的补偿说明却是马克思社会总资本再生产理

① 凯恩斯：《就业、利息和货币通论》，徐毓枬译，商务印书馆 1981 年版，第 4 页。
② 凯恩斯：《就业、利息和货币通论》，徐毓枬译，商务印书馆 1981 年版，第 154 页。
③ 凯恩斯：《就业、利息和货币通论》，徐毓枬译，商务印书馆 1981 年版，第 155 页。

论的重要组成部分，马克思是在价值转移的基础上考虑了固定资本的货币和实物补偿以及对社会再生产正常进行的影响，探讨了固定资本的折旧问题，并强调了固定资本的大规模更新是新一轮资本主义经济危机的物质基础，从而指出了固定资本折旧与社会投资的密切关系。在凯恩斯的理论中尽管没有涉及价值转移的问题，也没有主要从固定资本的角度探讨机器设备的折旧问题，但他是通过“使用者成本”这个范畴来研究固定资本的折旧以及与此相关的投资问题。尽管他把所获利润与“使用者成本”共同看作固定资本的收益，并以此为基础考虑社会投资问题；但这从宏观经济整体上来看，恰好与马克思把不变资本 C 和作为追加投资来源的 M 共同作为社会扩大再生产中的投资思想是基本上一致的，而包括凯恩斯投资概念在内的许多投资思想都明显受到了马克思固定资本补偿理论的影响，至于成本的各种折旧可能，凯恩斯与马克思的意见也有许多相似之处。但在对待与投资相联系的资本边际生产率、投资乘数等范畴的创新则是凯恩斯理论的独特之处。

第五，值得强调的是，凯恩斯经济政策的路线显然和马克思的主张具有某种一致性；差别在于凯恩斯是资本主义经济制度的改良者和维护者，而马克思是资本主义经济制度的革命者和反对者。在马克思看来食利阶级的形成和扩大趋势是资本主义经济制度的顽疾，但凯恩斯认为只不过是“一种过渡时期现象”，一经消灭，资本主义便将大为改观，“故不需要革命”[①]。这是根本态度的差异。凯恩斯尽管主张对于诸如投资等政策的国家集中管理，在经济上让国家的权威与私人力量互相合作，但并不赞成国家社会主义。马克思理论中一再强调的社会化问题，在凯恩斯看来也是不可避免的，因此，他明确指出：“实行社会化之种种必要步骤，也可以慢慢引进，不必打断社会上的一般传统。”[②] 也就是在资本主义政府职能的扩大与其个人主义传统之间进行协调；学习中央统制扩大政府职能在凯恩斯的经济政策中被认为是“可以避免现行经济形态之全部毁灭”的“唯一切实办法”[③]。这些认识是从宏观经济整体运行规律中得出的结论，这也是马克思社会总资本再生产理论所揭示出的真理性理论认识，这些思想对于我们今天进行的渐进式市场经济改

① 凯恩斯：《就业、利息和货币通论》，徐毓枬译，商务印书馆 1981 年版，第 320 页。
② 凯恩斯：《就业、利息和货币通论》，徐毓枬译，商务印书馆 1981 年版，第 322 页。
③ 凯恩斯：《就业、利息和货币通论》，徐毓枬译，商务印书馆 1981 年版，第 323 页。

革实践也不无启发意义。

第四节 结　论

通过上述马克思与凯恩斯国民收入理论基本公式和思想的比较，我们发现西方经济学和马克思主义经济学在理论上的一致性与分歧点，这对于认识经济学学科特点以及马克思主义经济学和西方经济学的共性、分歧、理论走向有重大的意义。对于把握西方经济学理论范式和宏观经济学体系的创新，以及马克思主义经济学的发展，更具有积极的理论价值①。一方面，凯恩斯国民收入及其平衡公式与马克思社会总资本再生产公式的相似性，充分说明凯恩斯宏观经济学和马克思主义经济学有理论体系上相通的一面，只不过理论上的相通被我们长期以来所忽视，差异和独立则被夸大了。另一方面，我们必须承认凯恩斯作为经济学家的理论贡献。凯恩斯的理论创新大大地丰富了人类社会的经济学视野和经济学本身，这是资本主义经济生活发展所提供给经济学理论创新的现实可能，按照著名经济学家麦迪森（Angus Madison）的定量分析结论可知，1870～1913 年是世界经济仅次于第二次世界大战后黄金时代的次好时期②，而这恰恰是马克思和凯恩斯社会经济生活时代的重大差别，充分说明经济理论的创新与发展最深厚的土壤就是社会经济生活的现实。

可以说，马克思社会总资本再生产理论本质上就是马克思主义经济学宏观经济学的突出理论成果，这也是对有些学者认为马克思主义经济学不存在宏观经济学狭隘说法的有力反驳。马克思主义经济学是迄今为止唯一在宏观和微观理论上打通的经济学理论体系，这应该成为马克思主义经济学教材创新的重要理论参考。建立在效用价值论基础上的西方微观经济学和宏观经济

① 尤其在马克思主义经济学面临范式、分析工具、理论体系创新的现阶段，乔安·罗宾逊在《论马克思主义经济学》一书中对于马克思理论比较研究重要性的说明对我们很有启发意义，这就是："用现代分析的更为准确和细致的方法来重新考虑马克思的论点，澄清了他学说中许多费解之处，并且有助于显示它的优点和弱点。"（1962 年，第 2 页）

② 麦迪森：《世界经济二百年回顾》，改革出版社 1997 年版。

学始终是理论体系和逻辑上的“两张皮”，而建立在劳动价值论基础上的马克思主义经济学为什么能够实现微观理论和宏观理论的框架在理论体系和逻辑上的一线贯通呢？这恐怕很能说明理论体系的科学性之差异。但马克思主义经济学应如何摆脱旧社会经济现象和理论视觉的束缚，凯恩斯的理论也可以说给了我们很好的理论启示，这可能会为中国社会主义市场经济体制的创新提供一种可能的理论视角。

| 第七章 |

马克思与西方经济学国民收入理论比较的再研究

国民收入理论是宏观经济学的核心和基本理论分析框架。以国民收入理论为核心的宏观经济学体系的确立，在西方经济学中被认为是20世纪30年代凯恩斯革命的产物；但马克思具有成熟系统的国民收入理论分析框架的提出至少比凯恩斯早50年。既有的研究成果表明①，在凯恩斯所开创的西方宏观经济学国民收入理论分析框架和马克思的国民收入理论之间存在吸收与发展的内在联系，逻辑地分析两者在基本理论分析框架上的异同，结论就是凯恩斯的国民收入理论可以看作是马克思国民收入理论的吸收和发展。文献证明，凯恩斯不但专门研读过马克思的著作；而且把马克思的经济学著作作为参考文献推荐给他的学生。凯恩斯指出："在马克思理论中存在有真理的内核。"特别是马克思社会总产品实现论的研究②，这和在《就业、利息和货币通论》中凯恩斯对马克思的批判形成了鲜明的对比。由于西方经济学和马克思主义经济学微观基本原理的差异，以及在社会经济制度认识上根本结论的对立，凯恩斯对于马克思国民收入理论的吸收和发展似乎注定了西方宏观经济学理论体系难以得到西方经济学微观理论支持。直到现在，西方经济学

① 张建君：《凯恩斯与马克思国民收入理论的比较研究》，载于《经济理论与经济管理》2006年第2期。

② 国内文献可以直接阅读方福前：《从〈货币论〉到〈通论〉——凯恩斯经济思想发展过程研究》，武汉大学出版社1997年版，第149～150页、第198页相关内容及所列文献；国外文献可以进一步阅读《凯恩斯全集》第13卷相关内容。

在微观经济学和宏观经济学体系上仍然存在严重的割裂，一个具体而活跃的国民经济整体在理论上却不能从微观到宏观给出逻辑一致的理论解释，这成为西方经济学的阿克琉斯之踵①。相比较西方宏观经济学理论繁荣的局面，试图弥补西方宏观经济学微观基础缺失的理论研究，作为西方经济学界最激动人心的研究领域却绝少得到突破性的公认研究成果。

值得指出的是，马克思国民经济宏观分析的基本理论框架是其微观经济理论分析在国民经济整体发展上的逻辑结论，但在马克思主义经济学的后续发展中马克思的国民收入理论却似乎很难拓展。这就使我们对于马克思主义经济学和西方经济学在国民收入理论的比较研究上充满期待，不但能够在两大体系理论的异同及联系上有独到的收获，而且为两大理论体系的相互借鉴、西方宏观经济学微观基础的缺失等问题提供一种有价值的理论解释。

第一节　马克思和马克思主义经济学的国民收入理论

马克思的经济学是马克思主义经济学的主要内容和理论源头，是马克思本人的经济学说体系；但马克思主义经济学则是包括马克思、恩格斯、列宁、斯大林、毛泽东、邓小平等系列成果以及最新社会主义经济实践成果在内的经济理论总称。马克思的经济学以个人独特的体系和明确的理论内容为特点，马克思主义经济学则以主义为特征，是赞成这个主义旗帜的一系列成果总称，是发展开放、众人的理论体系。现在所谓的马克思主义经济学的国民收入理论，伴随计划经济体制向市场经济体制的转轨，特别是国民经济核算体系从物质产品平衡体系（Material Product System，MPS）向西方经济学国民经济账户体系（System of National Accounts，SNA）的转变，已经很难确定具有代表性的马克思主义经济学国民收入理论体系，存在的只有马克思的

① 阿克琉斯是指古希腊罗马神话中的人物。传说他的母亲是位女神，为了防止他受到伤害，他的母亲在他出生时提着他的足踵在冥河的水中浸遍阿克琉斯的全身。他因此刀枪不入，勇敢无比；但由于他的足踵未能在冥河的水中浸泡，成为他全身唯一的致命要害。最后被敌人一箭射中足踵而死去。

国民收入理论。因此，本章主要以马克思的国民收入理论作为马克思主义经济学国民收入理论的经典范式进行比较研究，兼及MPS核算体系所涉及的理论内容。

一、马克思国民收入理论的理论基础和基本理论假设

马克思国民经济的研究对象是资本主义放任自由的市场经济，并未完成世界市场的研究，因此国民收入模型不存在与其他国家之间的进出口经济往来。马克思通过微观基础理论——劳动价值论的研究，明确界定只有劳动者的活劳动才创造价值，机器、厂房、设备等物质资本只转移其价值并不增加新的价值。资本主义典型的生产方式是资本主义机器化大工业生产体系，为资本家创造剩余价值的劳动是资本主义的生产劳动；主要存在于资本主义物质工业生产体系中，商业（除个别劳动形式外）和金融业的劳动并不创造剩余价值。同时，马克思对于资本主义国民收入的研究是对长期发展趋势的动态研究。

在此理论基础上，马克思的国民收入理论研究还存在以下一些基本的假设条件：假定全社会只有两个阶级进行生产和消费：即资本家阶级和工人阶级；假定从事资本主义再生产的是社会总资本；假定产品按照它们的价值交换，且生产资本的组成部分没有发生任何价值革命；假定生产条件在不同的年份是不变的（假定简单再生产是没有任何积累或规模扩大的再生产）；假定暂时撇开固定资本的损耗和补偿；假定社会总生产分成两大部类，每一部类的资本都分成两个组成部分：可变资本V和不变资本C，由全部年劳动加入的价值部分V和M部分，每一部类的全部年产品的价值和每个个别商品的价值一样，也分成C+V+M。

二、核心范畴、基本理论分析框架以及数学模型

马克思用于国民收入理论研究的范畴包括社会总资本、社会总产品、社会总产值、简单再生产、扩大再生产、生产、消费、价值、工资、剩余价值、投资、固定资本、积累等范畴。其中核心范畴是再生产、消费、剩余价

值、投资、价值。

社会总资本的再生产和社会总产值实现是马克思宏观经济整体分析的基本模型，马克思国民收入的基本理论分析框架是生产和消费总量平衡及部类比例平衡兼具的经济结构分析框架。

首先，我们来看马克思的国民收入理论模型。马克思国民收入理论模型的基础是社会总资本再生产模型，我们根据马克思的理论对其国民收入的基本公式可进行如下逻辑推导和表述：

$\mathrm{I}\ C + V + M = W_S$

$\mathrm{II}\ C + V + M = W_X$

$W_S + W_X = W_Q$（这是两大部类产值的加总公式，即社会总产值）

这里的 W_S 代表的是第一部类所生产的表现为生产资料形态的商品总价值；W_X 代表的是第二部类所生产的表现为消费资料形态的商品总价值；W_Q 代表的是社会总产值。按照马克思的理论，两大部类的 C 只发生价值的转移而不发生价值增殖，因此马克思的国民收入就是两大部类的 V + M。用 Y 表示国民收入，则有：

$Y = V + M$

其次，我们来看马克思国民收入理论模型的平衡条件。马克思国民收入理论模型的基本平衡条件也就是马克思两大部类的简单再生产和扩大再生产的基本平衡公式，马克思所谓的国民收入平衡，既包括社会总供给与社会总需求在总量和结构上的平衡，也包括社会总投资与社会总消费在总量和比例上的平衡。这个思想在马克思两大部类简单再生产和扩大再生产的平衡公式里表现得非常清楚。

简单再生产基本平衡条件为：

$\mathrm{I}\,(V + M) = \mathrm{II}\ C$

派生条件为：

$\mathrm{I}\ C + V + M = \mathrm{I}\ C + \mathrm{II}\ C$

$\mathrm{II}\ C + V + M = \mathrm{I}\,(V + M) + \mathrm{II}\,(V + M)$

扩大再生产基本平衡条件为：

$\mathrm{I}\,(V + M) = \mathrm{II}\ C + (\mathrm{I}\,\Delta C + \mathrm{II}\,\Delta C)$

把握马克思简单再生产和扩大再生产平衡条件公式，固然要注意其派生条件的重要性，但简单再生产和扩大再生产的平衡公式都只是一种经济均衡的理想状态而不是常态，在马克思看来不平衡是资本主义国民经济发展的常态。这在扩大再生产平衡条件的公式推导中反映得最充分，就是扩大再生产必须满足两个基本的前提条件，即：

Ⅰ（V+M）>ⅡC

Ⅱ（C+M-M/X）>Ⅰ（V+M/X）

最后，我们来看国民收入理论的发展。物质产品平衡体系（MPS）的形成是马克思国民收入理论在计划经济体制下的主要成就，这个核算体系曾经在苏联、第二次世界大战后的法国都广泛使用。其理论基础就是马克思的劳动价值论和国民收入理论，并严格限定物质生产领域是唯一的生产领域，这个领域的劳动是创造国民收入的生产劳动。其他如教育、医疗、卫生、行政等非物质生产领域的劳动不创造具体的物质产品，不创造国民收入。只有生产劳动的成果才进行价值和使用价值的统计。这是典型的国民收入生产法核算思想。

三、基本理论价值取向和基本政策主张

马克思国民收入理论是马克思研究资本主义社会基本经济矛盾的产物，马克思坚定地认为资本主义社会最基本的矛盾是生产资料的资本主义私有制与社会化大生产之间的矛盾。资本主义私有制决定社会生产的放任自由和社会有效需求的不足，社会化大生产导致了社会生产规模无节制的扩大，两者在结构和比例上的失衡最终将表现为社会总供给与社会总消费的失衡，这个总量上的矛盾结果就是资本主义国民经济周期性的经济危机。由于这个危机是由资本主义最基本的矛盾所决定的，因此，马克思认为解决危机的出路只有废除生产资料的资本主义所有制，也就是只有实现社会制度的根本革命。

第二节 凯恩斯和西方经济学的国民收入理论

美国著名经济学家劳埃德·雷诺兹指出，凯恩斯于 1936 年出版的《就

业、利息和货币通论》（以下简称《通论》）被公认为是宏观经济学思想的最原始模式①。现代西方经济学在宏观经济学领域取得了很大的发展，宏观经济学在国家产出决定的问题上，基本上形成了三个层次的发展，第一个层次就是只涉及产品市场，其内容被称为简单国民收入决定理论或简单凯恩斯模型；第二个层次是在讨论产品市场和货币市场共同均衡基础上说明国家产出的决定；第三个层次是在产品市场和货币市场的基础上引入劳动市场，通过运用总需求曲线和总供给曲线来说明国家产出的决定②。这基本上反映了西方宏观经济学在国民收入理论上的发展状况。但出于马克思经济学国民收入理论比较研究的需要，我们不可能涉及宏观经济学的大量最新发展。因为，自从凯恩斯创立西方宏观经济学以来，国民收入的思想框架成为西方宏观经济学繁荣和发展的重要基础，凯恩斯国民收入的具体理论已经在新的理论形式中获得了很大的发展。但必须指出的是，西方经济学在宏观领域发展的第二层次和第三层次最大的成果，只不过是将凯恩斯国民收入模型中的核心变量利率、投资和储蓄与货币市场、劳动市场相联系，进一步发展结构分析和总量分析的结果；其基础和核心仍然是凯恩斯所奠定的国民收入分析模型。为了保障比较的可行性，我们选择西方宏观经济学国民收入理论第一层次的凯恩斯国民收入理论模型进行比较研究。

一、理论基础和基本理论假设

凯恩斯国民收入研究的理论基础包括有效需求不足理论、资本边际效率、消费倾向理论、货币利息论等，就西方微观经济学的原理运用而言，凯恩斯国民收入理论研究并不存在明显的微观基础。因此，凯恩斯理论中这些总体经济概念被认为脱离了微观经济学单个家庭或者厂商经济行为的经济学原理，是不正确的，在当时受到西方经济学界猛烈的批评。客观地考察凯恩斯国民收入理论的理论基础，有这样三个来源：古典经济学、马克思的经济学、凯恩斯的货币论。究竟从哪里得到更多一些，只有深入地进行理论比较

① 劳埃德·雷诺兹：《宏观经济学》，商务印书馆1993年版，第117页。

② 吴易风、刘凤良、吴汉洪：《西方经济学》，中国人民大学出版社1999年版。

研究才能得出准确的答案。

凯恩斯国民收入理论研究的基本假设包括：国民经济中只包含居民和企业，没有政府也没有外贸；资本物品从不磨损或者报废，没有资本消费专款；企业把它们的利润全部付给居民，从而只有居民储蓄；由于没有税收，居民的所有收入都能用于开支和储蓄。

二、核心范畴、基本理论分析框架与数学模型

凯恩斯用于国民收入理论研究的范畴包括：国民收入、就业、收入、利率、投资乘数、消费（边际消费倾向 MPC）、储蓄（边际储蓄倾向 MPS）、价格、工资率等。核心范畴包括：就业、利率、消费、投资和价格。

凯恩斯的国民收入理论分析框架中并不具有结构和比例分析的特征，是典型的变量均衡分析的框架。即只考察经济变量间的关系，而对于国民经济的产业比例和部门结构并不涉及。这在凯恩斯国民收入理论的模型中体现得很充分。

首先，国民收入的基本模型。用 Y 表示国民收入，C 表示消费，S 表示储蓄，I 表示投资。凯恩斯在《通论》中对于国民收入理论的表述是[①]：

所得 = 产品价值 = 消费 + 投资 $(Y = C + I)$

储蓄 = 所得 - 消费 $(S = Y - C)$

故，储蓄 = 投资 $(S = I)$

西方宏观经济学教材中现在是这样表述的：

GNP = 国民收入 = 消费 + 储蓄

国民收入公式是：

$$Y = C + S$$

其次，国民收入的均衡条件表述如下：

$$Y = C + I$$

或者

$$S = I$$

① 凯恩斯：《就业、利息和货币通论》，徐毓枬译，商务印书馆 1981 年版，第 58 页。

三、国民收入理论的扩展及其最新发展

在创立国民收入理论后，凯恩斯亲自指导米德（J. E. Meade）和 R. 斯通（R. Stone）采用账户和复式记账法为英国财政部编制英国的国民收入估算。在斯通的领导下，1953 年联合国经济和社会事务部统计处制定出版了《国民经济账户体系及辅助表》，简称旧 SNA。正如斯通所指出的，国民经济核算（最早被称作“社会会计”）是发生于一个经济体系各部分之间的活动，是用交易来表现的一种有条理的反映①。此后，以斯通为主席的专家们总结了不同社会经济制度和不同发展阶段国家的实践经验，于 1968 年发表了供市场经济国家参考使用的新 SNA。现在这个核算体系基本上是通行于世界各国。另外，西方国民收入（国民生产总值）的计算方法，形成了以支出法、收入法为主的国民经济核算方法。随着国民经济核算体系的发展，西方经济学在宏观经济领域取得了长足的发展。这在核心范畴的更替上表现得尤为突出，最初国民收入成为宏观经济学的核心范畴；接着国民生产总值成为最普遍使用的概念；随着国民核算体系新版发表，现在国内生产总值则成为一个更加广泛使用的范畴。国民收入理论的分析框架也从凯恩斯的两部门模型发展到三部门、四部门模型，所涉及的变量也出现多元化的发展。

四、基本理论价值取向和基本政策主张

凯恩斯的理论价值是非常明确的，那就是为解决资本主义经济危机寻找“药方”，他的理论实现了这个目的。区别于马克思所要求的资本主义生产关系的革命这种外在解决问题的方法，凯恩斯提出了从经济内在的要素出发来解决问题。这些方法就是依靠国家对于财政和货币力量的控制，采取相应的财政政策和货币政策的调控手段，而这个政策取向的得出就在于他对决定国民收入均衡发展的基本变量储蓄、投资和消费关系的深刻把

---

① 胡代光、高鸿业：《现代西方经济学辞典》，中国社会科学出版社 1996 年版，第 572 页。

握。尽管当时资本主义社会认为凯恩斯的理论是变相社会主义经济理论，连凯恩斯当时都把自己的理论称作“异端经济学说”[①]。但凯恩斯并没有改变社会的生产关系，只是对资本主义社会的政府职能进行了重新定位，放任自由的资本主义制度结束了，宏观调控的资本主义时代开始了。尽管资本主义的思想家仍然为放任自由而大声疾呼，但他们担心的“社会主义”制度因素已经深刻地改变了资本主义制度的自然特征。只有这样，他们才能更好地发展下去。这也成为西方宏观经济学最基本的理论价值取向和基本政策主张。

第三节　两大体系国民收入理论的比较：理论联系

一、基本理论模型之间的联系

既有研究成果表明[②]，凯恩斯的国民收入公式和国民收入平衡条件完全可以在马克思国民收入公式变形的基础上得出。

首先，马克思的国民收入公式为：$Y = V + M$。无论是公式推演，还是按照 V（代表工人阶级的生活资料的消费）和 M（代表资本家的投资和消费）各自代表的经济含义，都可以改写成：$Y = I + X$（I 代表投资，X 代表消费）。如果我们用西方经济学惯用的消费符号 C 取代 X，可以得到：$Y = I + C$。

其次，无论是公式的推演，还是从马克思简单再生产和扩大再生产的基本平衡条件来看，马克思社会再生产也就是国民收入平衡的条件最简单的经济含义是：储蓄 = 投资。用公式可简洁地表示为：$S = I$。这个认识，在凯恩斯经济理论中是通过把储蓄定义为所得与消费之差而得到的。因此，$S = I$ 作为国民收入的均衡条件在马克思经济学和凯恩斯经济理论以及现代西方经济

① 凯恩斯：《就业、利息和货币通论》，徐毓枬译，商务印书馆 1981 年版，第 310 页。

② 张建君：《凯恩斯与马克思国民收入理论的比较研究》，载于《经济理论与经济管理》2006 年第 2 期。

学中是一个共同的认识。但现代西方宏观经济学教材中，Y = C + I 也用来表示国民收入的均衡条件，这是一个比较大的变化，Y = C + I 之所以被作为均衡条件提出，现在关键在于马克思所揭示的封闭经济体系的总供求平衡的基本决定因素是消费和投资，而消费和投资相等的均衡设想，只有在马克思资本主义两大部类再生产的模型中才能准确得出。因此，Y = C + I 在凯恩斯看来是国民收入的基本公式，但在现代西方宏观经济学看来是国民收入的均衡条件，后者的认识无疑更加准确。

再次，现在西方宏观经济学 GNP = 国民收入 = 消费 + 储蓄（Y = C + S），有别于马克思和凯恩斯的国民收入表述形式。这并不仅仅是简单的用 S 取代 I，而是采用不同的公式表明了国民收入核算方法的不同：Y = C + S 是采取收入法进行国民收入公式的表示，也就是把国民收入看作是工资 + 利息 + 租金 + 利润 = 消费 + 储蓄；Y = C + I 是采取支出法进行国民收入公式的表示，也就是把国民收入看作是消费 + 投资。值得强调的是，Y = C + S 的思想可以通过萨伊的三位一体效用价值论来解释，但 Y = C + I 的思想只有马克思的劳动价值论和两大部类再生产理论才能解释；前者属于后者既有思想的拓展认识。

最后，从马克思、凯恩斯两大国民收入理论体系的基本理论模型来看，我们可以说在凯恩斯国民收入理论基础的三个来源中，马克思的理论是更为重要的来源。尽管凯恩斯自己并不承认这一点，但我们必须指出从马克思的理论中他得到的最多。这一点基本上是凯恩斯主义的追随者所讳言的，以直言著称的乔安·罗宾逊也只有点滴的透漏，克莱因是笔者所知道的明确把马克思的《资本论》当作凯恩斯《通论》前驱的经济学家[①]。因为没有产品价值范畴的经济思想很难在理论上形成国民经济总体研究的理论框架，社会总产品的价值按照效用来衡量，简直是不能想象的；但按照劳动价值论的思想，加总就成为必然的思路。同时，没有结构和比例研究的分析模型就不可能直观地洞察投资、储蓄和消费这些主要经济变量所存在的内在关系。这也就是西方微观经济学原理和凯恩斯所开创的西方宏观经济学格格不入的根本原因。

---

① 克莱因：《凯恩斯的革命》，商务印书馆 1980 年版，第 133 页。

二、国民收入经济思想之间的联系

深入研究马克思和凯恩斯的理论模型，我们看到凯恩斯的国民收入基本公式以及实现宏观经济平衡的基本条件即储蓄 = 投资（S = I）与马克思资本主义两大部类再生产基本公式、平衡条件有内在的联系。就经济学思想而言，可以说凯恩斯开创的宏观经济学在一定程度上是对马克思国民收入理论的吸收和发展，即凯恩斯的经济思想更多地可以看作是对马克思经济思想的改良成果。这说明西方经济学和马克思经济学在国民收入理论上存在共同理论内核。

首先，以国民收入为核心从总量上总体看待宏观经济，并采取有效政府调节手段的经济思想是相同的。凯恩斯解除资本主义经济危机的“药方”和马克思资本主义社会再生产理论基础上提出的国家宏观计划措施有高度的一致性，理论主张上的形式差异并不能完全掩盖其经济思想的一致性。国民收入理论的核心是平衡发展，但实现平衡的手段并不相似。凯恩斯通过资本边际生产率、消费倾向等区别于马克思理论的新术语发表了对经济危机中投资的看法，他认为政府不能把决定当前投资量之职责放在私人手中。马克思指出资本主义社会总资本再生产动态危机的基本矛盾就是私人生产投资的无政府状态和消费不足，提出有计划按比例的解决方法，其实主要就是针对解决私人投资的盲目性。凯恩斯所开创的西方宏观经济学正是按照宏观调节修正微观不足、平衡发展消除周期变动的思想探讨国民经济的增长问题。就根本思想而言，马克思主义经济学和西方宏观经济学在国民收入理论上共性大于个性，一致大于分歧。这些经济思想所贯穿的就是对国民经济总体、总量分析的方法，这种方法正是宏观经济学研究的方法论基础。在此基础上，政府采取财政、货币手段对宏观经济进行调整，保持国民收入的稳定增长，减缓经济的周期波动，避免失业和经济危机，并在开放经济条件下保持国际收支平衡，成为西方宏观经济学发展的基本理论内容。

其次，凯恩斯国民收入平衡条件与马克思国民经济再生产基本平衡条件尽管存在形式上的差异，但所表明的经济思想却具有高度一致性。即无论是马克思的简单再生产平衡条件还是扩大再生产平衡条件的得出都充分证明资本主义经济不可能实现生产和消费的平衡，平衡是理论上的设想而不平衡是经济常态和趋势。凯恩斯宏观经济的平衡条件即储蓄 = 投资同样也只是在其定义下的平衡，而他的整个理论所证明的恰好是投资与储蓄在资本主义社会的不平衡，解决这个不平衡是其理论的主要任务。这就进一步说明了凯恩斯国民收入理论与马克思社会总资本再生产理论在经济思想上的一致性，只不过这种一致性被理论形式上的差别所掩盖了。在国民收入计算中价值与价格的关系差别，是马克思主义经济学显著的理论特征，但按照马克思的经济理论，价格与价值在总量上是一致的。凯恩斯以及西方宏观经济学国民收入理论中则只有价格论而没有价值论。这也就是凯恩斯的做法即直接用价格论取代价值论。在消费、储蓄与投资关系的认识，是两大理论体系的一道分水岭。马克思国民收入理论的一个重要假定即工人不存在储蓄的可能性，在后续的马克思主义经济学国民收入理论中也对消费、储蓄与投资这些变量间的关系揭示不足，成为理论发展的制约因素。凯恩斯则从货币经济学家的眼光出发研究了储蓄、消费、投资的关系，特别是边际消费倾向（MPC）和边际储蓄倾向（MPS）是借以实现更接近社会经济生活现实的但并不具有特别理论价值的术语包装，因为这两个概念在不同的收入水平层次上有不同的表现，是朴素的倾向而并非普遍的原理。当然，凯恩斯储蓄概念的提出是在其作为货币经济学家积累了深厚的理论基础上的必然产物，这也是凯恩斯成就其理论的伟大之处，从而开创了西方经济学发展史上宏观经济学的时代。这些研究奠定了西方宏观经济学通过上述变量构造模型，简化宏观经济关系，更加简明反映宏观经济体系的基础。

最后，在封闭经济体系中，投资和消费是发展经济的两大“引擎”，对于投资和消费这种决定性的经济增长因素，在马克思的经济学、凯恩斯的经济学以及西方宏观经济学中是具有一致性的认识。马克思在其社会再生产理论中对于货币资本的重要作用有突出的说明，把它看作是发动整个社会再生产的第一推动力和持续的动力，这也就是社会再生产最重要的投资和动力；资本家的收入被分成两个部分：转化为资本积累即资本家用于投资的剩余价值和用于自己消费的剩余价值。资本家投资的扩大倾向是形成资本主义生产过剩的主要动力；而工人的消费动力严重不足则是资本主义扩大再生产的主要危险，失业成为资本主义再生产的“痼疾”。凯恩斯的国民收入理论中投资的重要性通过投资乘数得到了充分的反映，消费方面的有效需求不足成为其理论的基本着眼点，充分就业理论是其解释社会经济现实的基本理论工具。在马克思的国民收入理论中投资与消费的关系被固定看作是背离，而凯恩斯则把投资与消费的这种关系表现为一个乘数（k = 1/1 - MPC），这就使经济增长中投资与消费之间的关系得到了量化表示。这两大理论体系关于投资与消费在实现国民收入增长中的带动作用的理论认识，为通过简单变量关系构造经济增长模型提供了理论上的方便。

第四节　两大体系国民收入理论的比较：差别所在

首先，理论模型和基本理论分析框架的差异。理论模型的差异主要来自代数模型和函数模型的形式，马克思理论模型中所包含的结构分析和比例分析思想，在凯恩斯以及西方宏观经济学的变量分析公式中荡然无存。这些形式的差别主要与数学工具自身的发展和成熟有关，越简洁的变量因素越容易在函数关系式中加以表达；但也存在经济思想上的差异，这个差异就是凯恩斯用生产单位厂商取代了资本家，用居民取代了工人，事实上使消费和投资的关系更容易引入储蓄进行深化分析。基本理论分析框架的差异则主要表现在三个层次：第一，凯恩斯主要研究国民收入的短期平衡问题，马克思所研究的是国民收入的长期平衡问题；凯恩斯以国民收入的平衡为理论基础，但在马克思的理论中平衡则是资本主义国民收入的例外。第二，凯恩斯和西方经济学的国民收入理论是内生经济力量调整的动态框架，马克思的国民收入理论是外生经济力量调整的动态框架。前者认为通过体制内变量的调整可以实现国民收入的增加和均衡；而后者认为只有通过体制外的革命才能解决该经济体系的根本矛盾。第三，凯恩斯的国民收入理论是变量均衡分析框架，马克思则是总量和比例结合基础上的结构分析框架。在变量、总量及比例之间存在抽象和具体的辨证关系，但均衡分析和结构分析之间并不完全对等。均衡分析是马克思和凯恩斯国民收入理论共同的特征，但马克思国民收入结构分析的方法是现在西方宏观经济学所忽略了的。

其次，核心范畴及分析工具上的差异。凯恩斯的理论通过储蓄概念的引入、灵活偏好的利率分析、边际方法的运用实现了经济理论与马克思经济学说形式上的差别。其中储蓄和利率是构成凯恩斯理论的核心范畴；而储蓄和利率范畴是马克思国民收入理论所忽略的。第一，储蓄范畴的引入以及对于货币理论的发展是凯恩斯经济学说摆脱经典学派理论束缚，在对马克思经济学说继承基础上做出改造的重要基础。据凯恩斯的考证，储蓄的概念是由德国自由主义者路德维希·米塞斯在1912年率先介绍，后来又被熊彼特以更明确的形式加以采用；而凯恩斯本人在此基础上对储蓄与投资进行区别的概念在20世纪20年代中后期得到学界认可。第二，利率思想的成熟是其理论创新的一个重要基础。在货币理论研究的基础上，对利率作用机制的认识为凯恩斯在社会总产量框架下展开对于生产、消费、投资、储蓄的研究开辟了崭新的理论空间，凯恩斯对利率机制的独特认识，使他对消费、储蓄、投资关系的论述通过利率而形成了有机的整体。消费倾向、乘数、资本之边际效率、灵活偏好等相应的概念创新无不建立在凯恩斯对利率作用机制的崭新理论认识的基础上，利率调整的政策建议也就成为凯恩斯宏观经济稳定政策的杰出理论创新。核心范畴决定了理论研究的重点及可能的理论发展，沿着这些核心范畴发展的两大体系也各自收获了它们的优势，也承担着由此而形成的理论劣势。第三，分析工具，尤其是数学工具的差异。马克思和西方经济学国民收入理论在数理实证方法运用上存在的显著差别，这就是数学工具自身发展带动经济学研究工具更新的一个突出典范，在凯恩斯经济学研究中大量应用函数关系取代了马克思经济学研究中的简单数量等式关系，西方宏观经济学应用更加复杂的数学实现了国民收入理论的更新发展。在经济学的研究上，笔者认为数学方法的运用可以分为四个阶段。魁奈在经济学分析中引入数字和图表是经济学数理实证方法发展的初创阶段；马克思、莱昂·瓦尔拉斯、杰文斯等在经济学分析中开始大量引入数学公式是经济学数理实证方法发展的探索阶段，值得我们注意的是杰文斯本人也是一位成功的数学家；从马歇尔到凯恩斯在经济学分析中熟练使用函数、微积分是经济学数理实证方法发展的成熟阶段；拉格纳·弗里希、丁伯根、库兹涅茨、纳什等人则开创了蔚为大观的现代数学工具在经济学中广泛运用的工具化阶段。这与数学自身发展的历史是一致的，但经济学不是数学，因此经济学中数学方法的运用基本上局限并滞后于数学工具自身的发展和成熟；也就是说数学仅仅是工具，重要的不是数学模型而是经济思想。但现在马克思主义经济学国民收入理论和西方宏观经济学所存在的差距并不完全是思想上的，而恰恰是数学方法上的。

再次，微观经济学基础的差异及其在国民收入核算体系上的表现。马克思的国民收入理论的微观基础是劳动价值论，而西方微观经济学的效用价值论并不能给出价值和价格在总量上正相关的理论解释，扩展到货币理论领域，更是不能从效用上得到关于货币和商品在价值和价格上正确总量关系认识。剩余价值和价值是马克思国民收入理论研究的核心范畴，但在凯恩斯以及西方经济学中完全被价格范畴所取代。马克思理论认为价格是价值的表现，货币价值以商品价值为基础，这就使国民收入总量的宏观分析在价值的思想基础上可以实现商品市场和货币市场的统一联系，以消费为核心的商品市场和以利率为核心的货币市场就通过投资和市场通道得到了联系，从而形成了对国民收入总体分析的要求。这就必须有劳动价值论的思想基础。在国民收入核算体系的发展中，凯恩斯却试图通过价格加总的方式加以解决，尽管 SNA 核算体系取代了 MPA 体系，两者的差别非常鲜明。但这种发展既不能解决宏观经济学的理论基础缺失，也不能有效说明物质产品市场和货币市场之间的关系，凯恩斯理论对于 20 世纪 70 年代资本主义经济滞胀的无能为力，就是这种理论局限的表现。当然，在现代西方宏观经济学中，国民收入的概念和公式都有了广泛的发展和不同的含义。例如，GNP、GDP、NI 等概念都可以被称作国民收入；国民收入公式也存在多种表达形式；在国民收入基本分析框架基础上形成了许多新理论。这些是马克思主义经济学所应该借鉴的。

最后，马克思和凯恩斯在理论价值取向上的根本对立发展成为马克思主义经济学和西方宏观经济学在国民收入理论体系上的根本对立。在理论价值取向上是社会制度的渐进改良论和激进革命论的对立，凯恩斯的理论着眼的是国民收入怎样平衡的具体措施，前者把资本主义制度看作是可以通过改良而获得发展的社会制度；马克思的理论着眼的是资本主义经济危机如何破坏其经济基础而要求整个社会制度的改造，后者则把资本主义制度看作是只有通过革命才能彻底摆脱经济危机的制度。体现在理论体系上就是与社会制度相联系的国民经济均衡论和国民经济非均衡论，西方宏观经济学理论的基础就是把国民经济当作均衡的体系，变量调整的目的就是避免经济失衡，通过熨平经济周期寻求经济长期增长和发展；但在马克思主义经济学看来资本主义经济非均衡存在社会制度上的缺陷，只有通过计划安排生产的形式才能克服，尝试在社会主义制度中实行主动的计划经济体制来避免宏观经济发展的不均衡。其实，通过经济体内生变量的调整来实现经济均衡和通过经济制度的调整来实现经济均衡，两者可能会产生同样的效果，这是个值得深入探讨的命题，遗憾的是理论界对此的深入研究非常缺乏。现在，有必要把西方宏观经济学均衡思想基础上的变量调整理论和马克思主义经济学非均衡思想基础上的制度变革理论加以结合，从经济内生变量和制度外在安排两个角度思考和认识以国民收入为核心的宏观经济学理论体系，可能能够得出更加可行的新理论。

第五节　比较研究的两点结论

需要我们指出的是，宏观经济学的问题和体系并不像当代西方经济学所表明的是“凯恩斯革命”的产物，宏观经济学发展成熟有一个历史的发展过程。这个过程表明，对于宏观经济内在规律的揭示和把握是与人类迫切要求管理国民经济的科学思想完全一致的。魁奈的《经济表》就是把国民收入与经济增长和宏观经济平衡相联系，通过国民收入的整体研究分析导致经济增长的内在机制和生产要素贡献的天才性国民收入理论的思想源泉。可以说，把国民收入的增长看作是国家更多财政税收的源泉，和把财政税收当作调整国民收入平衡并实现经济持续增长的内在手段，是古代宏观经济思想和现代国民收入理论最根本的差别。因此，把经济学划分为宏观经济学和微观经济学是一个蹩脚的提法，但现在却成为一种学科规范。明确国民收入理论的这个发展简史，是我们全面认识和评价马克思主义经济学和西方经济学在以国民收入理论为核心的宏观经济和宏观经济学上存在根本理论分歧和差异的重要背景。这个根本理论分歧和差异，在宏观经济上，对于我们全面理解社会主义市场经济体制改革至关重要；在宏观经济学上，对于我们全面把握西方经济学体系发展，特别是正确理解马克思主义经济学的发展很有好处。

第一，通过马克思与凯恩斯国民收入理论的比较研究，有助于发现西方经济学和马克思主义经济学在理论上的一致性和分歧点，这对于认识经济学理论本身和马克思主义经济学、西方经济学的发展走向有重大的意义，对于把握西方经济学理论范式的转变以及由此而形成的与马克思主义经济学的差异更具有积极的理论价值。一方面，凯恩斯国民收入及其平衡理论与马克思社会总资本再生产理论在公式上的相似性充分说明凯恩斯理论借鉴的可能，说明西方经济学和马克思主义经济学有其理论相通和共同的一面，只不过理论上的相通和共同被我们长期以来所忽视，差异和独立则被夸大了；另一方面，我们必须承认凯恩斯作为经济学家的杰出理论贡献，凯恩斯的国民收入理论创新大大地丰富了西方经济学的视野和西方经济学体系。在理论比较的研究中，我们往往是被理论的外在形式所迷惑，夸大了理论的差异；如果我们能够透过形式把握经济思想发展的脉络，我们就有可能接近真理。

第二，对于马克思和西方宏观经济学国民收入理论的比较研究，为马克思主义经济学自身的理论发展和创新提供了一个很好的理论参考，对于马克思主义经济学的进一步发展无疑具有积极的理论意义。例如，马克思国民收入理论本质上就是马克思主义经济学宏观经济学的突出理论成果，这也是对有些学者认为马克思主义经济学不存在宏观经济学狭隘说法的有力反驳。但马克思主义经济学国民收入理论的发展相较于现代西方宏观经济学的发展差距太大了，没有研究方法的根本提高和经济思想的发展，很难实现马克思主义经济学的根本创新。

| 第八章 |

产权理论的不同视野及发展趋势

产权无疑是当前中国经济学界最为流行但又最具有不确定性含义的范畴之一，也许正是因为其含义的这种不确定性使它能够被不同的经济学家展开自我理解含义上的产权研究。令人奇怪的是，产权尽管是一个千人百面的概念，但却使中国持不同经济理论体系和术语的经济学家在这个概念的运用上达到了惊人的集中。这很值得我们进行认真的理论研究。

第一节 产权：私有产权

产权是西方新制度经济学率先提出的经济范畴。但什么是产权，在西方新制度经济学家的理论中并没有一个统一的界定。经典的定义来自新制度经济学代表性人物哈罗德·德姆塞茨（Harold Demsetz）、阿门·A. 阿尔钦（Armen A. Alchian）等人。哈罗德·德姆塞茨的定义是：所谓产权，意指使自己或他人受益或受损的权利。这里的产权显然是指一种能够实施不确定性行为的权利，文明社会的权利只能产生于法律的授权，因此这种权利只能来自法律明确的界定，权利主体的行为结果可以使自己或他人受益，也可能使自己或他人受损。这里不确定的是产权主体所采取的行为，但确定的是产权主体行为的后果。因此，德姆塞茨强调产权有助于产权主体形成合理的预期即明确知道其行为的后果，所以理性选择是必然结果。这里的产权范畴虽然空泛但完全是个有特定法律内涵的术语，因此，他所提到的“property - rights”

完全可以翻译成法律术语“财产权”。阿门·阿尔钦定义得非常明确：产权是一种通过社会强制而实现的对某种经济物品的多种用途进行选择的权利。属于个人的产权即为私有产权，它可以转让——以换取对其他物品同样的权利。我们不能从阿门·阿尔钦的定义中对于产权形成更直接的认识，但通过阿门·阿尔钦的产权分类我们可以比较直接地知道他所谓的产权主要指的就是“私有产权”。因为在他看来“私有产权之外的其他产权形式，减弱了资源使用与市场上体现的价值之间的一致性”①，其他产权形式如公共产权和非存在产权（如空气、水等），基本上都不具备新制度经济学所认可的产权属性及特点，即产权的排他性、可交易性、可分离性等权利属性。例如，公共产权所具有的非排他性、不可转让性以及权利的不可分性，被认为是导致交易成本上升、经济活动非效率性等问题的根本原因。通过他的学生张五常关于产权的理论，我们能够对新制度经济学产权范畴的准确含义形成一个更明晰的认识。张五常指出，从广义上来讲只有三种类型的产权安排是为人类所知的：一是私人产权；二是公共产权；三是贿赂权通过规制和许可证系统化的所谓“印度综合症”。公共产权在张五常看来，“如果财产被公共持有，通往自由竞争的道路难以出现”；而贿赂权通过规制和许可证系统化的所谓“印度综合症”主要是指集权国家（如巴拿马、印度等）在实行私人财产制度改革进程中由腐败所引起的产权的变异形式。张五常之所以表示从广义来讲只有三种类型产权安排为人类所知，就在于他所认可的产权在狭义上其实只有一种——私人产权。正如他在《关于新制度经济学》注释中所强调的：“具有重要意义的是，只有在当产权主要界定给私人所有的这样一种制度下，人权才能真正被保护。”② 这可以说和他老师现代产权经济学的开创者阿门·阿尔钦的思想完全一致。因此，尽管新制度经济学产权概念的含义似乎很不确定，但新制度经济学研究产权的一个基本理论假设就是财产私有制，就阿门·阿尔钦所谓的“对某种经济物品的多种用途进行选择的权利”而言，其实就是指围绕私有财产占有和流转过程中所产生的一系列权利。所以，就其

---

① 参阅《新帕尔格雷夫经济学大辞典》第3册，经济科学出版社1996年版，第1101~1104页。

② 张五常：《关于新制度经济学》，载于《契约经济学》，科斯等著，经济科学出版社1999年版，第76~79页。

概念界定结合其理论前提和主张进行分析，我们不难看出西方新制度经济学所谓的产权就是私有产权。

早在罗马法中就有了明确的保护私人财产权的意识，而且是通过所有权、邻接权、用益权、抵押权等一系列具体的法律权益加以实现。这基本上解决了法律对于财产权所具有的排他性、可交易性、可分离性（指不同权利的可分离性）以及可收益等权利属性的实现。但新制度经济学联系市场的交易、竞争、收益、成本等范畴进行经济活动效率性分析，并提出所谓的交易成本、契约等概念，无非是为了把资本主义经济生活的效率性归结为私人财产权的确立。在宏观上，资本主义国家的产权是明晰的即资本主义私人所有制；在微观的具体活动中，产权所涉及的主要是因为私人财产权的使用而引发的权利冲突。例如，新制度经济学常举例说明因产权不明晰而产生的影响经济效率或产生负面外部性，我的楼房能不能挡住你的采光、产权使用所造成的污染问题等，基本上可以通过所有权、邻接权、用益权、抵押权等一系列具体的法律权益来解决，如前者是民法基于财产权所规定的采光权，后者可以通过排污权加以解决。但社会实践中产权的明晰并不能必然地排除侵权行为发生。在公共产品领域，所有的国家都面临一些难以克服的效率问题，但这显然不是通过明晰产权就能够解决的。因此，尽管新制度经济学为我国的市场经济体制改革提供了良好的理论借鉴，但我们实在不能迷信新制度经济学的产权理论并必须明确它们的产权含义。

第二节　产权：财产所有权的最终实现形式

我国在市场经济的改革中所使用的产权概念是区别于新制度经济学产权概念的，但由于名词的同一，在我国的理论界其实是存在混乱使用的状况，对由此而造成的困惑已经引起了一些争论。因此，有明确加以区别的必要。我国对于产权概念的运用主要是基于解决国有企业改革中所出现的所有权和经营权的分离问题以及所有者缺位问题。党的十六届三中全会指出：产权是所有制的核心和主要内容，包括物权、债权、股权和知识产权等各类财产权。[①] 所有制是马克思主义经济学的核心范畴，是决定社会经济制度的基础，其在社会法律关系中的具体化就是财产的所有权。因此，也可以说所有制是决定社会制度的生产关系；而财产所有权是所有制在一个具体社会制度中的存在形式和法律表现。有不同的所有制就有不同的财产所有权，财产所有权以最完整的形式反映了一个社会的所有制内容。马克思很早就清楚地研究了所有制、所有权等围绕财产权所产生的社会生产关系，并把与资本主义生产关系相适应的资本主义法权关系作为一个典型来研究。但我们应该承认在社会主义经济学中引入产权范畴是改革开放以后的事情，而且马克思所探讨的所有权还不包括知识产权的内容，也没有对与所有权相联系的交易成本等市场资源配置的效率问题进行系统的研究。所以，这里的产权既不完全等同于传统的马克思的所有权理论，也显然不是指新制度经济学所谓的私人财产权意义上的产权，而是马克思主义经济学在市场经济条件下形成和发展了的所有权概念。社会主义产权应该是指财产所有权的最终实现形式，简称产权。我国现阶段之所以把产权作为所有制的核心和主要内容就是要解决社会主义全民所有制的最终所有权问题，具体到国有企业改革中就是解决所有者缺位问题。在这一问题的解决中，我国探索性地建立起了代表国家履行出资人职责的国有资产管理委员会（以下简称国资委），具有公有制产权的主体资格。马克思认为不同社会有不同的所有制，不同所有制有不同所有权，财产所有权绝对不存在唯一的形式，公有制形式的产权安排，是社会主义市场经济改革实践中一种崭新的产权范式。这种产权范式是在市场经济条件下实现社会主义公有制的重要保障；是我国建立归属清晰、权责明确、保护严格、流转顺畅的现代产权制度的基础。有了对于社会主义公有制实现形式的这种产权制度保证，社会主义就可以建立起私人产权、公有制产权、公共产权以及外国资本主义产权在市场经济条件下自由流动、交易并被严格保护的产权体系。这种新的产权体系是社会主义初级阶段产权制度的基本安排，是需要我们进一步深入研究的新课题。

现在，我们有些学者在产权问题的研究上有概念混乱使用的情况，容易

---

① 《中共中央关于完善社会主义市场经济体制若干问题的决定》，中国政府网，2008 年 8 月 13 日。

产生不必要的理论误解。特别是在国有企业的改革和改制中，以为讲产权改革就是要把国有企业私有化；在私有财产的保护问题上，则往往形成似乎中国改革以前的法律制度不保护私有财产等错误认识。这都是混淆不同产权思想所造成的不正确认识。新制度经济学的产权概念是在资本主义私人财产明晰的前提下，研究私人财产及其派生权利对市场交易中的资源配置效率问题而形成的范畴；中国则从产权——这种描述私人财产及其派生权利的范畴探讨到了产权主体的明晰问题，并且往往不区分马克思主义和新制度经济学产权理论的区别，是在产权就是指私有产权这样的思路下思考问题，这就在实际上造成了理论和实践中的困惑。

第三节　正确对待产权理论与劳动价值论的关系

按照西方新制度经济学鼻祖科斯的理论，在古典经济学的理论体系中由于假设市场是完全竞争的，因此不存在交易费用或者交易费用为零，古典经济学理论体系中也不存在对产权理论的独立研究。西方现代意义上的产权理论，是新制度经济学在否定完全市场竞争假设的基础上才独立提出的。因此，西方新制度经济学中的产权理论和劳动价值论是完全不同的两个理论体系，不存在可比性。首先，马克思主义经济学从产权角度探讨经济学问题，也是在社会主义市场经济国有企业改革中才形成和提出的，因此如果要探讨两者的关系，也是现代产权理论的形成必须建立在马克思主义经济学的基础理论之上而不是相反。其次，两者各自的理论地位不同，劳动价值论是整个经济学的基础理论，而产权理论是研究市场经济中交易与效率问题、国有企业改革问题所产生的解决局部性问题的理论；而且劳动价值论是经济学学科化发展过程中形成的基础理论，产权理论则主要是20世纪以来才形成的经济学理论。即使我们按照S. 佩乔维奇的看法把马克思当作“是第一位有产权理论的社会科学家”①，也应该承认马克思的研

① 吴易风：《马克思的产权理论》，载于《高级政治经济学》，张宇等主编，经济科学出版社2002年版。

究主要是对于资本主义所有制和所有权问题的研究，还没有提出专门的社会主义产权理论研究。最后，所有制、所有权、产权所反映的都是人类社会的法律关系，而与劳动价值论相联系的是人类社会的生产、交换关系。人类社会的发展表明社会的生产、交换关系是法律关系的基础。因此，尽管新制度经济学家提出“创立可识别的、受保护的产权是新石器革命的最重要发明之一”[①]，但经济学成为科学的理论基础是对于劳动价值论的研究而不是对于产权理论的研究。所以，产权理论迄今为止不存在成为西方主流经济学基础理论的可能，也不可能在马克思主义经济学中取得比劳动价值论更基础的理论地位。

第四节　产权和财产权的内涵并不完全相同

吴易风先生发表在《中国社会科学》2007 年第 2 期的《产权理论：马克思和科斯的比较》一文[②]，围绕“科斯有产权理论而马克思没有产权理论”的说法，从马克思主义经济学的理论视角出发，对马克思和科斯的产权理论，从学术背景、方法论、理论体系、政策含义及历史地位五个方面，进行了较为系统的比较研究。尤其以马克思经济学方法论层次性作为立论的基础，探讨了不同产权理论研究的方法论差异，准确指出了科斯产权研究的方法论局限。这种局限，通过理论体系九个方面的比较，体现得非常充分；一个较为概括的结论就是：作为科斯产权理论核心的“科斯定理”完全禁不起逻辑、历史和实践的检验。文中提出的马克思经济学产权第一规律和第二规律，极富创建，令人耳目一新，这对产权学派（property rights school）所谓产权制度起源问题的研究，无疑是最好的理论斧正。理论视角和逻辑的差异，决定了政策含义方面的不同结论；对中国改革而言，“如果我们的社会主义市场经济中的产权改革以科斯产权理论为指导，就必定实行私有化”，这是科斯产权理论的逻辑使然。所以，吴先生对科斯产权理论的谬误并不是

① 柯武刚、史漫飞著：《制度经济学》，商务印书馆 2003 年版，第 247 页。

② 以下凡是没有注释的引文均出自该文。

刻意的指责，而是比较研究的必然结论。这个认识并不仅仅局限于马克思主义经济学家；新凯恩斯主义经济学家，甚至个别新自由主义经济学家，对所谓的科斯定理同样持尖锐的批评意见[①]。可以说，吴先生的比较研究为准确理解科斯产权理论的实质、拓展马克思主义经济学产权理论、正确把握中国的国企及所有制改革提供了一个极富价值的理论视角。但从产权学派的产权概念、研究方法、分析工具和理论体系来看，马克思的经济学中并不存在完全相似的产权理论体系[②]；这就使不同的理论见解存在一些可以商榷和深化的地方。

产权（property rights）和财产权（the rights of property）有相同的英文单词，但却有完全不同的中文翻译。在马克思主义经济学中，“产权”往往作为“财产权”（或“财产所有权”）的简称来使用，并没有特殊的含义，吴先生的论文同样“用产权作为财产权的简称”。但在产权学派理论体系中，“产权”并不仅仅是“财产权”的简称，而有其特定的含义[③]。按照产权学派经济学家阿门·A. 阿尔钦（Armen A. Alchian）在《新帕尔格雷夫经济学大辞典》中对“产权”词条所下定义：“产权是一种通过社会强制而实现的对某种经济物品的多种用途进行选择的权利。”[④] 这种权利的行使，可引起自

---

① 如吴先生文中所引新凯恩斯主义代表人物斯蒂格利茨针对科斯定理“产权神话”和“科斯谬误”的批评，以及新自由主义经济学家布坎南对科斯定理“基本概念混乱”的批评（参阅布坎南：《自由、市场与国家》，上海三联书店 1989 年版）；充分说明科斯产权理论并非经得起理论和实践检验的科学定理，而是充满了歧义和错误，带有严重局限的理论观点。

② 这样的看法，并不仅仅局限于新制度经济学产权理论的崇拜者。如马克思主义经济学家林岗、张宇就明确提出，马克思、恩格斯把财产关系的经济内容即所有制关系当作对财产关系进行研究的重点，财产关系的法律形式只是在必要的时候才加以涉及。“从这个意义上讲，马克思并没有系统的产权理论，即关于产权的法律形式的理论；而只有系统的所有制理论，即关于产权的经济内容的理论”（《产权分析的两种范式》，《中国社会科学》2000 年第 1 期）。黄少安则认为，马克思虽然论产权，但是没有使用“产权”这一概念，对产权关系进行分析而需要表述产权意义时，都使用“财产”或“财产关系”（《产权经济学导论》，经济科学出版社 2004 年版，第 61 页）。

③ 在《新帕尔格雷夫经济学大辞典》中，property rights 被译为“产权”；但在《新帕尔格雷夫法经济学大辞典》中，property rights 则被译为“财产权”。说明 property rights 在经济学家和法学家理论视野中具有不同的术语使用和内涵界定；尽管法经济学是经济学和法学的交叉学科，甚至后一词条的作者 H. 德姆塞茨和前一词条的作者 A. 阿尔钦，同样是产权学派最有代表性的人物；但财产权显然是法学体系的术语，产权则成为依附财产权而形成的一组权利，超出法定财产权以外的各种成规、社会习惯、排斥力等非正式制度在产权的界定中同样发挥作用。

④ 约翰·伊特韦尔等主编：《新帕尔格雷夫经济学大辞典》，第 3 卷，经济科学出版社 1996 年版，第 1101 页。正如阿尔钦在此定义中特别强调的：“私有产权的有效性取决于对其强制实现的可能性及为之付出的代价，这种强制有赖于政府的力量、日常社会行动以及通行的伦理和道德规范。”可以看出，阿尔钦定义中所谓的“社会强制”迥异于纯粹法律规定的财产权。

己或他人受益或受损的结果。具体来说，“产权不是关于人与物之间的关系，而是指由于物的存在和使用而引起的人们之间一些被认可的行为性关系”①。不难看出，产权学派的产权界定要远远宽于法律意义上的财产权，两者并不能完全划等号。准确地说，财产权是法学概念，产权是经济学概念。前者侧重权利本位，后者侧重行为关系；前者主要探讨经济物品的法律权利和责任归属，后者主要探讨经济物品的配置效率和交易成本。马克思研究的财产权或产权中包含：“所有权、占有权、使用权、受益权、处置权、经营权、继承权、不可侵犯权等一系列法的权利。”吴先生认为“产权是与财产有关的各种法定权利”，显然是偏重于法学概念“财产权”。产权学派的产权并不特指上述财产权意义上具体的“一系列法的权利”；而是因为这“一系列法的权利”所引发的具体行为性关系及权利，这些关系有些受法律调节，有些受社会成规、社会习惯等的约束，具体包括排他性、可交易性、可分离性、可受益性等一组权利。因此，产权学派的产权，并非财产权的各项法定权利本身②。产权学派认为，公共产权具有非排他性、不可转让性以及权利的不可分性，是导致交易成本上升、经济活动非效率性等问题的根本原因。同样是财产权，却被认为存在严重的产权差异，成为科斯及产权学派产权理论受到追捧的重要原因。

因此，产权学派“产权”概念的界定，并不与马克思主义经济学中的“财产权”完全相同。但这并不意味着产权学派“产权”概念完全独立于财产权概念，而是在法学概念“财产权”基础上的进一步拓展和深化研究。在产权学派的理论论述中，同样存在“产权”和“财产权”混用的现象，不

① E. G. Furubotn；S. Pejovich，1972. Property rights and economic theory：a survey of recent literature. Journal of Economic Literature. Vol. 10，No. 4，p. 1137 – 1162. 按照他们的看法，“罗马法、普通法、马克思和恩格斯以及现行的法律和经济研究，基本上同意这一产权定义”。

② 经济物品的产权经常被分割，如阿尔钦所描述的例子：“在同一时间有几个人分别拥有使用土地的一部份权利。A 可能拥有种小麦的权利，B 的权利是穿行，C 的权利是倾倒垃圾，D 的权利是驾机飞越，而 E 拥有是否允许邻里使用工具时发出震动的权利。每一种权利是可以转让的。总之按各种用途分开的土地私有产权归不同的人所有。”（转引自思拉恩·埃格特森：《经济行为与制度》，商务印书馆 2004 年版，第 40 页）。这显然与法学意义上单纯的财产权，并不完全相同；而涉及人们相互的行为权利，上述权利可以部分地通过交易实现转让。

同的学者甚至也有不同的界定[①]。由于翻译的问题，国内的产权研究又进一步加剧了概念的混乱，这就为产权学派的产权理论误导中国经济学家提供了可能。正如吴先生所指出的，科斯“对自己产权理论中的核心概念、范畴、定理等都一概不定义，不解释，还美其名曰‘我没有被这些定义问题纠缠’”；这就使得“产权”范畴的具体内涵界定，必须根据产权学派的界定和马克思的理论加以比较，这显然超出了科斯和马克思产权理论比较的范围。但从更好地理解科斯及产权学派产权理论和马克思及马克思主义经济学家产权理论差异的角度出发，产权和财产权的概念区分是正确理解上述差异的基本出发点。按照产权学派的“产权”界定，马克思的财产权概念仅仅包含了产权的法律外壳和宏观层次对资源配置效率的影响，还没有深入到微观具体的行为性关系研究的理论深处。而且，马克思的产权理论，更重要地是通过所有制的范畴而不是产权范畴来展开研究；其中的差别，通过科斯及产权学派的研究术语、分析工具和学术路径可以得到更好的反映。

第五节　科斯及产权学派的研究术语、分析工具及学术路径

从法学概念财产权出发，正如吴先生研究所显示的，马克思构建了人类社会财产权和所有制分析的经济理论体系，其中财产所有权、法权、所有制、生产方式和生产关系等是理论研究的核心术语，唯物辩证法和劳动价值论是主要理论分析工具，社会主义公有制取代资本主义私有制是主要学术路径。这是站在人类社会动态演进的历史角度来考察不同社会、不同的财产权安排即所有制形式，如何影响社会资源配置的效率和社会福利水平的共同提高。这些内容是科斯及产权学派的产权理论研究中完全回避的主题。因此，同样是从法学概念财产权出发，科斯及产权学派采取了完全不同的术语界

① 方福前：《当代西方经济学主要流派》，中国人民大学出版社 2004 年版，第 295 页。再如布坎南对科斯“基本概念混乱”的批评。

定、分析工具及学术路径，形成了区别于财产权的产权术语。从而使同一主题的探讨，形成了宏观和微观两种截然不同的产权理论体系。吴先生的研究，已经较好地比较了其中的差异。需要指出的是，有些学者否定马克思有产权理论，并非仅仅是因为在马克思的书中找不到产权字样，在很大程度上是因为术语、工具和学术路径不同。

首先，西方主流经济学把价格机制看作社会资源配置的唯一工具，将市场经济等同于价格机制；科斯和产权学派认为产权制度安排同样影响社会资源的配置效率。这的确与马克思要求扬弃资本主义私有制、提高社会资源配置效率的思路如出一辙。在这个意义上，产权学派的 S. 佩乔维奇（S. Pejovich）认为："马克思却第一个断言，规范产权是因为人们要解决他们所面临的资源稀缺问题，而且产权结构会以其特定而可预见的方式来影响经济行为。""人们都认为马克思是第一位具有产权理论的社会科学理论家。"① 尽管有相同的问题意识，但并不意味着有相似的分析工具和学术路径。在产权学派来看，产权不仅是一套理论，而且本身就是一种方法。如阿尔钦所认为的，产权系统就是"分配权力的方法，该方法涉及如何向特定个体分配从特定物品种种合法用途中进行任意选择的权利"②。因此，在术语上，对于产权、交易成本、外部性、不完全合约等范畴，科斯及产权学派完全不同于马克思经济学；其成本收益的分析工具，也完全不同于马克思的科学抽象法；学术路径的差异更为显著，马克思主要是宏观层次的研究，而产权学派主要是微观层次的研究，前者以所有制安排为问题研究的主线，后者则在私有制的范围内探讨问题。马克思要求通过消灭私有制、建立公有制来解决社会资源配置效率缺失；而科斯和产权学派则坚持清晰的私人产权，通过契约交易或者谈判就可以改变产权安排，最终解决经济物品配置效率损失的问题。按照科斯及产权学派上述理论范式，马克思经济学中显然没有类似的产权理论。

其次，资本主义私有财产制度的合法性，是西方主流经济学的一个基本

---

① Steve Pejovich, 1982. Karl Marx, Property Rights School and The Process of Social Change. Kyklos 35 (No. 3), p383 -397. 值得注意的是，这是 S. 佩乔维奇在 1982 年提出的观点，这一时期社会主义国家发展商品经济的改革已经启动，中国的国企改革已经涉及财产权的问题。

② 转引自思拉恩·埃格特森：《经济行为与制度》，商务印书馆 2004 年版，第 35 页。

制度假设和理论前提，也是产权学派所着力捍卫的一个基本制度假设和理论前提。吴先生也特别强调了这个长期被有些中国学者所忽略的基本假设和理论前提值得重视。在西方主流经济学的框架中，并不存在财产起源问题的探讨，其理论框架完全是建立在私有财产制度合法性的理论逻辑基础上的。第二次世界大战后，随着社会主义公有制基础上的计划经济影响大增，西方走上了混合经济体制发展的道路。新自由主义经济学开始利用产权、交易成本、外部性等理论，探讨社会资源配置的效率问题，鼓吹私有制比公有制能够实现更好的社会资源配置，论证私有产权的历史合法性。这就涉及产权的起源问题。最早关注这个问题的新自由主义经济学家德姆塞茨（Harold Demsetz），通过分析人类学家 E. 利科克著作中有关印第安人土地私有产权的案例，阐释了排他性的私有产权安排能够提高社会资源配置效能和增进社会福利①。即排他性权利的确立可以提高社会的净财富量，产权的出现是社会希望实现净财富额的最大化②。有趣的是，在对印第安人海狸毛皮贸易的案例分析中，德姆塞茨认为随着排他性权利的出现，海狸的数量会趋于稳定并上升；但麦克马纳斯（John C. Mcmanus）指出，排他性的产权确立并未能保持海狸的数量，他认为按照德姆塞茨的理论，印第安人应该恢复公有产权。在进一步的分析中，麦克马纳斯提出了一个重要的理论，即产权界定成本降低所带来的收益大于相关成本时，该产权结构同样可以实现财富的最大化③。可以肯定的是，通过外部性、排他性和社会资源配置效能的提高来说明产权的起源，事实上，就已经假定了这样的理论分析逻辑——私有产权是唯一有效率的所有制安排④。因为在他们的理论中，公有产权根本不具备排他性和

---

① Harold Demsetz, 1967: Toward a Theory of Property Rights, American Economic Review, May, No. 2: 347 - 359.

② 思拉恩·埃格特森：《经济行为与制度》，商务印书馆 2004 年版，第 225 页。

③ 思拉恩·埃格特森：《经济行为与制度》，商务印书馆 2004 年版，第 221 页。

④ 恰如吴易风先生的批评，科斯“误以为资本主义这一特定历史阶段上的产权形式是超历史的、永恒的产权形式”，私有产权的效率性就是他们证明资本主义私有制合法性的依据。这个思想的最新表现，就是 2006 年，科尔奈在中东欧等前社会主义国家经济转型的理论研究中，明确地将资本主义经济制度（包括私有产权）作为人类社会的主要发展趋向，而社会主义则是错误的道路。这种思想否定了马克思主义唯物史观，在转型中国家同样引发了一系列荒唐和错误理论的回潮，值得警惕（参见 Janos Kornai, 2006. The great transformation of Central Eastern Europe. Economics of Transtion. Vol. 14 (2) 2006. 207 - 244.）。

可分性。这样的理论，也许能够解释微观的个别案例，但显然违背了人类社会所有制演进的基本历史事实；也违背了现代社会，包括现代资本主义社会所表现出来的产权社会化、模糊化的发展趋势。因此，不能因为科斯及产权学派产权理论的术语、工具和学术路径的独特性，就对其理论的科学性加以完全肯定，必须辩证看待其理论影响。离开真理一步就是谬误，本身存在严重理论局限的科斯产权理论，伴随适用范围的不断扩大，就不可避免地走向了谬误。

第六节　产权理论的最新概括与马克思主义经济学发展

需要进一步强调的是，一些马克思主义经济学家之所以不认为马克思有产权理论，并不仅仅是因为用语的关系，而在于财产权在马克思的理论体系中仅仅是特定所有制的法律形态，是“一定所有制关系所特有的法的观念”①，并不完全等同于科斯及产权学派以“产权”为核心的理论逻辑体系。不同的所有制存在不同的财产权，不同的财产权反映不同的社会生产关系。通过财产权基础上的所有制关系，马克思系统探讨了人类社会发展的历史进程，探讨了资本主义生产方式中资本主义的所有权规律如何转变成了资本主义的商品占有规律，揭示了资本主义生产方式的根本局限。在社会主义生产关系中，财产权不但存在私人占有，而且财产权的公有制形式大量出现，包括国家财产权和集体财产权。这些财产权，并非像科斯和产权学派所说的那样不具备排他性占有的性质；但在计划配置社会资源之外，这些具体产权安排如何影响社会资源配置的效率，显然是在不同的理论逻辑体系中被探讨的，其微观特征并没有被系统深入地研究。

吴先生主要着眼于马克思产权研究哲学层次和一般层次的方法论，前者是唯物辩证法和历史唯物论，后者是科学抽象法和逻辑与历史相统一的方法；并以此和科斯产权具体案例研究的方法加以比较。选点很准，很容易发

① 《马克思恩格斯全集》第30卷，人民出版社1975年版，第608页。

现科斯产权理论的局限和问题所在。但并未触及马克思产权研究的具体方法论，恐怕一个不容否定的原因就是，马克思所有制理论在具体产权层面的研究，并未得到充分的发展。马克思的产权理论是以财产权作为核心的所有制理论，是从社会宏观制度安排的层次来探讨社会资源配置的效率问题，所关注的是宏观层次的制度建构和所有制安排。对于确立社会主义制度以后的具体产权实践，马克思既不可能预见，也缺乏相应的实践。不同的产权安排究竟如何影响社会资源配置的效率，马克思并没有微观层次的具体研究。必须承认的是，社会主义市场经济中所有制的具体形式和产权理论，还存在一定的理论滞后；特别是在微观层次、具体财产权所涉及的社会资源配置问题，还缺乏系统的理论体系研究。财产权是所有制的核心和主要内容，包括物权、债权、股权和知识产权等各类具体财产权形式。所有制是马克思主义经济学的核心范畴，是决定社会经济制度的基础，所有制在社会法律关系中的具体化就是财产权。因此，可以说所有制是决定社会制度的生产关系；财产权是所有制在一个具体社会制度中的存在形式和法律表现。有不同的所有制，就有不同的财产权，财产权以最完整的形式反映了一个社会的所有制内容。马克思是很早就清楚地研究了所有制、所有权等围绕财产权所产生的社会生产关系，并把与资本主义生产关系相适应的资本主义法权关系作为一个典型来研究。但在社会主义经济学中，引入产权范畴是改革开放以后的事情①；而且马克思所探讨的财产所有权，还不包括股权、知识产权等内容。收益成本的分析方法也是马克思经济学所没有的。所以，现代马克思主义经济学家所使用的产权概念，既不完全等同于传统的马克思的财产所有权理论，也显然不是指新制度经济学所谓的私人财产权意义上的产权；而是马克思主义经济学在市场经济条件下形成和发展了的财产所有权概念，此处不再赘述。

---

① 改革开放之初，特别是 20 世纪 80 年代中期，产权作为财产权的简称，国人先通过对外贸易和商品进出口认识到专利、专有技术、商标、版权等也是一种财产权，即工业产权、知识产权，逐渐习惯并接受了产权的提法。20 世纪 80 年代末期，有些学者开始用产权取代财产权，探讨企业财产权的转让和制度改革问题（参阅史正富：《产业组织的转换与产权制度的改革》，载于《经济研究》1987 年第 10 期）。但很快科斯和产权学派的产权理论就传入中国（参阅张宇燕：《高斯定理、产权、经济制度——读张五常著作随想》，载于《读书》1989 年第 3 期），并掀起了产权理论研究的高潮。

第七节 产权社会化发展方向与中国国企改革

尽管乔治·J. 施蒂格勒是科斯定理的始作俑者，但其对科斯定理并不以为然。科斯定理的广泛传播，完全得益于其高徒张五常。张五常指出："如果科斯必须拥有一个定理，那么，我将它概括成以下三种说法。"一是科斯1959年"关于联邦通讯委员会"论文的结论；二是H. 德姆塞茨从科斯《社会成本》理论中所做的引申性表述；三是张五常自己的观点①。三种说法均是结论的表述，并无"定理"的字样。尽管张五常也明确表示，科斯的贡献并不在于什么定理，而是他提供了一种新的方法，一种新的角度，能在不同的角度下，透视各种经济现象。

产权学派的产权理论和科斯定理，在中国产生了一种奇特的理论逻辑。产权是一组行为权利的总称，但并不是实称；实指一组围绕财产权而产生的相互联系的行为性权利，如排他性、可分性、可交易性以及受益性等。按照产权学派的理论逻辑，公有产权的行使者是集合体，私有产权的行使者是自然人；前者具有非排他性，后者具有排他性；前者不可交易，后者完全可交易等。因此，前者产权不清，后者则产权明确。这显然是站不住脚的理论。无论是自然人，还是集合体，其财产权在法律上的规定是非常明确的。产权不清，并不代表财产权不清。事实上，现代公司制企业的所有权和经营权的分离，完全打破了财产占有和实际使用的统一，日益地呈现出产权社会化的发展趋势。这种情况在发达国家的市场经济中表现得尤其突出，公众和机构持股的投资形式使得公司制企业的经营权和所有权层层分离。只有投资者的初始财产权是明晰的，投入到企业中的财产权转化为法人财产，这就使得公

① 笔者根据H. 德姆塞茨于1967年发表的《关于产权的理论》一文注释1的内容和张五常于1968年发表的《私有产权与分成租佃》一文中的最后结论，提出上述明确界定。德姆塞茨（1967）指出："在一个零交易费用的世界，这一进程中有两个显著的含义是确实的。当允许产权交换时，由此所致的组合是有效的，且这一组合与所有权分配给谁无关（除不同的财富分配会导致不同的需求外）。"这些含义是从科斯（1960年，第1～44页）那里引申出来的。这可以看作是所谓的科斯定理的最初表述。张五常（1968）提出："不管是什么契约安排，在本研究中可以得出的一个主要结论是：只要产权是排他和可以转让的，这些安排就不存在不同的资源配置效率。"

司制企业的产权是社会化投资的结果，法人财产由公司实际占有，并不为任何投资者所有，产权界限完全呈现了模糊化。通过董事会和经理层之间层层委托代理的关系，企业资源配置效率的高低并不是源自产权是否明晰，而完全来自公司治理层是否具有严格的信托责任和社会监督治理结构。连续发生在美国、以私有制作为产权基础的安然公司、安大信公司、世界通信公司等著名企业的造假和欺诈事件，充分证明现代公司制企业的经营好坏、效率高低，与产权是否私有制无关；重要的是要规范现代企业制度的法人治理结构，建立信托责任制度，加强企业的社会监督治理结构。这同样应该成为中国目前国企改革的主要方向，即通过法人治理结构的完善，规范信托责任和社会监督治理结构。

对于产权通过自由转让来提高资源配置效率的提法，著名经济学家斯蒂格利茨在 1997 年前后就明确指出产权是个“非常危险的神话”。即人们所需要做的一切就是正确地确定产权，做到这一点就能保证效率。如果人们对所确定的产权形式并不满意，还可以通过一次性转让（lump - sum - transfer）轻而易举地加以改正[①]。产业是生产力长期演进的结果，大规模产权转让则往往是以危害产业演进路径的形式，造成生产力的破坏，在转型国家这样的例子举不胜举。所有转型国家的实践无一例外地证明了这个神话的荒谬，但这个思想却成为大多数课堂上不断重复的定律。正是因为这样的思路，转型国家中观层次企业体系的改革没能激发、激活国有企业的效率，规范地进行企业组织形式的转换，而是热衷于通过产权改革重新界定这些资产的所有者，这样的违背企业本质的改革怎么可能有效率可言，俄罗斯的转型就是典型的例子。随着 1998 年俄罗斯金融危机的爆发，俄罗斯的国内生产总值更是下降了 43.3%，工业生产总值下降了 48%。这些指标超过了 1929 ~ 1933 年大危机年代的美国（国内生产总值下降了 30.5%）和 1941 ~ 1945 年苏联在卫国战争期间所遭受的损失（国内生产总值下降了 24%）[②]；而要在市场自发演进的基础上形成强大的国民生产体系，若没有产业突变和产业革命的历史机遇，在开放的国际经济中是非常困难和缓慢的历史过程。因此，摆脱

① 斯蒂格利茨：《关于转轨问题的几个建议》，载于《经济社会体制比较》1997 年第 2 期。

② 陈兼：《未经“改造”的“转型”——西方学术界关于后苏联时期俄罗斯经济转型的研究》，载于《俄罗斯研究》2004 年第 2 期。

私有化的预期，客观来看所有制的改革，产权社会化的发展是所有制在市场经济中演进的最新趋势，机构持股、社团法人的发展、公共所有制的大量存在，甚至国家资本的混合发展都是产权社会化发展的重要形式。由此而生发出来的混合所有制形式，不但体现了生产社会化发展的方向，而且兼顾了民营、民本经济的一般特征。从社会主义制度解放和发展社会生产力的角度出发，混合所有形式的股份制发展，是实现公有制与市场经济相结合的必然要求和最佳选择，是公有制与市场经济紧密结合的结合点。所以，从上述产权发展的历史趋势和马克思主义经济学的视角来看，中国的国企改革和所有制调整，要注意区分不同的产权理论及逻辑导向，坚持社会主义市场经济体制改革的正确方向。

| 第九章 |

马克思主义经济学相关理论阐述

第一节 “卡夫丁峡谷”的跨越与公有制为主体[①]

社会主义国家没有完全按照马克思、恩格斯的理论预期在当时的发达国家出现，而是发展中国家通过暴力革命率先走上了社会主义道路。对于社会生产关系的这种能动的革命性跨越，马克思不但在理论上进行了一定的预见性研究，而且明确强调了俄国公社的土地公有制就是实现这种跨越的出发点。

马克思在1881年《给维·伊·查苏利奇的复信草稿》中指出，像俄国这样的国家，“土地公有制赋予它以集体占有的自然基础，而它的历史环境（资本主义生产和他同时存在）又给予它以实现大规模组织起来的合作劳动的现成物质条件。因此，它可以不通过资本主义制度的卡夫丁峡谷，而吸取资本主义制度所取得的一切肯定成果。……在现在的形式下事先被引导到正常状态，那它就能直接变成现代社会所趋向如果它的那种经济体系的出发点，不必自杀就能获得新的生命”。[②] 这里的“现代社会所趋向的那种经济体系”就是马克思所揭示的社会主义社会；这里的“自杀”就是“要把他们的公有制变为私有制”[③]；这里的“它可以不通过资本主义制度的卡夫丁

① 本章的许多内容都是在我的博士生导师、“人民教育家”卫兴华先生的指导下合作完成的。

② 《马克思恩格斯全集》第19卷，第451页。

③ 《马克思恩格斯全集》第19卷，第447页。

峡谷”就是可以直接走上社会主义道路。这些观点充分说明生产力决定生产关系，生产关系也可以超越生产力率先实现变革，也就是说被生产力决定的生产关系具有独立的能动性。由此可见，发展中国家并不需要通过教条的“典型意义上的社会主义革命”才能走社会主义道路。当然，这种生产关系能动性的发挥不是没有基础、物质条件和原则的，这个条件就是发展新的更高生产力需要具备相应的基础和物质条件；这个原则就是这种跨越生产力的生产关系变革仅仅是新社会制度经济体系的出发点。

首先，马克思之所以认为俄国能够跨越资本主义制度的“卡夫丁峡谷”，关键就在于俄国的“土地公有制赋予它以集体占有的自然基础”，而集体占有是进行大规模合作劳动的前提。生产资料和生产者分离基础上的机器化大工业劳动，正是资本主义生产方式的典型形式。资本主义社会的一切矛盾和关系就是由这个社会的生产资料私有制和社会化大生产所导致的。因此，通过解决社会生产资料的所有制问题来解决资本主义社会的危机和矛盾，并使之向更高的人类社会形态转变，是马克思主义理论的根本结论。在马克思看来，处于共产主义社会低级阶段的社会主义社会，公有制恰恰是其社会制度的起点，即区别于资本主义社会制度最基本的社会特征。有学者对马克思复信草稿中提出的跨越论持质疑态度。其实如果联系马克思、恩格斯于1882年出版的《共产党宣言》俄文版序言的有关论述，就会清醒地认识到马克思不但提出了落后国家跨越资本主义制度的可能性，而且恰恰把公有制看作是这种跨越的起点。马克思、恩格斯指出：“假如俄国革命将成为西方无产阶级革命的信号而双方互相补充的话，那么现今的俄国土地公共所有制便能成为共产主义发展的起点。”① 如果再联系此后一系列发展中国家的社会主义成功革命，就能够更加清晰地认识到这种跨越论的科学性。

其次，发展中国家的社会主义实践充分证明了生产关系的这种能动性发挥离不开相应的“基础、物质条件和原则”。发展中国家的社会主义道路不是说取得了政权就万事大吉了，而是承受着生产力不发达和资本主义围剿的双重困难。在这个双重困难面前，主要的社会主义国家的实践都经历了一个

① 《马克思恩格斯选集》第一卷，第231页。

艰苦的过渡时期，并要将一个完全没有工业化基础的国家转变为工业强国。先进的社会生产关系促成了这种历史性的跨越，并且基本上避免了资本主义工业化过程中“充满血和肮脏东西”的生产关系局限。在这方面，发展中国家社会主义实践的成功经验，就是社会生产关系能动性的突出成就。社会主义国家逐步建立了公有制的经济基础，但是却在与历史环境相联系的物质条件获得上受到了资本主义的围剿，并最终因为生产力发展的物质条件限制，没能充分地吸取资本主义的肯定成果。直到现在，资本主义生产力的最新成就仍然是其进行获利的全球资本，发达资本主义国家不但靠产品的输出向其他国家牟利，而且通过控制核心技术和建立世界知识产权保护体系来垄断先进科技成果的应用，充分证明吸收和继承发达资本主义国家的一切优秀科学技术文化成果是社会主义国家单方面的强烈愿望，没有自主创新和平等竞争的能力就根本无法实现这个美好的愿望。同时，落后国家社会主义革命成功后，对这种跨越生产力的生产关系变革仅仅是“新社会制度经济体系的出发点”的原则认识不足，急于兑现社会主义制度的优越性，因此造成了向社会主义的急于过渡，严重伤害了社会主义道路的探索。历史上苏联、东欧国家这些社会主义国家之所以出现倒退，不仅仅是生产力和生产关系矛盾发展的结果，更重要的是西方国家和平演变和丧失了社会主义生产关系能动性的必然结果。恩格斯坚决反对把经济因素说成是决定社会历史进程的唯一因素，他指出：“根据唯物史观，历史中最终决定性的因素是现实生活的生产和再生产。无论马克思或我都从来没有肯定过比这更多的东西。如果有人加以歪曲，说经济因素是唯一决定性的因素，那么他就是把这个命题变成毫无内容的、抽象的、荒谬的空话。经济状况是基础，但是上层建筑的各种因素对历史斗争的进程也发生影响并且在许多情况下主要决定着这些斗争的形式。”① 历史地看，在资本主义高度发达的英国和日本却都保留了君主制这种封建社会的外壳，就能够理解什么是社会生产关系的能动性。

再次，苏联和东欧国家所发生的倒退，最根本的问题就是放弃了生产关系的能动性，选择了“自杀”道路，这种历史倒退带给这些国家的是经济衰

① 《马克思恩格斯选集》第四卷，第 477 页。

退、国家分裂、人民受害。现在，理论界有学者从马克思的“两个决不会”论断出发，批评把公有制（尤其是国有制）比重的高低看作是决定社会制度性质的事情，甚至看作是决定共产党政权合法地位的事情，是“一个似是而非的认识”①。这种观点不是探讨市场经济中公有制实现形式的改革和完善，而是从社会制度性质的角度来否定公有制的主体地位，这无疑是主张社会制度变相“自杀”的言论。社会主义制度必须建立在生产资料公有制基础上，这是从马克思主义创始人到毛泽东思想、邓小平理论、党中央文献和我国宪法一贯坚持和阐明的重要思想和原则。生产资料的公有制或者以公有制为主体，不仅是社会主义从空想变成科学的马克思主义理论特征，而且是社会主义制度从暴力革命中产生到今天中国特色社会主义道路探索中的实践特征。生产资料所有制的公有制是形成不同于资本主义生产关系的最根本保证，是发挥社会主义生产关系能动性的基础，离开了这个基础，其实也就无所谓社会主义和资本主义的经济差别，也就走上了一条社会制度的“自杀”道路。众所周知，经济基础决定上层建筑，一旦私有制成为社会的经济基础，那么，上层建筑就很难继续维持其意识形态和政权性质，社会制度的变革也就无法避免。

最后，社会主义革命，如果去除了不同社会的具体矛盾和生产关系能动性，仅仅依靠生产力和生产关系的辨证原理发挥作用，那么世界上都不可能存在社会主义国家。发达资本主义国家的实践经验证明，资本主义国家不但可以培育和发展社会主义的生产关系，而且可以主动实行社会主义生产关系的制度内容，却不可能自动转变为社会主义社会。但这并不说明马克思的理论存在问题，先进的理论只能解决时代的命题和困惑，不可能代替社会的具体实践。要求理论包办一切，是痴人说梦。万有引力定理一直存在，牛顿很早也揭示了其内涵，但登上月球却是美、苏积极竞争的结果。落后国家能够实现跨越生产力发展阶段的生产关系发展，发达国家也同样完全可以实现跨越生产关系变革的生产力发展。这应该是生产关系能动性在人类社会发展规律面前的自主创造。马克思在《给维·伊·查苏利奇的复信草稿》二稿中指出，资本主义生产力和生产关系矛盾所造就的“对抗、危机、冲突和灾难的

① 张军扩：《重温马克思的“两个决不会”思想》，《北京日报》2005年12月12日。

历史”，资本主义不是束手待毙，“欧洲和美洲的一些资本主义生产最发达的民族，正力求打碎它的枷锁，以合作生产来代替资本主义生产，以古代类型的所有制最高形式即共产主义所有制来代替资本主义所有制。”[①] 可以说，自资本主义制度产生以来，资本主义就时时刻刻在和这个规律进行能动的作用和反作用的斗争，斗争的结果就是现在人们津津乐道地资本主义越来越社会主义化了，这不正是马克思主义“两个必然”的变相体现吗！以公有制为主体的社会主义生产关系在市场经济中也面临着深刻的挑战，但应战对挑的出路不在于放弃社会主义公有制经济的主体地位，而是通过公有制实现形式的改革和探索实现社会生产力的革命性跨越。

第二节　“两个决不会”研究的观点综述

“两个决不会”论断是学术界对马克思《〈政治经济学批判〉序言》中一段话的简要概括，即“无论哪一个社会形态，在它们所能容纳的全部生产力发挥出来以前，是决不会灭亡的；而新的更高的生产关系，在它存在的物质条件在旧社会的胞胎里成熟以前，是决不会出现的”。[②] 如何准确地理解马克思的这段话，在不同的学者间存在理解的差异，甚至观点的对立。概括起来，存在以下一些具有代表性的理论观点。

首先，把“两个决不会”看作是和“两个必然”高度统一的理论观点，这是马克思主义理论界的主流看法。学者们认为“两个必然”是科学社会主义的理论核心，“两个决不会”是服从于这个根本结论的一个论断。如果社会主义代替资本主义的必然性不能成立，整个马克思的社会主义理论也就没有意义。因此，马克思的“两个决不会”论断，是马克思“两个必然”理论的题中应有之义。“两个必然”揭示的是社会主义代替资本主义的客观趋势，“两个决不会”则强调了不同社会经济形态更替的长期性和艰巨性；两者是统一的。必须把“两个必然”与“两个决不会”联系起来思考，才能

① 《马克思恩格斯全集》第 19 卷，第 443 ~ 444 页。

② 《马克思恩格斯选集》第二卷，第 83 页。

够全面地理解和准确地把握马克思“两个决不会”论断的理论实质。

其次，把“两个决不会”当作单纯从生产力或经济角度理解的理论观点。有学者认为两个“决不会”的论断说明，一种生产关系的消灭和另一种生产关系的产生，都是以生产力的发达程度为基础的。当一种生产关系还能容纳一定生产力从而促进生产力向前发展时，它是决不会灭亡的，即使人为地把它“消灭”了，它也还会以各种形式顽强地“复活”；一种新的生产关系在没有具备一定程度的生产力发展水平以前，是建立不起来的，即使在某种情况下人为地把它强行建立起来，也是不巩固的、难以持久存在的。如果政治上强制地维护这种生产关系，必然会造成生产力的停滞、倒退和破坏，付出惨痛的代价。这是苏联、东欧各国的社会实践已经证明了的客观真理。但也有学者认为假如单从经济增长与否或生产力提高来理解“两个决不会”，就陷入了“经济决定论”的误区。经济决定论认为，“在人类社会发展中经济起着唯一的决定性作用，而其他因素都是消极的、被动的，从而否定了其他因素的作用”。这种理解与马克思、恩格斯看待社会形态更替的方式截然不同。资本主义经济仍旧不断上升发展的状况并不意味着资本主义的社会形态将永存；社会主义形态是扬弃了资本主义形态后更高的社会形态。

再次，把“两个决不会”的理解与国际共产主义运动相联系，认为“两个决不会”论断是对“两个必然”的取代和修正。有学者这样理解“两个决不会”，一种社会形态，只要经济还能够发展，就不会灭亡，也不会被新的生产关系所取代。他们认为，俄国“十月社会主义革命”搞早了，是在条件不成熟的情况下人为地搞出来的，因而注定早晚要垮台的，甚至把这一点作为社会主义国家出现种种困难的“原罪”。20 世纪 90 年代初期苏联的演变就是一个证明，要求“补资本主义的课”。但大多数学者认为发展中国家可以走上社会主义道路，这并不违背“两个决不会”。“十月革命胜利”后，列宁找到了一条发展中国家向社会主义迂回过渡的新路。在迂回过渡的背后起作用的正是“两个决不会”。在无产阶级取得政权的发展中国家，必须按照“两个决不会”的要求通过国家资本主义迂回过渡到社会主义。有学者的进一步分析指出“两个决不会”的实质是指生产关系必须适合生产力性质的规律，不能简单地用经济是不是增长来解读；社会主义取代资本主义是一场社会革命，具有社会性质的生产力只是革命的基本物质条件，此外还需要有革命的形势和成熟的革命政党；苏东剧变是执政的共产党放弃社会主义道路的结果，它是历史发展的一个曲折，而不能证明社会主义革命的物质条件还不成熟。在这种理论的影响下，社会主义国家里出现了一股复辟资本主义的资产阶级自由化浪潮。

最后，把马克思“两个决不会”的论断与我国的所有制改革相联系。有学者认为马克思“两个决不会”思想是唯物史观的核心理念，是中国特色社会主义的原始指南，是我们走出传统社会主义误区、深化所有制改革、反对“制度崇拜论”的理性向导。相反的观点是，有学者提出“两个决不会”讲的是“社会形态”的更替问题，不是经济成分的安排问题。

笔者认为，在如何准确理解马克思“两个决不会”论断方面，之所以形成了上述观点的差异甚至对立，是因为现实发展与理论的差异以及对理论理解角度的不同。一是如何准确理解马克思主义的经典原著，是从只言片语展开解读，还是立足马克思主义的立场、观点、方法和根本结论进行解读。二是如何认识当代资本主义社会发展的历史趋向，尤其是当代资本主义经济发展态势稳定和马克思主义“两个必然”结论所反映出的差异。三是如何认识社会主义社会的历史进程，特别是苏、东社会主义国家的解体所引发的国际共产主义运动倒退的历史现实。四是如何面对社会主义市场经济的改革现实，在中国特色社会主义制度创新和资本主义制度模式之间究竟存在怎样的不同。

“两个决不会”论断的各种解读，给我们两点主要的理论启示。第一，在对于“两个决不会”论断的理解上存在的上述理论冲突，关键就在于对于马克思主义理论的不同态度。对于马克思主义是采取科学、全面、辩证、历史的态度去解读；还是仅仅截取马克思主义创始人的只言片语，并把它上升到教条的地步，片面、孤立、割断历史联系地来分析和评价一百多年的国际社会主义运动史。这是在解读经典著作方面马克思主义和教条主义的根本区别。第二，正确全面地理解“两个决不会”论断，有助于我们深刻认识社会主义代替资本主义的长期性、艰巨性和必然性，使得我们能够冷静客观地分析和把握当代资本主义的新发展，能够以马克思主义的理论精髓指导中国的改革实践，促进马克思主义的中国化和当代化；能够用全面创新的改革精神克服中国社会主义发展过程中的困难、挫折以及改革困惑，坚定不移地走建设中国特色社会主义的道路。

第三节 “两个必然”研究的观点综述

首先，遍读《共产党宣言》（以下简称《宣言》）并没有“两个必然”（即资本主义必然灭亡，社会主义必然胜利）的提法。《宣言》中根本没有出现“资本主义”概念，也避免正面使用“社会主义”概念。马克思、恩格斯当时只正面使用共产主义概念。因为他们对当时流行的空想社会主义和庸俗社会主义持独立或批判的态度。《宣言》中讲的是“资产阶级的灭亡和无产阶级的胜利，同样是不可避免的”，可称作“两个不可避免”。这与“两个必然”是有差别的，阶级和社会形态是不同的范畴。资产阶级的灭亡和无产阶级的胜利，已经在社会主义国家的历史中真实发生过。其次，马克思、恩格斯的著作中从来没有明确提出过“两个必然”这样的表述。查阅相关文献，“两个必然”的提法是由后来的社会主义理论家所概括的。列宁指出“他（马克思）以对资本主义制度的这种客观分析，证明了资本主义制度变为社会主义制度的必然性……”[①]；这里的“必然性”表述是列宁对马克思主义根本结论的概括。比较接近“两个必然”的表述是斯大林提出的，斯大林在《无政府主义还是社会主义?》一文中指出：“科学社会主义的理论基础是马克思和恩格斯的唯物主义理论。……如果说继现代资产阶级制度而来的必然是社会主义制度，那么这是因为现代生产力的发展要求这样。由此就产生出资本主义毁灭和社会主义建立的历史必然性。”[②] 这是社会主义理论家第一次从社会形态上指出资本主义毁灭和社会主义建立的历史必然性。最后，“两个必然”是马克思主义运用生产力和生产关系辨证关系的历史唯物主义原理分析资本主义社会所得出的基本结论，这个结论不仅表现在《共产党宣言》“两个不可避免”的思想中；而且也是马克思研究资本主义生产

① 《列宁全集》第一卷，人民出版社 1984 年版，第 127 页。

② 《斯大林全集》第 1 卷，第 320 页。

方式的经典性著作《资本论》中的主要结论，即“资本主义私有制的丧钟就要敲响了。剥夺者就要被剥夺了”。[1]

马克思、恩格斯对《宣言》中提出的“两个不可避免”，从来没有提出什么纠正问题。《共产党宣言》（1872 年）德文版序言中指出：“不管最近二十五年来的情况发生了多大的变化，这个《宣言》中所发挥的一般基本原理整个说来直到现在还是完全正确的。”[2] 请注意，“直到现在还是完全正确的”，其坚信“两个不可避免”的正确性。

第四节　辨证地理解“两个决不会”与国际社会主义运动历程

“无论哪一个社会形态，在它们所能容纳的全部生产力发挥出来以前，是决不会灭亡的；而新的更高的生产关系，在它存在的物质条件在旧社会的胞胎里成熟以前，是决不会出现的。”这是马克思对生产力和生产关系辨证原理的一个推论。

辨证地理解“两个决不会”和国际社会主义运动历程，必须回答两个问题，一是“有没有一个资本主义制度灭亡”，二是“有没有一个社会主义制度胜利”。答案是肯定的。国际社会主义运动的历史已经证明，作为社会形态的资本主义制度不仅在欧洲的一些国家曾经灭亡过，而且在亚洲的一些国家也已灭亡。国际社会主义运动曲折起伏的实践证明，资本主义不是决不会灭亡；社会主义生产关系不是决不会出现，而是不但出现，甚至深刻地影响着资本主义生产关系的发展。可以说，从放任自由的资本主义走向宏观调控的资本主义，就是学习社会主义计划调节的直接结果；重视缩小两极分化的社会生产关系而走向“福利社会”也是一定意义上学习社会主义的自我调整；从私人所有制为主向社会大众持股的所有制发展，是资本主义生产力和生产关系矛盾发展的必然趋势。所有这些，都证明新的生产关系因素不但在

---

① 马克思：《资本论》第一卷，第 831 ~ 832 页。

② 《马克思恩格斯选集》第一卷，第 228 页。

资本主义社会形态的胞胎里产生，而且资本主义社会形态在自我扬弃和被迫扬弃的两条道路上将逐步走向制度转变。

关于社会主义，列宁指出："资本主义社会必然要转变为社会主义社会这个结论，马克思是完全而且仅仅根据现代社会的经济运动规律得出的。"① 这是列宁对于"两个必然"结论产生的时代特征的说明。这里碰到一个问题：马克思曾预料社会主义将率先在一些发达资本主义国家取得胜利，但在特定社会主义历史条件下，一些经济落后国家率先建立了社会主义制度，而某些发达资本主义国家还保持着继续发展生产力的生命力。社会主义国家又遭遇了各种各样的挫折。面对这一现实，出现两种否定性论断。一是从整体上否定马克思论断的科学性；二是认为发展中国家建立社会主义制度违反了马克思的原理，或违反了"两个决不会"。然而，应当注意到的是，马克思也讲过发展中国家在特定条件下走向社会主义的可能性。关于发展中国家在生产力不发达情况下走上社会主义道路的问题，马克思在《给维·伊·查苏利奇的复信草稿》中指出，像俄国这样的发展中国家，由于存在公社土地公有制，"它可以不通过资本主义制度的卡夫丁峡谷，而吸取资本主义制度所取得的一切肯定成果"② 直接走上社会主义道路。也就是发展中国家并不需要教条地通过"典型意义上的社会主义革命"才能走上社会主义道路。在生产力与生产关系的问题上，马克思更是明确地指出："正因为它（指土地公有制—引者）和资本主义生产是同时代的东西，所以它能够不通过资本主义生产的一切可怕的波折而吸收它的一切肯定的成就。"③ 因此，发展中国家的社会主义应注意到要吸收资本主义一切肯定的成果，但更要避免资本主义生产的一切可怕的波折。这就要发挥社会主义生产关系的能动性，而不是走一条资本主义制度的回头路。

马克思在复信草稿中论述有关俄国社会发展道路问题时，特别提出了公有制度"不必自杀"的说法，所谓的"自杀"就是"要把他们的公有制变为私有制"④。

---

① 《列宁选集》第二卷，第 599 页。
② 《马克思恩格斯全集》第 19 卷，第 451 页。
③ 《马克思恩格斯全集》第 19 卷，第 431 页。
④ 《马克思恩格斯全集》第 19 卷，第 447 页。

第五节　全面理解“两个决不会”与中国的社会主义社会制度

熟悉历史的学者都清楚，19 世纪后期和 20 世纪前期是资本主义矛盾激化、资本主义制度在全球遭到严重危机的时刻，社会主义的革命实践和 20 世纪社会主义国家的纷纷建立，就是对于马克思主义“两个决不会”论断的实践证明。一些发达资本主义国家为了摆脱国内生产力和生产关系尖锐矛盾和作为其表现形式的阶级矛盾，曾对工人运动进行残酷镇压、实行俾斯麦式的“假社会主义”国家制度；直至穷兵黩武，走上了对外殖民侵略和扩张的道路。这就是资本主义国家曾经在生产关系不适应生产力发展的背景下解决问题的措施，广大的发展中国家至今仍然是这些政策的受害者。当时的旧中国既不可能等待资本主义生产力的发达，从而完全战胜封建社会生产关系，实现民族的独立和国家富强；也不可能依靠发达资本主义国家的帮助走上资本主义道路，旧中国形成了半殖民地半封建社会的生产关系。事实表明，决定社会具体发展特征的除了生产力，生产关系也会反作用于一个社会正常的历史进程。中国的社会主义革命一开始就走了一条不同于世界其他社会主义国家的革命道路，并产生了中国化的马克思主义，这些中国化的马克思主义是马克思主义普遍真理和中国具体国情相结合的理论“结晶”。中国的马克思主义发挥了先进生产关系的能动性和主动性，彻底改变了中国社会的生产关系格局，推进了中国社会生产力的飞跃性发展。只有社会主义公有制经济制度的确立才从根本上把中国从半殖民地半封建社会变成了独立自主和具备完备工业体系的社会主义强大国家。

基于我国现有的生产力水平，我国正处于社会主义初级阶段。初级阶段的社会主义，作为一种新的“社会形态”，已取代了旧中国半殖民地半封建的“社会形态”。这具有历史的必然性。如果有人根据我国生产力水平不高的现实，套用马克思的“两个决不会”来进行评说和设计，其内在逻辑会是：半殖民地半封建的社会形态“决不会灭亡”，新的社会主义生产关系“决不会出现”。要知道，马克思所讲的“两个决不会”，是指新旧两种“社会形态”即两种社会经济制度的更替问题，而不是讲同一社会形态内部经济成分的结构问题。

我国社会主义初级阶段的理论与实践，不是对于“两个决不会”论断的自觉运用。我国之所以走上社会主义道路是为了解放生产力，发展生产力，实现共同富裕。而确定我国处于社会主义初级阶段，是由于我国生产力落后，要解决社会的主要矛盾，即人民日益增长的物质文化需求和落后的社会生产之间的基本矛盾，这是根据马克思主义生产力和生产关系辨证原理，结合中国实际提出的。可以说，个体经济、私营经济等私有制经济还有发展生产力的较广阔的余地，需要鼓励和支持其发展。但如果主张只发展私有制经济而忽视乃至否定公有制经济的必要性和必然性，就是不正确的了。社会主义初级阶段是初级阶段的社会主义而不是资本主义；但按照“两个决不会”孤立地来理解社会主义初级阶段，那就是初级阶段的资本主义而不是社会主义，社会主义生产关系包括与之相联系的上层建筑就根本没有存在的基础。这样的理解，产生的只有退回到资本主义社会的“补课论”或者“殖民论”。

第六节　“公有制为主体”是一个“似是而非的认识”吗？

公有制是社会主义制度的经济基础，这是马克思主义的一个基本原理，是马克思、恩格斯、列宁、毛泽东、邓小平一脉相承的关于社会主义制度的根本规定性。坚持以“公有制为主体”，是中国特色社会主义经济发展和体制改革的基本原则；是《中华人民共和国宪法》的基本规定。首先，按照马克思主义的基本理论：经济基础决定上层建筑。离开了以“公有制为主体”的经济基础，就意味着将形成以私有制经济为主体的局面，私有制经济将控制国家的经济命脉，城市人口将形成两个利益截然不同的阶级即私营企业主和雇佣劳动者；在农村意味着农地改革中土地私有化将成为趋势，集体所有制瓦解。那么，所谓区别于现存资本主义国家的“领导阶级”将代表哪一个阶级的利益呢？其作为领导阶级的力量源泉又是什么？又怎么样保证“政权性质”同资本主义的区别呢？其次，人们都清楚，只有在公有制的基础上才能实现消灭剥削和两极分化，达到共同富裕的“根本目的和最终理想”，只有利益一致基础上的“根本目的和最终理想”，并不存在虚幻、空假的“根本目的和最终理想”。离开以公有制为主体的社会主义经济基础谈社会主义的根本目的，是与马列主义、毛泽东思想和邓小平理论以及党中央的指导思想相悖的。戈尔巴乔夫人道的社会主义实践证明，离开了具体手段和途径的社会主义制度不过是个虚幻的假象罢了。旧中国国民党政权的“三民主义”的“根本目的和最终理想”不是非常美好吗？但离开了具体的手段和途径最终形成的是四大家族官僚资本主导下的独裁政权和民不聊生。离开以公有制为主体的社会主义经济基础谈社会主义的根本目的，是马克思和恩格斯所坚决否定的“真正的”社会主义的最新翻版。最后，离开了以“公有制为主体”的经济规定性和中国共产党的阶级基础，泛化社会主义制度的本质规定，其实也就丧失了共产党执政的经济基础。对此，毛泽东同志所著《新民主主义论》一文中明确指出：“中国的经济，一定要走‘节制资本’和‘平均地权’的路，决不能是‘少数人所得为私’，决不能让少数资本家少数地主‘操纵国民生计’，决不能建立欧美式的资本主义社会，也决不能还是旧的半封建社会。谁要是敢于违反这个方向，他就一定达不到目的，他就自己要碰破头的。”[①] 毛泽东同志讲的是新民主主义制度。时间虽然过去了半个多世纪，中国已进入社会主义初级阶段。但中国特色社会主义必须慎重地对待毛泽东同志这“四个决不能”的理论指导。这是马克思主义普遍真理和中国革命实践相结合的宝贵历史经验。

综上所述，本章提出以下两点结论：

第一，所有制的改革是适应我国社会主义初级阶段生产力发展水平而对社会生产关系所进行的积极自我调整，是社会主义制度的自我改革和完善，以公有制为主体、多种所有制共同发展是我国在社会主义初级阶段长期实行的一项基本国策，离开了以公有制为主体的经济基础就不存在社会主义的生产关系，遑论什么社会主义和资本主义的根本差别。

---

① 毛泽东：《新民主主义论（一九四〇年一月）》，载于《毛泽东选集》（第二卷），人民出版社 1991 年版。

第二，对于马克思主义理论应采取科学、辨证、全面、历史的态度，不要仅仅截取马克思主义创始人的某一论断，进行想当然的离开其本意的理解。不要割断历史联系来分析和评价一百多年的国际社会主义运动史，不要离开科学社会主义理论而倾向于走私有化改革道路。否则，不但不可能得出有益于社会主义改革实践的、科学的理论见解，反而会滋生出彻底否定现实和社会主义制度的结论。

| 第十章 |

社会主义初级阶段的提出及影响

在我国改革开放获得前所未有的成就之基础上，重温社会主义初级阶段理论提出前后的发展情况，重新解读社会主义初级阶段理论的理论内涵、精神实质和理论价值，对21世纪中叶实现中国经济发展“三步走”战略的伟大跨越具有特别重要的战略意义。

第一节　经典作家和社会主义先驱的发展阶段探索

社会主义制度的建立是一项前无古人的伟大事业。社会主义制度从无到有，既验证了马克思主义基本原理和根本结论的科学性，也揭示了人类社会制度建设的艰巨性、复杂性和长期性。马克思主义经典作家所描绘的未来的共产主义社会，被明确划分为共产主义的第一阶段和共产主义的高级阶段。前者是我们正在建设的社会主义社会，后者则是作为最高目标的共产主义社会。在社会主义初级阶段理论提出以后，有将社会主义初级阶段等同于马克思共产主义第一阶段的理论观点，这显然是一种教条主义的解读方式[①]。社会主义社会究竟存在着什么样的发展阶段，首先是一个实践问题，然后才有

① 卫兴华：《不能把“社会主义初级阶段”混同于“共产主义社会第一阶段”》，载于《当代财经》2000年第9期。

理论创新的可能性。否则，马克思主义就成了先验的教条，而绝非行动的指南。

按照经典作家的理论构想，社会主义制度是现代社会生产力发展的最终目标和必然结果。因此，发达的社会生产力是建设社会主义制度的物质基础。遗憾的是，率先进入社会主义制度的国家普遍面对的是社会生产力的不发达。在此基础上，如何建设一个比资本主义社会更为优越的社会主义社会，是对社会主义制度的严峻考验。在俄国革命胜利后，列宁面对这一实践难题，进行了战时共产主义政策、余粮收集制、新经济政策等一系列建设社会主义的政策尝试，但在社会发展阶段的问题上却不得不一退再退，从直接转入共产主义社会的设想一路退到了尝试实践国家资本主义的发展阶段。在探讨了马克思、恩格斯有关共产主义阶段划分的思想后，他指出："并且这新社会还是一种抽象的东西，它只有经过一系列建立这个或那个社会主义国家的各种各样的、不尽完美的具体尝试才会成为现实。"① 在《关于星期六义务劳动》的报告中列宁明确提出了"建设初级形式的社会主义的可能性"论断，尽管列宁所探讨的"初级形式"是指"社会主义是直接从资本主义里面长出来的社会，是新社会的初级形式"②，但必须承认这种"新社会的初级形式"，对于后来的社会主义实践者和理论家正确把握和认识社会主义社会的发展阶段特征是富有启发意义的。列宁之后的苏联领导人，特别是斯大林通过计划经济实现了苏联从农奴制国家向社会主义工业强国的根本性转变，超越资本主义强国、建设共产主义社会的理想信念，造成了苏联社会主义制度建设的急于求成，在 1959 年就宣布苏联已进入全面展开共产主义建设时期，甚至在共产国际中引发了跑步进入共产主义社会的政治比赛。这种脱离社会发展阶段的错误思潮，严重地打击了人们对社会主义制度的热情，埋下了苏联、东欧社会主义国家倒退、解体的隐患。中国进行社会主义建设所面对的实践难题，同样是社会生产力的极端低下和物质文明的不发达。经历了 1958 年"大跃进"的经验教训，毛泽东同志在读苏联《政治经济学教科书》社会主义部分时，曾指出："社会主义这个阶段，又可能分为两个阶

① 《列宁选集》第 3 卷，人民出版社 1977 年版，第 527 页。

② 《列宁选集》第 4 卷，人民出版社 1960 年版，第 141 页。

段，第一个阶段是不发达的社会主义，第二个阶段是比较发达的社会主义，后一个阶段可能比前一个阶段需要更长的时间。”①

纵观马克思主义经典作家关于共产主义阶段划分的理论影响，以及社会主义先驱在社会主义发展阶段方面的实践探索和经验教训，共同揭示了一个朴素的真理，即在社会主义社会的发展阶段方面，还存在着经典作家和经典理论所未能完全揭示的规律性难题，这种在不同国家社会主义建设过程中反复出现的实践难题，就是有关社会主义社会究竟在发展阶段方面有没有规律性可循，这种发展阶段的准确界定和理论认识对建设社会主义有什么样的作用和影响？正是基于这样的理论和实践背景，我们说社会主义初级阶段理论的提出，既揭示了社会主义建设的规律性难题，又讲了马克思主义经典作家所没有讲过的新话；既开创了马克思主义中国化发展的崭新阶段，又找到了通过社会主义初级阶段来发展社会主义制度的康庄大道。

第二节　社会主义初级阶段理论的提出

十年“文革”之后，国民经济正陷于崩溃的边缘，中国的社会主义建设何去何从面临着严峻的考验。从党的领导集体到普通理论工作者，都在反省社会主义的发展现状和前途问题。对此，邓小平同志曾经指出：“我们干革命几十年，搞社会主义三十多年，截至 1978 年，工人的月平均工资只有四五十元，农村的大多数地区仍处于贫困状态。这叫什么社会主义优越性？”②落后的经济现状与过高的社会期望形成了尖锐的矛盾，使得国家的大政方针和指导思想必须做重大的调整；否则，就很难找到发展的出路。

“到本世纪末（20 世纪）实现四个现代化”是当时中国经济社会发展的既定方针和发展目标。从现实出发，邓小平、陈云、叶剑英等党和国家领导人连续地对此发出了目标降低、政策调整的声音。为了站稳脚跟，稳步前进，在不折腾的条件下取得较快的发展速度，陈云同李先念针对国民经济比

① 《毛泽东文集》第 8 册，人民出版社 1999 年版，第 116 页。

② 《邓小平文选》第 3 卷，人民出版社 1993 年版，第 10 ~ 11 页。

例严重失调的经济现状，在 1979 年 3 月 14 日联名致信中共中央，提出了“需要两三年时间进行国民经济调整”的建议，这被中共中央政治局会议所接受。同时，陈云从我国农村人口占 80%，而且人口多、耕地少的社会经济特点出发，强调了建设四个现代化的现实基础。邓小平后来指出：“我们这次调整，正如陈云同志说的，是健康的、清醒的调整。这次调整，在某些方面要后退，而且要退够。”他强调这样“更有把握地实现四个现代化，更有利于达到四个现代化的目标”①。1979 年 9 月，叶剑英在《在庆祝中华人民共和国成立三十周年大会上的讲话》中明确提出我国“社会主义制度还处在幼年时期”，并指出：“在我国实现现代化，必然要有一个由初级到高级的过程。”② 这是中央文献第一次使用“社会主义制度还处在幼年时期”的提法，表达了正确把握社会主义发展阶段、通过阶段性发展来实现现代化发展目标的战略思考。讲话起草小组成员龚育之指出，在酝酿初稿时，起草小组主持人胡乔木就曾经设想，总结 30 年历史的经验教训，重要的一条，就是要认识社会主义建设的长期性，并在定稿中确立了以上的表述③。1979 年 10 月，邓小平通过与党的省级领导人座谈，专门指出：“经济工作是当前最大的政治，经济问题是压倒一切的政治问题。……所谓政治，就是四个现代化。我们开了大口，本世纪末实现四个现代化。后来改了个口，叫中国式的现代化，就是把标准放低一点。”④ 在 1979 年 12 月与日本首相大平正芳的会见中明确指出：“我们要实现的四个现代化，是中国式的四个现代化。我们的四个现代化的概念，不是像你们那样的现代化的概念，而是‘小康之家’。到本世纪末，中国的四个现代化即使达到了某种目标，我们的国民生产总值人均水平也还是很低的。”⑤ 现代化发展目标的中国式界定，既成功地坚持了我国经济社会建设的既定方针和发展目标，又为我国社会主义建设的发展战略留下了足够的政策调整空间，使得从社会发展规律的角度探讨社会主义的发展阶段成为可能。

---

① 《邓小平文选》第 2 卷，人民出版社 1994 年第 2 版，第 354，356 页。

② 《叶剑英选集》，人民出版社 1996 年版，第 527 页，第 539 页。

③ 龚育之：《如何评价社会主义初级阶段的提法在历史决议中的第一次出现?》，《学习时报》2005 年 10 月 3 日。

④ 《邓小平文选》第 2 卷，人民出版社 1994 年第 2 版，第 194 页。

⑤ 《邓小平文选》第 2 卷，人民出版社 1994 年第 2 版，第 237 页。

在中央政策口径调整的同时，1979 年 3 月召开的理论工作务虚会上，有些理论工作者如苏绍智、冯兰瑞等，就明确提出了社会主义发展阶段的划分问题。一方面，他们认为，把从资本主义到共产主义高级阶段这样一个很长的时期看作是一个不分阶段的、完整的历史时期，既不符合科学社会主义原理，也不符合社会主义实际；这种认识显然是基于对“大跃进”、跑步进入共产主义社会以及赶英超美等一系列超越社会发展实际阶段错误做法的理性反思。另一方面，他们从我国生产力落后的现状出发，提出不发达的社会主义和发达的社会主义的阶段划分，我国还处在不发达的社会主义阶段；这里虽然沿用了毛泽东“不发达的社会主义阶段和发达的社会主义阶段”的提法，但在当时的政治氛围中已然是一种难得的理论勇气。重新认识社会主义社会的发展阶段，理论界的这种观点探讨无疑有力地支持了中央政策的调整步伐。此后，在这一问题上，还因为苏绍智、冯兰瑞《无产阶级取得政权后的社会发展阶段问题》一文的正式发表，而引发了一场影响较大的理论争论。该文明确提出了“我国的社会是不是社会主义社会”的问题，指出：“说我们是社会主义国家是完全可以的。但是，还不能说我们已经建立了马克思列宁所设想的共产主义社会的第一阶段（社会主义社会）。我们还存在资本主义，甚至封建主义的残余，小生产还占相当地位，小生产者的习惯势力和心理还泛滥着。这说明我们还处在不发达的社会主义社会，还处在社会主义的过渡时期，不能认为我们的经济制度已经是发达的或者完全的社会主义。”① 这场争论的焦点就是：我国是不是社会主义社会，我国社会制度究竟处于什么样的发展阶段。这不仅是个理论问题、发展问题，更是一个政治问题。由于社会上一直存在着一股否认我国是社会主义社会的思潮，这篇文章引起了社会各方的高度关注和观点争论。这表明要进行社会主义发展战略和经济政策的大幅调整，就必须对我国所处的社会主义发展阶段作出一个准确的理论判断。但在上述研究中，并未出现社会主义初级阶段的提法。

1980 年，中央开始起草有关党的历史问题的决议，对新中国成立 30 年

---

①　苏绍智、冯兰瑞：《无产阶级取得政权后的社会发展阶段问题》，《经济研究》1979 年第 5 期。

的经验进行全面总结。邓小平明确提出“要充分研究如何搞社会主义建设的问题”，并强调“第一，不要离开现实和超越阶段采取一些‘左’的办法，这样是搞不成社会主义的。我们过去就是吃‘左’的亏。第二，不管你搞什么，一定要有利于发展生产力”①。在邓小平、胡耀邦等领导人的亲自指导下，以胡乔木为负责人的历史决议起草小组的成员贡献了他们的聪明才智，经过党内四千人的讨论修改和中央高层领导 52 人的讨论意见，经历了长达一年多的修改和完善，形成了在党内外影响深远的关于中华人民共和国成立以来党的若干历史问题的决议稿。按照历史决议起草小组成员龚育之的回忆文章，1980 年 10 月提交党内四千人的讨论稿，就已经出现了“社会主义生产关系怎样从初级向高级发展”，以及“我们现在的社会主义公有制还只是社会主义经济制度的初级形态”这样的提法。在 1981 年 5 月 16 日准备送中央政治局扩大会议讨论的修改稿中，就出现了包含“我们的社会主义制度还是处于初级的阶段”的提法在内的那段话。龚育之认为：“从这两年多的思想发展的长过程来看，社会主义初级阶段的提法在历史决议中的出现，就不是偶然的事情，而是由来已渐的了。”②

1981 年，在党的正式文献《关于建国以来党的若干历史问题的决议》中明确指出：“尽管我们的社会主义制度还是处于初级的阶段，但是毫无疑问，我国已经建立了社会主义制度，进入了社会主义社会，任何否认这个基本事实的观点都是错误的。”③ 该文件对我国社会主义制度所处的历史阶段做出了与以往中央文献完全不同的判断，第一次在党的历史文献中出现了社会主义初级阶段的提法，这是一个重大的理论跨越，这也昭示着一个社会主义建设崭新时代的到来。

第三节　社会主义初级阶段理论的确立

任何伟大理论的产生，都不可能是一蹴而就的。经历的时间越长、反复

① 《邓小平文选》第 2 卷，人民出版社 1994 年第 2 版，第 312 页。

② 《叶剑英选集》，人民出版社 1996 年版，第 527 页、第 539 页。

③ 中共中央文献研究室，《关于建国以来党的若干历史问题的决议》，人民出版社 1985 年版。

越大，就越能证明其不可替代的理论价值。尽管在 1981 年的历史决议中，社会主义初级阶段的提法就已经正式出现；但从一种提法上升为社会主义建设的指导理论，则经历了比一个五年计划还长的时间。1982 年 9 月，在党的十二大报告中只是坚持了这种提法，指出："我国的社会主义社会现在还处在初级发展阶段，物质文明还不发达。"虽然指明了物质文明不发达的初级阶段特征，但各项改革措施才刚刚起步，实践发展还没有达到迫切要求理论创新的程度，报告并未就社会主义初级阶段的提法展开专门的论述。客观地分析，从 1982 年到 1986 年这样一个较长的时期内，社会主义初级阶段的提法何以没有产生广泛的影响，一个重要的理论原因就在于对"什么是社会主义"的问题，也还处于探索之中。直到 1984 年 6 月邓小平才作出了"社会主义阶段的最根本任务就是发展生产力""社会主义要消灭贫穷，贫穷不是社会主义，更不是共产主义"等经典论断[①]，逐渐形成了社会主义的概念界定，这成为确立社会主义初级阶段理论的前提条件。1986 年 9 月，在党的十二届六中全会通过的《中共中央关于社会主义精神文明建设指导方针的决议》中，则重申并阐述了社会主义初级阶段的社会经济特征，指出："我国还处在社会主义的初级阶段，不但必须实行按劳分配，发展社会主义的商品经济和竞争，而且在相当长历史时期内，还要在公有制为主体的前提下发展多种经济成分，在共同富裕的目标下鼓励一部分人先富裕起来。"对这个表述，于光远认为："这是在党中央文献中第一次把'我国还处在社会主义初级阶段'这个论断作为我国社会主义事业的指导思想的依据。决议用这一点，从实质上来批评不顾我国社会主义发展阶段的现实，而只强调共产主义思想教育的左倾空谈。"[②]

在这期间，一些重大的改革举措已经陆续推出，例如农村家庭联产承包责任制的改革、发展非公有制经济作为社会主义经济的有益补充、社会主义有计划商品经济的体制改革目标等，这些改革探索引起的各种理论思潮鱼龙混杂，甚至有人把我国商品经济的改革探索看作是退回到资本主义社会，这就使得我们处于什么样的社会主义发展阶段、我们要建设什么样的社会主义

① 《邓小平文选》第 3 卷，人民出版社 1993 年版，第 63～64 页。

② 中共中央文献研究室：《中共中央关于社会主义精神文明建设指导方针的决议》，载于《十二大以来重要文献选编（下）》，人民出版社 1988 年版。

制度的问题，成为迫切需要理论解答的时代命题。在党的十三大召开前夕，邓小平明确指出："我们党的十三大要阐述中国社会主义是处在一个什么阶段，就是处在初级阶段，是初级阶段的社会主义。"①。在邓小平这一思想指导下，1987 年 10 月，党的十三大报告全面提出并系统阐发了社会主义初级阶段理论。所谓社会主义初级阶段，并不是泛指任何国家进入社会主义都会经历的起始阶段，而是特指我国在生产力落后、商品经济不发达条件下建设社会主义必然要经历的特定阶段。这在马克思主义发展史上具有开创性的理论意义，是社会主义初级阶段理论正式确立的标志。

必须指出的是，从中国发展目标的全面调整到中国社会主义发展阶段的探索，一直到社会主义初级阶段理论的确立，邓小平作为党的第二代领导集体的核心，始终发挥着重要的作用。正是在他的主导、参与和支持下，社会主义初级阶段理论才作为崭新的理论成果登上马克思主义的理论舞台。1987 年 8 月，邓小平明确提出了社会主义初级阶段的理论内涵："社会主义本身是共产主义的初级阶段，而我们中国又处在社会主义的初级阶段，就是不发达的阶段。一切都要从这个实际出发，根据这个实际来制定规划。"② 在党的十三大正式阐述社会主义初级阶段理论之前，这是最为完整、最为精辟的社会主义初级阶段的理论概括。虽然，在社会主义初级阶段概念提出和理论确立的过程中，党的一些高层领导、理论界以及党的重要文献起草者，都对此作出了自己的理论贡献。甚至一些学者的理论对于社会主义初级阶段理论的形成起到了很大的推动作用，但从社会主义初级阶段提法的出现到理论内涵的准确表述来看，把社会主义初级阶段的提出归结为邓小平以外任何一个人的说法，都是荒唐而又站不住脚的。如历史决议的起草人之一龚育之就曾明确指出："在历史决议中出现'我们的社会主义制度还是处于初级的阶段'的提法，不是哪一个人的功劳，而是集体的功劳，是党中央领导下的集体智慧的成果。"③ 正因为这个提法是"党中央领导下的集体智慧的成果"，邓小平作为邓小平理论——这个集体智慧成果的具体代言人，无疑是社会主义初级阶段理论贡献最大而又最为恰当的创始人。

---

①② 《邓小平文选》第 3 卷，人民出版社 1993 年版，第 252 页。

③ 《叶剑英选集》，人民出版社 1996 年版，第 527 页，第 539 页。

第四节　社会主义初级阶段的理论内涵和精神实质

社会主义初级阶段包括两层含义：第一，我国已经进入社会主义社会，我们必须坚持而不能离开社会主义；第二，我国的社会主义社会还处在不发达阶段，我们必须从初级阶段的实际出发而不能超越这个阶段。前者回答了我国处于什么样的社会发展阶段，界定了我国社会制度的基本性质和发展方向；后者则回答了我们要建设什么样的社会主义，说明了我国社会主义制度的历史方位和发展方略。我国的社会主义初级阶段，包括从 1956 年生产资料私有制的社会主义改造完成，到社会主义现代化的基本实现，至少需要上百年的时间。这个历史阶段既不同于社会主义经济基础尚未奠定的过渡时期，也不同于未来实现社会主义现代化的发达阶段。在社会主义初级阶段的理论基础上，按照建设社会主义现代化国家的既定目标，党中央成功地进行了基本路线和方针政策的根本性调整，坚定不移地把全党的工作重心转向了以经济建设为中心的正确轨道，党的十三大提出并确立了社会主义初级阶段的基本路线，即“一个中心，两个基本点”的总路线，使得我国建设社会主义现代化国家的发展战略也得以相应调整，制定了到 21 世纪中叶经济发展分三步走、实现现代化的发展战略，明确提出了政治体制的改革任务。这就使得中国特色社会主义道路建设的伟大前景得到了清晰的勾画和展现。

社会主义初级阶段理论，使我们对社会主义建设的艰巨性、复杂性和长期性形成了更加清醒的理论认识，也正是因为我国正处在并将长期处在社会主义初级阶段的历史现实，决定了我国不但要积极探索一切可行的改革措施以促进社会生产力的发达，把改革开放作为基本国策长期坚持；而且要打破一切教条束缚敢于进行社会制度创新的改革探索，坚持走中国特色社会主义发展道路。这就是社会主义初级阶段理论的精神实质，这也是中国特色社会主义理论体系的基本品质。这就要求我们既不能超越社会主义的发展阶段，盲目空想，也不能把社会主义初级阶段混同于其他社会发展阶段，更不能离开社会主义制度的基本规定性。所谓的资本主义补课论、融合论，甚至民主社会主义的奇谈怪论，既缺乏对中国社会历史进程的基本素养，更谈不上对马克思主义中国化理论成果的正确理解，都是曲解和背离社会主义初级阶段理论精神的肤浅看法，是瞎折腾、帮倒忙的错误思潮。

第五节 社会主义初级阶段与新民主主义的关系

新民主主义社会和社会主义初级阶段，是我国建设社会主义制度已经和正在经历的两个重要阶段。前者是指中国从半殖民地半封建社会转向社会主义社会的一种过渡时期，并不构成一个独立的社会形态；后者则是指我国社会主义制度从不发达社会主义阶段向发达社会主义阶段转变的一个较为长期的历史阶段，是社会主义社会形态独立存在并持续发展的重要阶段。两者既具有明显的区别，也有一定的联系。

区别主要表现在：首先，时代主题及发展阶段不同。新民主主义的时代主题是建立社会主义制度，但社会主义制度尚未确立，是指各解放区和新中国成立初期的经济过渡时期；社会主义初级阶段的时代主题则是建设社会主义现代化的国家，尽管社会主义制度已经确立，但大约需要一百年的时间。其次，经济基础和经济政策不同。新民主主义社会并不存在公有制经济的主体地位，经过社会主义的三大改造，确立了公有制经济的主体地位，我国才在 1956 年宣布建立了社会主义制度，进入了社会主义发展阶段。在经济政策方面，限制和改造私营经济是新民主主义社会的主要政策导向，坚持发展非公有制经济毫不动摇则是社会主义初级阶段的基本经济政策。再次，政治体制不同。新民主主义社会是多党民主联合的政治体制，社会主义初级阶段则是中国共产党领导下的多党合作与政治协商的政治体制。最后，指导思想不同。新民主主义时期的指导思想是毛泽东思想，社会主义初级阶段的指导思想是有中国特色社会主义理论体系。在毛泽东思想的指导下中国取得了新民主主义革命的胜利，完成了向社会主义制度的过渡，开始了全面建设社会主义制度的经济探索，但并没有完全摆脱对苏联社会主义模式的依赖，造成了社会主义建设的重大失误；在邓小平理论的指导下，中国开辟了中国特色社会主义建设道路，取得了举世瞩目的经济成就，开创了中国社会主义制度的崭新发展阶段。

联系主要表现在：一方面，新民主主义社会和社会主义初级阶段直接相连，新民主主义社会虽然经过了社会主义的改造阶段，但改造后所确立的社会主义计划经济模式并未经得起实践考验；另一方面，社会主义初级阶段的经济改革在不断地突破了传统计划经济模式的基础上，呈现出类似新民主主义社会经济构成的发展态势。两者的这种联系引发了把社会主义初级阶段看成是向新民主主义社会后退或回归的看法，也有将两者混同起来的理论观点。仅就经济构成来看，不能否认两者的相似性，这正是由社会主义初级阶段生产力极端低下的经济现状所决定的；但这种相似性并不能改变历史发展的脉络，社会主义初级阶段的发展正是要改变这种经济现状。把社会主义初级阶段混同于新民主主义社会的根本后果，就是否定了社会主义制度，无论是作为共产主义第一阶段的社会主义社会，还是作为目标的共产主义高级阶段，社会主义制度就成为一种历史空想，从资本主义社会向社会主义制度过渡时期的改造运动就变成了一种历史盲动，这其实也就否定了社会主义初级阶段本身。这恰恰是在开历史的“倒车”，是离开了社会主义道路，特别是离开了中国特色社会主义道路的错误思潮①。这种思潮忽略了中国式社会主义道路的实践价值和世界意义，否定了中国人民在社会主义制度方面的创新和能动性。无论是基于什么样的理论角度，这样的观点对中国特色社会主义道路有害无益，过度宣扬会引起历史虚无主义的思潮泛滥。

要正确区分新民主主义社会和社会主义初级阶段，还要解决好两个问题，一是毛泽东思想与中国特色社会主义理论体系的关系问题，即为什么中国特色社会主义理论体系不包括毛泽东思想？二是社会主义初级阶段和新民主主义社会在经济建设方面的根本差别，即社会主义初级阶段的经济与新民主主义社会究竟有什么不同？第一个问题的关键，就在于前者是后者的思想源头和理论基础，后者是前者的理论继承和实践创新；后者是邓小平理论所开创的建设社会主义初级阶段的理论体系，是毛泽东同志虽然艰辛探索但并未纳入毛泽东思想的崭新社会主义发展思想。胡锦涛同志明确指出：“中国

---

① 于光远：《从“阶段风波”到社会主义初级阶段》，《炎黄春秋》2008 年第 8 期。

特色社会主义理论体系，是对毛泽东同志艰辛探索社会主义建设规律重要思想成果的继承和发展。”① 第二个问题的关键，就是要在社会主义初级阶段的经济构成中，坚持并完善以公有制为主体的基本经济制度和社会主义市场经济的目标体制，市场化改革在以公有制为主体的经济领域的不断突破，迫切需要与社会主义初级阶段相适应的公有制理论创新；否则，就为回归新民主主义以前的社会思潮提供了遐想的空间②。

第六节　社会主义初级阶段的理论价值及实践意义

社会主义初级阶段的理论价值，一是马克思主义中国化的重大理论创新。社会主义初级阶段理论，既与马克思、恩格斯、列宁、斯大林、毛泽东有关社会主义发展阶段的思想一脉相承，又具有鲜明的中国特色和时代特征；讲了马克思主义经典作家没有讲过的新话，是马克思主义中国化的重大理论创新。二是邓小平理论的基石。社会主义初级阶段理论直接推动了邓小平理论的确立，形成了邓小平理论——这一马克思主义中国化的崭新理论成果，在邓小平理论体系中处于理论基石的重要地位。三是中国特色社会主义理论体系的理论基础。在社会主义初级阶段的理论基础上，党的三代领导集体坚持运用马克思主义的立场、观点和方法，全面回答了“什么是社会主义，怎样建设社会主义、建设一个什么样的社会主义”的时代命题，奠定了中国特色社会主义理论体系的理论基础，标志着中国进入了建设中国特色社会主义社会的崭新阶段。

社会主义初级阶段的实践意义，一个集中的概括就是坚定走中国特色社会主义道路的行动指南。社会主义初级阶段理论是我党制定路线、方针、政策的根本出发点。正是在社会主义初级阶段理论的指引下，使我党找到并重新确立了我国走中国特色社会主义道路的总路线、发展战略以及基本纲领，

---

① 习近平：《关于中国特色社会主义理论体系的几点学习体会和认识》，《求是》2008 年第 7 期。

② 卫兴华、张建君：《不能想当然地理解“两个决不会”》，《福建论坛》2006 年第 6 期。

形成了清晰而又明确的中国特色社会主义道路的行动指南。我们要牢牢把握社会主义初级阶段的总路线和基本方针，不断推进和完善中国特色社会主义理论体系，使得中国特色社会主义建设取得了举世瞩目的伟大成就。实践证明，只有清楚地界定了社会主义建设的发展阶段，才能消除人们头脑中不切实际的幻想，才能在实践中成就社会主义制度的优越性，才能探索到一条切实可行的社会主义道路，中国特色社会主义道路的世界价值正在逐渐地展现出来。

| 第十一章 |

公平是分配制度建构的理性基础

社会财富的创造和分配问题是经济学的根本问题。前者着重解决社会财富的性质、源泉及其增长途径，其核心就是社会经济生活的效率问题；后者着重解决社会财富分配的依据、途径及其合理性，其核心就是社会分配制度的公平问题。对于它们所包含的具体问题的解决构成了经济学的主要内容。从人们津津乐道的美国负所得税制度，到效率与公平的经济学难题；无论是调整劳资关系的法律、公平税赋制度的设立，还是社会保障体系的建立、促进教育机会均等的教育新体制等制度安排的出现无一不体现着社会收入分配制度中公平与效率的统一。当德国把“社会公正+市场经济”作为其社会市场经济体制的一般原则，就充分说明西方经济学已经开始抛弃不顾公平的分配制度，把公平作为社会分配制度建构的基础。“社会公正”在经济上主要就是收入分配的公平合理，“市场经济”在经济上主要就是资源配置的效率保证，科学的社会分配制度就是效率和公平的统一而不是偏废。日本著名经济学家橘木俊诏在其引起日本学术界轰动、获得日本第39届经济著作奖的《日本的经济所得差——从所得和资产来考察》一书中，从日本战后的经济发展经验证明美国经济学家阿瑟·奥肯提出的效率和公平不能同时兼得的理论是不能成立的。日本的经济现状是低增长，不公平程度却很高；而高增长时期，效率却与低不平等共存。该书在此基础上提出了通过税收和社会保障制度的改革来缓解日本社会经济分配的不平等；提议通过降低学费和扩大奖学金的举措来抑制世代间阶层的再生产[①]。由此可见，公平不仅与效率一样是经济学的主要问题，而且公平分配制度的确立与经济效率关系密切。因此，把公平和分配当作两个不同领域的不同范畴，进而认为两者互不相干的思想是不符合人类社会经济学理论发展一般规律的看法[②]。

第一节　我国社会收入分配现状的严峻性呼唤分配公平

我国在“效率优先、兼顾公平”的社会分配制度指引下，社会收入的地区、行业、人均差距急剧扩大，社会弱势群体问题凸显，公平问题已经成为影响社会稳定和发展的根本性难题。有些学者无视社会收入分配领域强调公平原则的重要性，甚至仍然坚持认为衡量公平分配的标准弹性很大从而很难在量上定性、缺乏共识、会因时间和空间不同而发生变化来否定经济学中的公平分配原则，这是不能成立的。首先衡量公平分配的有全世界基本上都接受的两大标准，一是反映社会收入分配公平程度的量化指标基尼系数；二是经济学指标体系中经常被运用的人均收入差距的比值。这两者是世界范围内公认的衡量收入分配是否公平的标准体系，而且由于它们是运用具体国家具体时间人们的实际收入分配统计值进行计算，因此从根本上避免了因为时间和空间变化所带来的变化，是从实际的结果对现行的收入分配制度是否公平进行衡量并加以修正，而不是幻想用一个公平的标准一劳永逸地解决问题。这是认识公平分配原则的一般基础。

2019 年，国内基尼系数已经上升到 0.465。[③] 根据经济学的一般规律，基尼系数小于 0.2 为高度公平，大于 0.6 为高度不公平，基尼系数在 0.4 通常是国际上通行的警戒线。我国达到 0.465 的基尼系数已经超出了国际上通行的警戒线，进入了国际公认的收入分配严重不公平的警戒区域，说明社会收入分配差距的拉大和贫富分化的现象已经成为影响经济发展和社会稳定的

① 孙存之：《世纪末的论争》，载于《读书》2002 年第 10 期。

② 何伟：《公平与分配不能联姻》，《理论前沿》2005 年第 21 期。

③ 《什么是基尼系数》，国家统计局官网，2023 年 1 月 1 日。

大事。2019 年农民人均收入 16021 元，城镇居民人均收入 42359 元，表面差距是 1∶2.6[①]。相较之前差距有所减少，但依然接近收入差距警戒线 3.0，存在风险。实际状况比表面现象更加可怕，根据邱晓华的推算，农民收入中有 40% 是非货币性收入，而货币性收入中还要拿出 20% 用于第二年的扩大再生产，买农药、种子、化肥等。所以，农民真正能够跟城市居民一样用于消费的货币性收入只有 1500 元，平均每月 120 元左右，与城市居民月平均 500 元的差距比值将近 1∶5。如果再考虑城市居民在住房、教育、医疗补贴等方面的隐性福利因素，城乡差距比值就是 1∶5，甚至 1∶6。在如此低收入的情况下，除了 400 多亿元的税收外，农民还有一个占纯收入 5% 的“合理负担”。一年各种各样的负担加起来超过 1000 元，这主要是用于农村的基础教育、基础设施建设等本来应该由政府承担的项目[②]。因此，按照我国城乡居民的收入差距警戒线，城乡居民收入差距比值在 3.5 就意味着社会安全已经处于危机的警示，再次提醒我们城乡收入差距的问题其实已经威胁到了我们的社会安全。城乡收入差距的形式依然不容乐观。

因此，伴随社会主义市场经济体制改革的不断深入，我们应该重新发问：社会财富的分配制度究竟如何才能体现社会公平的原则，实现公平与效率的统一，实现社会正义和财产权利之间的制度平衡，什么才是科学的中国特色社会主义分配制度的核心理念和基本原则。

第二节　公平是社会分配原则确立的理性基础

经济学意义上考察公平，应该是劳动创造价值、劳动者创造社会财富的正义原则和市场经济社会资源效率化配置的统一；其核心就是社会财富的分配问题，包括社会财富分配的依据、途径及其合理性。一句话，就是社会公平分配制度和理念的确立。由于市场效率化分配的内在逻辑是有利于财产所有权的按要素分配制度，因此弥补缺乏生产资料的劳动者在这种分配制度中

---

① 《2019 年居民收入和消费支出情况》，中国政府网，2020 年 1 月 17 日。

② 邱晓华：《从统计学看中国经济的发展》，载于《理论前沿》2003 年第 6 期。

所处的不利地位的劣势，在特定的社会制度框架下解决社会生产的正义原则与社会财产权利秩序的冲突所造成的效率化制度缺陷，就只有通过社会公平分配制度的设计来实现。

马克思指出“资本主义在其短短不到百年的历史里创造了比迄今为止人类社会历史总和还多的社会生产力”，这是资本主义的历史功绩。资本主义社会财富大规模创造的结果却是：一方面是资本家社会财富的积累；另一方面却是劳动者贫穷和所受折磨的积累。这决不仅仅是社会分配制度本身的问题。劳动条件的占有成为占有劳动成果的前提和权利，并且在资本主义天赋人权的神圣观念下受到资本主义法权制度的全面保障。社会财富生产的正义和社会财产的权利出现了严重的冲突和对立。前者劳动者创造价值、创造社会财富是社会正义，由此出发保障劳动者的权利是社会正义对于一个社会制度最基本的要求，一个社会财富的创造者处于贫穷和困顿状态的社会制度肯定不是一个最佳的社会制度；后者劳动条件的占有者个人财产的所有权以及由此而得的正常收益是其基本的权利，由此出发保障所有权又是一个社会制度的基本正义，一个所有权得不到保障的社会制度肯定是无法长久存在的。因此，在财富的社会生产和分配中如何体现生产者正义和所有者权利的统一是马克思提出社会主义制度构想的终极目的，也是对于人类理性的一个根本性考验。就此而言，公平分配的社会制度建构所反映的是一个社会制度的基本品质，社会公平分配原则不是外在于社会生产过程的，不像有些学者所讲的，公平是一个法权概念，属于上层建筑，分配是经济范畴，属于经济基础，是生产关系的内容；而是与生产过程相始终，是社会生产方式不可或缺的基本内容。马克思明确指出：“难道经济关系是由法权概念来调节，而不是相反地由经济关系产生出法权关系吗?”① 这是马克思对上层建筑和经济基础关系的一般说明，两者是决定和被决定的关系，不是不能“联姻”而是密不可分，公平和分配正是这样的一对“冤家”。同时，马克思在反对《哥达纲领》把“不折不扣的劳动所得”当作按照平等权利进行“公平的分配”前提时，指出劳动所得的社会分配首先要进行必要的社会扣除；其次公平分配的原则是生产资料公有制基础上的各尽所能，按劳分配原则，而不是拉萨

① 《马克思恩格斯选集》第三卷，人民出版社 1972 年版，第 8 页。

尔所主张的把“不折不扣的劳动所得”进行“公平的分配”的错误主张。这与“公平是否是分配标准”的命题根本无关。公平恰恰是马克思最关注的社会主义区别于资本主义的根本特征。

立足于社会主义市场经济制度建设，一方面要鼓励和保障有利于社会财富创造者的社会正义理念的张扬，另一方面又要体现和反映对于社会财富所有者正常权利的维护；而不是对于任何一个方面的偏向甚至抛弃。这应该是社会主义市场经济制度比资本主义市场经济制度优越的地方，也是中国文化能够对于世界的文明进程作出贡献的地方。不要跟随西方文化的发展丧失文化应有的尊严和逻辑，中国社会“不患寡而患不均”的经济思想必须得到重视。因此，公平不是与分配无关，准确地讲，公平是社会分配制度建构的理性基础和基本内容。

第三节　分配制度中效率与公平统一的理论基础

社会是人群的结合，制度是社会的组织形式和秩序保障。对于社会秩序最有力的保障除了人权就是财产权的保障，在人类历史上从来没有一种社会制度拒绝对于财产所有权的保护。但关键是社会制度和法律是由谁制定的，保障谁的权利；通过对历史的考察，我们不难发现在人类社会制度的理性建构中往往是财产的权利而不是劳动的正义，这是人类文明进程中一直存在的局限。在制度理性中，值得我们指出的是财产权利的保障绝不能违背劳动的社会正义，更不能为了财产所有者的权利伤害和鄙弃社会劳动的正义。劳动是唯一的价值源泉，是人类社会化存在的前提和结论。在人类无往而不在地受制于物质财富创造制约的生产方式下，财产权利的确立的确能够实实在在地鼓励效率，促进社会财富的创造；但劳动正义的维护和保障则反映一个文明和社会制度的品质。现在，理论界在深化马克思劳动价值论的研究中，公然重提萨伊三位一体的公式，事实上就是为财产权利的辩护。对于财产权利的法权保护是任何一个文明社会的重要制度安排，无可厚非。但萨伊三位一体理论的提法，把财产作为社会财富创造的源泉之一，是对于财产所有者权利的夸张，是对于劳动是社会财富唯一源泉的社会正义理念的藐视，是对于物权的张扬、对于人权的贬抑。资本主义社会制度中物权的张扬保护了个人主义理念的泛滥，因此他们的人权中完全充斥的是物权所具有的霸气，充分印证了霍布斯“财富就是权力”的论断，是有钱人的权力、穷人的枷锁。亚当·斯密指出“财产对他直接提供的权力，是购买力，是对于当时市场上各种劳动或各种劳动生产物的支配权”①。在劳动和财产的关系中所表现出的这种财产的权利，其实质是物权对于人权的贬抑，是权利对于正义的侵害，其结果是马克思所谓的人的异化和文明的退步。在资本主义战胜封建主义和特权、专制的斗争中，资产阶级经济学家对于财产权利的伸张，是进步的理论。马克思指出财产的权利“只有成为占有一部分价值即一部分物化在商品中的劳动的根据（条件），才是它们的所有者的收入的源泉。但是价值的分配，或者说，价值的占有，绝不是被占有的价值的源泉”②。人类的文明和进步就在于对于财产权利和劳动社会正义的协调，社会制度的建构应该以不侵犯社会正义的理念为前提。这是文明面对世界的法则。

国内流行的制度经济学理论，把财产权界定作为社会制度效率发挥的基础，成为时下经济学的热门。正如这些制度经济学家所强调的，以往的经济学，尤其是以亚当·斯密为代表所注重的是专业化和劳动分工；而忽略了专业化和劳动分工所产生的费用即交易费用，认为真正推动经济成长的不是专业化和劳动分工而是社会的产权制度安排。诺斯指出“理解制度结构的两个主要基石是国家理论和产权理论。因为是国家界定产权结构，因而国家理论是根本性的。最终是国家要对造成经济增长、停滞和衰退的产权结构的效率负责”③。诺斯的观点无疑是富有创建性的，社会制度是根据，而经济增长是结论；制度安排的重要性在于社会经济活动的效率性。值得指出的是，尽管诺斯指出亚当·斯密和马克思的理论中早已把成功的经济增长看作是由有效率的所有权的发展决定的。但马克思的理论关注的是制度的公平性和对于劳动者的正义；而诺斯等制度经济学家更关注的是制度的效率性和对于所有者的权利。在社会的分配制度建构中究竟如何实现财产的权利和对于劳动者的正义，理论陷入了公平和效率的逻辑冲突之中。固然公平和效率是社会制度

---

① 亚当·斯密：《国民财富的性质和原因的研究》上卷，商务印书馆，第 27 页。

② 马克思：《剩余价值理论》第一册，人民出版社 1975 年，第 74 页、第 392 页。

③ D. C. 诺斯：《经济史中的结构与变迁》，上海三联书店 1994 年版，第 17 页。

安排的选择标准，并往往被认为社会制度就是在两者之间的替代，要了公平就少了效率，要了效率就少了公平。因此，制度一旦可以作为经济活动的重要要素进行投入和产出的衡量，制度的改革和改良就完全可以作为追求效率的手段，人类对于社会制度的建构并没有充足的经验，在大多数情况下是参照体系的形式决定了改革或改良的社会制度的走向，照猫画虎是必然的阶段。人类社会制度经历效率和公平的选择考验仅仅不到百年的历史，但正义和权利对于人类社会制度的考验却伴随了人类社会的始终。因此，正义和权利的统一，不但是文明制度的灵魂，也是分配制度效率和公平统一的基础。

第四节　科学的分配制度应该是公平和效率的统一

在社会正义和制度理性之间，人类寻求能够实现正义和权利相统一的社会制度，但并没有使社会制度达到完美的程度。尤其是在市场经济体制的经济基础之上，对于社会财产权利的重视和保护是促进经济效率增长的根本性社会制度安排；但“就保障财产的安全说，民政组织的建立，实际就是保护富者来抵抗贫者，或者说，保护有产者来抵抗无产者”①。因此，在社会生产和社会财产之间，正义和权利是矛盾和对立的。往往是在偏向公平时损害了权利；在偏向效率时损害了正义。人类的命运是掌握在自己的手中，却往往被自己的理性所扭曲。因此，在上述矛盾对立中，人类的命运就是在社会分配制度中寻找平衡和统一。就分配的社会制度建构而言，所要面对的不仅是公平和效率的选择；而且是社会正义和财产权利的统一。现在关于劳动价值论激烈争论的一个热点就是社会分配制度的建构，主要的焦点就是按劳分配和按要素分配的论战。市场经济制度本身就是以效率为目标的，阿瑟·奥肯指出资本主义的效率是建立在亚当·斯密“看不见的手”的理论基础之上。通过市场，贪欲被套上了笼头，以一种不受人的因素影响和表面上自动的方式为社会目标服务。资本主义市场经济制度在其发展的历程中，效率是有目

① 亚当·斯密：《国民财富的性质和原因的研究》上卷，商务印书馆，第 277 页。

共睹的；但所谓的“贪欲被套上了笼头”则是假的，“以一种不受人的因素影响和表面上自动的方式为社会目标服务”也是对于资本主义制度的吹嘘[①]。经济危机不断只是资本主义效率的一种表现，两极分化是资本主义社会的顽疾。资本主义制度，正如西方经济学新古典综合派的代表性人物萨缪尔森所讲的：全球资本主义并没有带来普遍繁荣，仍有很多人处于极端的贫困之中。

马克思在《哥达纲领批判》中明确指出：“权利永远不能超出社会的经济结构以及由经济结构所制约的社会的文化发展。”社会财富分配的正义和权利观念不但表现为特定的社会文化的产物，而且在人类社会生产力发展的特定阶段，对于社会财富分配的正义和权利的观念更是无处不在地受制于社会财富的生产方式；就这个意义而言，超越具体历史阶段的体现永恒正义和合理权利的分配理念是不存在的。在经济学的意义上考察人类正义“消费资料的任何一种分配，都不过是生产条件本身分配的结果。而生产条件的分配，则表现生产方式本身的性质”[②]。我们想起了亚当·斯密的名言：“有大财产的所在，就是有大不平等的所在。”[③] 资本主义的社会制度基本是通过对于财产权利的张扬来激励效率的，财产权利又通过按要素分配在劳动领域得到伸张。所以，萨伊说：“把创造价值的力量，完全归之于人的劳动，是一种错误。”[④] 劳动获得工资，土地获得地租，资本获得利润是天经地义的道理；这是财产权利绝好的说明。至于所有权的合理与否，那与社会的正义似乎无关，当然就谈不上对于权利自身合理性的考察了。就个体的社会存在而言，财产权利本身就是社会制度对于个体正义的认可。但一旦财产权利成为对于个体劳动占有的条件，对于个体正义的财产权利就成为对于劳动者集体的剥削、对于共同的社会劳动正义原则的侵犯。因此，马克思的按劳分配甚至按需分配的理论中，马克思所反映的都是社会劳动创造财富的社会正义观念对于财产权利的社会局限的克服。因此，马克思指出：“所有权的一个界限是个人劳动的界限；另一个界限是，一个人储存的东西不多于他能够使用

① 阿瑟·奥肯：《平等与效率》，华夏出版社 1999 年版，第 48 页。
② 《马克思恩格斯选集》第三卷，人民出版社 1972 年版，第 12 页。
③ 亚当·斯密：《国民财富的性质和原因的研究》上卷，商务印书馆，第 272 页。
④ 萨伊：《资产阶级庸俗政治经济学选集》，商务印书馆 1963 年版，第 94 页。

的东西。"[①] 否则，不公平就会产生；社会的权利就会凌驾于社会正义的原则之上。资本主义的制度安排是重视权利、强调效率的；这就决定了资本主义生产关系的资本和雇佣劳动的对立。社会主义的制度构想是实现效率和公平的统一；按劳分配的制度构想是主要的原则，在社会主义的初级阶段，"在这里平等的权利按照原则仍然是资产阶级的法权"，但"原则和实践在这里已不再互相矛盾"。[②] 因此，在社会劳动和财产权利之间，分配制度应该反映社会正义原则和财产权利的平衡，社会分配制度的核心是公平与效率的统一，但公平是社会分配制度建构的理性基础。

第五节　公平分配不能与"粗陋的平均主义"相混淆

恩格斯在《反杜林论》中明确提出："绝不能把'普遍的公平原则'和那种粗陋的平均主义混淆起来，后者激起资产者这样愤怒地反对一切共产主义、特别是反对自发的工人共产主义。"[③] 现在有些人把公平等同于平均主义，而且恰恰是恩格斯所批评的这种"粗陋的平均主义"。还有些人煞有其事地一方面断言全民所有制和集体所有制两种所有制理论形成的城乡、工农在社会、经济、文化、政治等方面的不平等，加大了城乡之间的差别；另一方面却认为我国在改革开放以前的分配基本上是平均主义的分配，保证人们生存的最基本生活需要，可谓公平[④]。同一社会事实，一会儿不平等，一会儿公平，这究竟是什么理论逻辑！不但不符合历史事实，而且也是自我否定。

其实，现在理论界有学者主张的公平不能调节分配，分配无法遵从公平，不能将公平和分配两个完全不同的概念进行联姻的观点，无论是在西方经济学的理论还是实践上，无论是在马克思主义的经济学基础理论还是社会主义制度的实践中，都是极其狭隘的观点。公平分配的原则一直是经济学的核心问题，对于公平分配制度的设计层出不穷，而且在实际上促进着社会文

① 马克思：《剩余价值理论》第一册，人民出版社 1975 年，第 392 页。
②③ 《马克思恩格斯选集》第三卷，人民出版社 1972 年版，第 11 页。
④ 何伟：《公平与分配不能联姻》，《理论前沿》2005 年第 21 期。

明程度的提高和共同富裕。历史已经雄辩地证明一个收入差距过大的社会、一个两极分化的社会是根本不可能长久存在的。社会分配制度的核心是公平与效率的统一，公平是社会分配制度建构的理性基础，脱离了社会公平分配理念的分配制度就是对一切现行人类社会制度的彻底否定。

第六节　共同富裕是引领21世纪全球化的中国理念

21世纪全球化浪潮的实质，是全球平等合作、和谐共享的发展道路。全球化，因为经济贸易而互享发展成果，因为文化差异而体味多彩世界，因为技术进步而共享全球福利。但由于存在历史原因和发展差异，形成了强国和弱国、富国和穷国、大国和小国、南方和北方、开放和落后、资本主义和社会主义等全球矛盾。这些矛盾推动了全球从不公平、不友好、不信任的国际环境必将走向平等合作、和谐共享的全球化发展道路。在向这条道路发展探索中，发达国家抓住工业化革命的机遇，率先走上了现代化国家的发展道路，为全球各国的发展确立了工业化、现代化发展样板，成为20世纪全球化发展的引领者。

考察19世纪中叶一直到21世纪的全球发展历程，英国作为世界上第一个完成工业革命的国家，借助工业革命的技术成就，开始了征服世界、攫取财富的全球扩张进程。在英国称霸世界的时期，虽然打通了联系全球的通道，但以英国为代表的西方国家（包括日本）在本质上是对全球其他文明的藐视和劫掠，由此导致的两次世界大战使全球付出了惨重代价。所以，英国的发展道路在全球化时代并不具有示范意义。继之而来的是美国霸权主义的兴起，开创了具有全球化意义的历史进程，但发达的美国模式代表了对全球其他国家的压制和霸权，为了霸权的地位而压制其他国家的发展，为了压制其他国家的发展而在全球扩张霸权，美国正在成为全球“恶的典型”。曾经的美苏竞争，表面上是资本主义制度和社会主义制度的竞争，其实质上则是发达国家和发展中国家的发展竞争，反映了发达国家对发展中国家发展的可容忍程度。美国模式致力于全民福利提升，依靠技术军事政治优势获得了巨大成功，但美国模式仍然未能解决全民共同富裕的难题，债务经济规模史无前例，内部分化挑战重重。美国模式虽然有共同富裕发展的示范意义，但很难有效地加以借鉴，缺少了霸权主义的支持，美国经济就会陨落，模仿美国只会败落。

第二次世界大战之后，由于社会主义和资本主义所形成的全球平衡，这才开启了平等的全球化进程，使得不同国家专注于国家经济社会的发展成为可能。东亚模式和拉美模式正是全球化进程的产物，最为典型地反映了全球化带给发展中国家的机遇与挑战，成为中国模式最好的发展参考；美国则作为不同理念全球化的领导者给予中国更大的启发和思考。21 世纪头十年，欧盟正在加速政治一体化进程，美国霸权的全球红利正在消耗殆尽，共同创造与和平发展正在成为全球化趋势的主要特征。中国共同富裕的制度理念，是适应这种全球化发展的时代精神，有利于中国走出一条和谐共享的发展道路，推动全球化沿着全球平等合作、和谐共享的道路健康发展。

站在全球化的角度来看，全球化源起及资本主义全球殖民的时代已经结束，经济联系的空前紧密、科学技术的空前发达、人类自主意识的不断觉醒，使得共享地球的理念不断得到萌发，全球化发展强弱对峙的格局正在不断地被打破，共享的理念在一切方面都亟待发展，全球共享是利他主义和合作的最高境界，这将成为决定 21 世纪全球化品质的根本理念，形成了全球认同的基础。

20 世纪的全球化进程，偏重财富占有和利益攫取，这也是其显著的时代局限。21 世纪，站在全球工业化和现代化发展的文明巅峰，需要共同应对的全球化挑战不断增多，如应对全球公共卫生事件的药品及卫生技术信息的共享；应对全球自然气候环境、生态安全的技术共享；应对全球贫困、饥荒、消除人道主义危机的粮食安全共享……共享和合作已经成为 21 世纪全球化发展最为重要的显著特征，共同富裕正是这种平等、和谐和共享的发展理念和制度特征，有利于从国内外赢得更大民心和信心。

可以说，共同富裕必将成为 21 世纪全球化发展最迫切需要的制度理念与发展目标，这也是中国道路引领 21 世纪全球化发展的制度基础和道义旗帜。

面对这一伟大理念并结合我国发展实际，在推进共同富裕方面，我们必须注意防范和克服以下问题。

一是将共同富裕等同于“杀富济贫”，要严防有些人有意识地将共同富裕往“杀富济贫”方面误导。必须认识到，我国已全面建成小康社会，这是我国现代化发展的序曲。我国人均 GDP 水平只有美国的 1/6、日本的 1/4，刚刚接近高收入国家的门槛价，发展仍然是第一要务，鼓励先富带动后富仍然是阶段性特征和国家发展战略。我国才刚刚进入“仓廪实而知礼节，衣食足而知荣辱”的精神提升起步阶段，千万不能引发社会“未富先仇富”“未强动根基”的错误思潮。这将在根本上动摇市场经济的发展理念，很有可能引发经济社会发展的空耗与折腾，仍然要把发展和解放社会生产力作为第一要义。

二是一定要冷静对待共同富裕的实现进程，把握好节奏与力度。发达资本主义国家如美英法德，已经是完全现代化国家，但从法国学者皮凯蒂的研究成果来看，这些国家在过去的时间里，仍然面临着严重的贫富分化挑战，甚至出现了“穷者越来越穷、富者越来越富”的两极分化态势。法国的“黄马甲之乱”、英国脱欧、美国“国会山之乱”，表面上都是政治问题，其实骨子里全是经济问题，特别是底层老百姓的经济诉求无法有效满足的社会怨气。可以说，资本主义强国历经第二次世界大战之后 70 多年的持续发展，挑战尚且如此严重，我国作为一个发展中国家，如果不能实现生产力的持续提升，将最终丧失来之不易的宝贵发展机遇期。从破题百年未有之大变局的战略视野来看，我国必须认真测算推进共同富裕的收入条件与实质举措，不能超越经济社会发展的实际水平。从发达国家经验来看，将共同富裕的全面推进，放到我国基本上实现社会主义现代化的时间段要更好些。

三是建议将习近平总书记“全面共享、全民共享、渐进共享、共建共享”① 十六字方针确立为理解中国特色“共同富裕”的基本内涵。在经济社会远未达到现代化的条件下，如何界定“共同富裕”是一个大难题，关系着“共同富裕”标准与举措的制定，确立“全面共享、全民共享、渐进共享、共建共享”的共同富裕理念，有助于引导全社会形成正确的共同富裕思想与理念，从根本上避免各种误读与误导，为探索符合我国现代化发展的“共同富裕”提供一个正确的理念引领。

---

① 包明齐：《深入贯彻新发展理念 全面推进乡村振兴》，人民网，2023 年 7 月 4 日。

四是坚持社会主义市场经济的制度安排，避免有些打着“共同富裕”旗号的错误改革思潮冲击改革开放。中国的改革奇迹是靠党的领导、靠改革开放，但千万不能忘掉市场经济制度的伟大贡献。党的十八届三中全会和党的十九大都已经明确提出了“让市场在资源配置中发挥决定性作用”，这是中国经济创造奇迹的动力基础，动摇不得。在全国 14 亿人口中，只有一少部分人口是在公务员编制、事业编制、国有企业等与政府相关的部门就业，剩下大量人口都依靠市场部门就业并获得劳动收入，如果大量就业都向公务员编制、事业编制和国有企业集中，政府最终将负担不起。特别是如果轻易扩大政府部门的经济力量，甚至搞有些人鼓吹的“统购统销”，盲目扩大国有企业力量与范围，政府部门最终将积重难返，年轻人就不会投身于火热的创新创业实践，各种铁饭碗金饭碗就会重新回来，有可能形成冲击市场经济体制的错误改革倾向，这是和共同富裕愿景背道而驰的错误倾向，必须注意防范。

五是建议将夯实民生基础作为《中华人民共和国国民经济和社会发展第十四个五年规划和 2035 年远景目标纲要》推进共同富裕的实践路径，坚定不移地解决好教育、医疗、养老、住房等民生难题。用共同富裕的理念打造共享型高质量的民生事业，用共享型高质量的民生事业为共同富裕奠定坚实基础。民生事业有了强力保障，共同富裕也就有了基本模样，强大的社会保障事业就是共同富裕最坚实的实践基础。在消除了绝对贫困的基础上，从我国经济社会发展的阶段性特征出发，建设共享型高质量的教育、医疗、养老和住房等民生事业，是打造更加成熟、更加定型的社会主义市场经济体制的必由之路，解决好上述问题，是我国未来 15 年践行共同富裕的基本路径和当务之急。否则，好话讲得过多，困难和挑战就会更大，最终影响共同富裕的理念与实践。

| 第十二章 |

中国市场经济改革的理论简介

第一节 论无原则的“市场化”

党的十六大郑重宣布社会主义市场经济体制已经基本确立，社会主义市场经济体制改革进入了完善时期。但与此同时，有个叫“市场化”的名词很流行，在有些学者的研究中不再提社会主义市场经济或者市场经济的改革，而是直接讲“市场化”的改革。在社会财富的分配问题、医疗改革、教育改革以及事关国计民生、国家安全的行业和领域，甚至包括政府改革等问题上，都有一种“市场化”改革的倾向，甚至把在这些领域因为“市场化”改革产生的严重问题，归结为“市场化”改革不够彻底或者因为政府仍然是“市场化”改革的阻力。显然，“市场化”并不能够和“社会主义市场经济”甚至市场经济划等号，“市场化”是一个过程而不是目标，如果把“市场化”当作改革的目标和原则要求那就无所谓“社会主义市场经济体制”了。因此，我们必须对“市场化”这个名词加深理解。

一、什么是“市场化”?

“市场化”是20世纪90年代中后期伴随中国特色社会主义市场经济体制改革深化出现的一个名词，往往与“程度”两个字相联系以测算市场经济改革的进度，即“市场化程度”。被用来研究经济领域行业和地区市场经济改革的程度，是个纯粹微观的经济概念。特别是中国经济改革研究基金会国民经济研究所的樊纲和王小鲁，发布了三个关于中国市场化进程的研究报告即《中国市场化指数》（2001，2003，2004）①，影响很大。在经济领域，包括行业和地区通过测算我国市场经济改革进程的“市场化程度”，对于及时把握我国社会主义市场经济体制改革进程是有意义的。但把“市场化”单独提出来，不分领域和场合的使用，要求一切都市场化则是对于社会生产关系的根本改造，这种改造的结果就是社会的一切关系都变成赤裸裸的金钱关系，不论是经济关系，还是政治关系、社会关系、法律关系……。

“市场化”这个词在西方权威的经济学辞典《新帕尔格雷夫经济学大辞典》中并没有出现。“化”字在英语中也没有对应的单词，是一个特别富于中国文化特点的字。查看汉语《四角号码新词典》，适合“市场化”中“化”的解释是“后缀，加在名词或形容词后，表示转变为某种性质或状态。例如，革命化/农业机械化/绿化”。按照这个解释，所谓“市场化”就是“转变为市场的性质或状态”，中国的经济改革是从计划经济体制转变为市场经济体制，当然就是要把经济体制转变为市场的性质或状态。如果仅仅是指微观经济领域的改革，以市场作为基础性手段进行社会资源配置的“市场化”改革进程，这并没有引起国人的不同意见。但问题的关键就在于，目前理论界出现了无原则、无条件地使用“市场化”一词，甚至用“市场化”代替中国社会主义市场经济体制的改革目标和原则，神话“市场化”，把“市场化”当作“尚方宝剑”，把与无原则、无条件“市场化”的争论当作“否定改革”或者“反改革”！这就使理论界有必要研究一下什么是“市场化”。

无原则“市场化”的境界和逻辑就是一切社会领域的资源都通过市场进行配置，强调市场万能。市场要配置一切社会资源，就要使一切社会资源的所有者都成为可以参加市场交易的市场主体，其理论的最高境界就是以哈耶克为思想领袖的新自由主义否定社会主义制度的改革主张。按照“市场化”的逻辑，在以私有制为基础的资本主义国家，社会资源的所有者是私人，交

① 樊纲、王小鲁：《中国市场化指数——各地区市场化相对进程报告（2001）》，经济科学出版社 2001 年版（2003，2004）。

易不存在问题；但在以公有制为基础的社会主义国家，国家还控制着一定的社会资源，交易出现困难。对于一些涉及民生、国家安全的行业，如果完全市场化，由私人控制或由需求控制价格，反倒不利于国家发展，此时由国家控制反倒更有利于社会稳定。

因此，“市场化”不应成为我们判断一切改革的标准和基本要求。

二、“市场化”不存在“好”“坏”之分

由于无原则的“市场化”改革言论受到质疑，有人又硬造出坏的“市场化”一词，似乎“市场化”也有好、坏之分，这是典型的伪概念。“市场化”就是“市场化”，它本身并不存在好、坏之分，就像“革命化”“农业机器化”“绿化”这些词本身所表示的仅仅是使事情转变成为某种性质或者状态，我们难道可以这样讲：好的“革命化、农业机器化、绿化”，坏的“革命化、农业机器化、绿化”？一般而言，“革命化”“农业机器化”“绿化”本身就是一种肯定的表达，表示事情转变为另一种状态或者性质。所谓坏的“革命化、农业机器化、绿化”恰恰是那些不讲原则和条件的“革命化、农业机器化、绿化”；就“革命化”“农业机器化”“绿化”这些词本身而言，就是一种中性肯定的事物状态或者性质，不能把“好和坏”作为限定语修饰这些词。

“市场化”这个词本身也是如此，正如本章开始就指出的“市场化”是指以市场作为社会资源配置的基础性手段的改革进程。当市场已经成为我国经济资源配置基础性手段，经济连续 27 年保持了 9.5% 左右的增长率时，有学者提出“在坏的市场化过程中，当有些民众的利益受到伤害及掠夺时，这些民众也就随着某些煽动性怪论而对整个中国改革开放与市场化产生种种质疑。从而，否认国有企业改革、否认国有银行改革、否认中国的市场化之基本作用、否认推动经济改革的国内经济学人等，也就成了我们社会的一种时髦。”① 让我们大惑不解的但其中“否认中国的市场化之基本作用”，是指他所谓的“坏的市场化”之基本作用呢？还是与此相对的“好的市场化”之

① 易宪容：《重新认识中国市场改革之路》，载于《中国经济时报》2005 年 12 月 14 日。

基本作用？如果是指后者，那么，我们要问的是“什么是他所谓的‘好的市场化’及其基本作用?”“什么是‘坏的市场化’及其基本作用?”而就该文作者所谓的“有些民众利益受到伤害及掠夺”最严重的“市场化”改革，恰好是国有企业、医疗、教育领域，这是老百姓意见最集中的地方，如果按照该文作者的界定，这些领域的改革是不是就是坏的“市场化”改革之结果；如果是这样，现在对这些领域改革的反思有什么不对呢？事实上，我国社会主义市场经济的改革改善了人民的物质生活状况，发展了社会生产力，改革得到了全体人民的拥护。但伴随无原则“市场化”医疗、教育、国有企业等领域改革程度的加深，这些领域的矛盾凸显了出来，如人民看不起病、500多万元的天价医疗费用、见死不救的金钱导向医疗现象等。而我们的经济学家却在高呼要市场化的效率不要社会主义的公平，认为问题不在于“市场化”而在于“市场化”的程度和领域不够宽广。如果没有第四代领导集体免除农业税、直补农业等以建设社会主义新农村所采取的惠农政策，中国的农民早就在“市场化”中成为市场的弃儿，这些经济学家所谓的“有些民众利益受到伤害及掠夺”——难道这就是轻描淡写的非“市场化”结果吗？土地私有化不正是现在时兴的农业深化改革的“市场化”经济学家的主要建议吗？

事实上，市场化对我国经济发展而言更像是一个工具，其目的是改善人民生活、强化社会稳定，促进经济发展。其本身并没有好坏之分，选择适当的领域进行市场化改革，促进经济更好发展，人民生活水平提升才是发展的主要目标。

三、“中国经济能够走到今天完全是受市场之赐”吗？

“可以说，20多年来，中国经济能够走到今天完全受市场之赐，没有市场，没有市场的拓展，没有市场观念在国人中深入人心，中国经济走不出计划经济的桎梏，中国人也永远只能在一穷二白中挣扎。”[①] 市场是商品交换的领域和场所，市场不但在世界上任何一个国家的历史上一直存在，在中国的

① 易宪容：《重新认识中国市场改革之路》，载于《中国经济时报》2005年12月14日。

历史上也是一直存在的。把中国经济的发展仅仅归结为“市场之赐”是没有历史和人民的“市场拜物教”！仅仅在200多年前中国仍然是世界上最富裕、最强大的国家；仅仅在500多年前郑和庞大的船队就扬眉吐气地在太平洋、印度洋游弋，宣扬天朝的威望和友善；唐朝通过水、陆丝绸之路，产品就已经遍布世界，并且吸引了世界的眼光！

必须指出的是，所谓新中国经济上的“一穷二白”是指旧中国的经济现实，而不是新中国改革开放前的社会经济现实。这里“一穷”是指晚清政府一系列不平等条约的签署基本上葬送中国的经济主权和经济实力，列强对土地的强占、强租，治外法权的确立，尤其按照它们要求的通商条件和关税减让基本上控制了中国对外贸易的经济主权。经济主权的葬送主要体现在这些不平等的条约规定中，例如：“降低进出口货物的税率，除茶、丝、鸦片外，一律降低到5%，外货运入内地只抽2.5%的子口税，不再征收关税和厘金”[①]。这里的“厘金”是指国内转运货物所交的税费，作为解决财政困难的手段，中国工商业者不得不交，而外国人却通过战争取得了豁免权，连外国人都认为这极不公平地妨害了国内资本的发展。但改革开放后，中国的国有企业恰好就是在不公平的税赋下与外资、私资展开竞争。这使中国成为真正意义上的廉价原材料基地和外国商品的倾销市场，使中国民族资本的形成和发展彻底失去了经济土壤和竞争力。此外，“鸦片战争后，向英国赔款2100万元；第二次鸦片战争后，向英、法各赔款白银800万两；甲午战争后，向日本赔款白银2.3亿两；八国联军侵华战争后，赔款达白银4.5亿两”[②]，这是个什么概念呢，以甲午战争向日本赔款白银2.3亿两为例，这相当于日本国内生产总值的1/3多，接近于当时清政府3年的财政收入，日本一夜暴富，中国则走向了对外借债的道路。而八国联军侵华战争后白银4.5亿两的赔款则彻底挖断了中国晚清政府几百年的经济积累。如果说这是由晚清政府的无能所致，那么国民党政府对于美国死心塌地的投靠包括出卖主权换取美援则进一步加深了对民族经济的摧残和对人民的奴役。到1948年，美国已占全部外国在华投资额的44.1%，强调给予双方“国民待遇”和

① 相关内容取自中英《天津条约》。

② 苏星：《新中国社会主义经济史》，中共中央党校出版社1999年版，第4页、第22~32页。

“对等原则”的《中美友好通商航海条约》更是全面奠定了美国在中国政治、军事、经济和文化上的霸权，但国民党政府并没有因此改善其经济凋敝的局面，横征暴敛更成为其统治标志。当国民党于1948年实行所谓的“币值改革”，发行金圆券，以法币300万元兑换金圆券1元。稍微有经济学常识的人都知道这无疑是榨干国民经济的做法，这就决定了一直到新中国成立，中国的国民经济始终不能摆脱积贫积弱的落后局面。因此，在1820～1952年，美国人均收入增加了8倍，欧洲人均收入增加了4倍，日本人均收入增加了3倍，而中国人均收入降低到世界平均水平的1/4，也就是在世界人均收入增加了2.6倍的时候，中国人均收入下降了10倍。这绝对不仅仅是因为社会制度的问题，世界著名经济史学家麦迪逊明确指出“外来殖民入侵”和传统体制是尤为严重地妨碍中国现代化的两大问题。[①] 所谓的“二白”是指在资本主义工商业高度发达的20世纪50年代初，中国处于“一辆汽车、一架飞机、一辆坦克、一辆拖拉机都不能制造”的局面，在许多现代化的工业上还是空白。从1950年的财政收入上也可以得到充分的反映，公粮收入占全部收入的41.4%，占第一位。这就是新中国所面对的经济基础。不能正视这个基础是许多苛责新中国经济发展成就的人的通病。新中国成立以前占据主导地位的资本主义并没有富裕中国，他们没有注意到1947～1948年，官僚资本已占全国金融业资本（包括外商）的88.9%，国家垄断资本已占全国近代工业和交通运输业资本（包括外商）的64.1%，钢铁的90%，石油、有色金属的100%等。官僚资本和外国资本控制着旧中国的经济命脉，但它们并没有富裕中国，而是弱化了中国、控制了中国、奴役了中国。新中国的国有经济主要就是建立在对这些官僚资本和外国资本没收的基础上，它们成就了今天中国现代化的经济基础。这就是新中国社会主义经济的发生，可惜我们今天的一些学者却在市场万能的教条下歪曲了这段历史事实，甚至成绩抹杀，问题全部属于社会主义和计划经济体制。

“一五”期间进行施工的146项工业建设中，航空工业12个、电子工业10个、兵器工业16个、船舶工业4个、钢铁工业7个、有色金属工业13个、化学工业7个、机械加工工业24个、石油工业2个、轻工业和医药工

---

① 麦迪逊：《中国经济的长远未来》，新华出版社1999年版，第14～15页。

业 3 个，这些工业绝大部分是重工业。这就是奠定我国完整基础工业体系和国防工业体系的新中国工业发展史。① 到 1957 年底，由于这些项目的投产，我国建立了自己的飞机制造业、汽车制造业、新式机床制造业、发电设备制造业、冶金和矿山设备制造业以及高级合金钢、重要有色金属冶炼业等新的工业部门②。旧中国工业领域的空白被迅速改变。尽管这些工业企业中许多现在都面临市场经济的竞争压力，甚至被破产；但这些企业是新中国自强自立的基础，是新中国依靠全国人民所形成的国有经济。这就是新中国“两弹一星”上天的根本保障，这就是新中国赢得世界尊敬的资本，这也是新中国和世界霸权国家平起平坐的实力。伊拉克、伊朗这些石油国家没有一个不是富裕国家，但它们为什么没有赢得世界的尊重，为什么美国可以以编造的理由夷人之国囚其君？很简单，富裕并不决定一个国家的国际地位，决定国家地位的是强大的国防工业和综合实力。

1976 年，美国总统越过大洋，来主动和当时的中国领导人进行会晤。所谓的“富人俱乐部”就是中国当时领导人对于帝国主义国家组成的世界组织的藐视，而我们现在人竟然无知地把这都当作了市场所赐、骄傲的资本，我们的国际政治地位不是取决于与帝国主义国家的关系而是取决于与最广泛地受到压迫的国家间关系，这是中国国际政治的真理！中国人走到世界各地的民族骄傲感来自国家的自主独立而不仅仅是富裕。所有这些成就的取得并不是“市场之赐”而是中国共产党的领导和社会主义制度所赢得的。

回到市场经济的主题，在市场经济成为中国社会生活基本方式的今天，竟然还有人讲理论界目前关于改革的争论是否定中国的市场化改革。对于这样缺乏基本经济学常识的轻率言论，无论其意图如何，我们都只觉的可笑和幼稚。现代市场经济的神奇不在于它的分散化决策，而在于它的宏观调控、国家干预，甚至国家计划。20 世纪 30 年代以前，市场经济在西方世界一直是放任自由的发展，但经济危机、社会两极分化、工人起义和政治斗争不断，西方资本主义在市场经济的发展中走向世界性的殖民和侵略道路，中国就是这个放任自由资本主义时代的直接受害国。按照著名经济学家麦迪逊的

① 张建君：《新中国社会主义经济的发生、发展与改革》，《海派经济学》2005 年第 11 期。

② 苏星：《新中国社会主义经济史》，中共中央党校出版社 1999 年版，第 63 ~ 70 页。

定量分析结论，1870～1913 年是世界经济仅次于第二次世界大战后黄金时代的次好时期，这恰好是发达资本主义国家向全世界殖民侵略的时期，发达资本主义国家工人的社会经济生活条件才稍微有了改善，而世界其他国家开始了最痛苦的被侵略和殖民的历史。如果按照我们有些学者的理论逻辑，搞市场经济不早就已经富裕得流油，那里还需要殖民和侵略呢？著名哲学家维特根斯坦指出："对于不可说的东西我们必须保持沉默。"[①] 而我们的经济学家却把一个民族半个世纪奋斗的结果统统归结为"市场所赐"，这显然是颇具偏颇的。

本书观点和无原则的"市场化"观点最根本的差别不在于"非竞争的公共领域"要不要改革、如何改革；而在于社会主义市场经济与资本主义市场经济、公有制为主体与私有化、注重公平与只顾效率、国家宏观干预与放任自由等根本性改革差别。总的来说，就是我们要求的改革是社会主义市场经济改革，而不是无原则、无条件的"市场化"改革，甚至是新自由主义的"市场化"改革。新自由主义"市场化"改革的一般范式包括经济市场化、产权私有化、金融自由化、政治多元化、法治社会、宪政国家、个人主义、经济全球化，这些词有的本身并不具有特定学派的标志，新自由主义区别于其他学说就在于：上述的词汇在其他学说中是分散的、部分的使用；只有在新自由主义谱系中它们才组成一个逻辑严密、高度相关的整体，共同服务于新自由主义否定社会主义制度和共产党政权的改革理论框架和目标。

第二节 中国市场经济改革的体制性陷阱

党的十六届三中全会决议《关于完善社会主义市场经济体制若干问题的决定》指出，我国社会主义市场经济体制已经基本确立，但我国处于社会主义初级阶段，经济体制还不完善，生产力发展仍面临诸多体制性障碍。这是形成和产生当前许多社会问题和矛盾的根本原因；也是深化经济体制改革、

① 维特根斯坦：《逻辑哲学论》，商务印书馆 1996 年版，第 105 页。

进一步完善社会主义市场经济体制的攻坚环节。党的十六届三中全会决议中的这段话表面上看起来很通俗，但仔细分析却存在一些重大理论判断。关键就在于“体制性障碍”的表述，一方面说我国的社会主义市场经济体制已经基本确立，另一方面说“生产力发展仍面临诸多体制性障碍”。使人搞不清楚这些“体制性障碍”的产生是因为经济体制不完善，还是因为经济体制外的东西束缚了市场经济的改革。再加上“这是形成和产生当前许多社会问题和矛盾的根本原因”，这就说明目前市场经济改革中的一切问题和矛盾都是因为这些“体制性障碍”所产生的。无论这些“体制性障碍”是经济体制还是政治体制，都将不是社会主义市场经济体制的完善环节，而是市场经济改革的“攻坚环节”，也就是真正的改革目标。那么，这些“体制性障碍”究竟是什么呢？

一、改革的实践成就与理论困惑

目前，世界范围内有近 40 个国家已经承认了中国完全市场经济国家的地位。但在很多人的言论中似乎中国的改革才刚刚开始！这是个非常奇怪的现象。一方面，中国的社会主义市场经济改革成就卓著，中国经济自 1978 年以来 27 年保持 9.4% 的增长率，2004 年国内生产总值达到近 2 万亿美元，占世界经济总量的比重由 1978 年的 1% 提高到 4%，农村贫困人口由 2.5 亿人减少到 2600 万人；① 另一方面，中国的社会主义市场经济改革被认为是不彻底的，还没有从根本上解决束缚市场经济效率发挥的体制性障碍。没有彻底改革经济已经这样有效率，按照一般的思路试想一下，如果束缚市场经济效率发挥的体制障碍能够被克服，那么中国的经济增长将达到多少可能会超过 10%，这极端地鼓舞了人们的改革热情。

因此，找准制约市场经济体制完善的“体制性障碍”就成为完善社会主义市场经济体制的重头戏。那么，什么是制约市场经济体制完善的“体制性障碍”呢？有人明确表示就是政治体制，健全的市场经济体制最重要的就是法治社会和宪政制度。我们很奇怪一个没有法治社会和宪政制度保护的中国

---

① 温家宝：《中国的和平发展与东亚的机遇》，载于《人民日报》2005 年 12 月 13 日。

社会主义市场经济改革，竟然比俄罗斯建立了法治社会和宪政制度的市场化改革取得了更好的改革成绩，这怎么可能呢？没有法治社会和宪政制度就取得了这样的改革成绩，有了法治社会和宪政制度，我们的经济改革成绩只会更好！这简直太令人兴奋了，我们强烈地要求解决制约市场经济体制完善的“体制性障碍”。因此，只要有问题，责任肯定在政府。于是，中国社会主义市场经济改革出现了最为悖论的“市场化”逻辑，中国市场经济改革的成绩在市场，像有人所谓的“中国经济能够走到今天完全是受市场之赐”①；中国市场经济改革的失误在政府，像有人所谓的“中国经济增长模式转变的关键在体制改革”，体制的最重要障碍其实就是政府。“难转的最重要障碍有三个：首先，是因为各级政府仍然保持着对重要经济资源的配置权利。其次，我国是以 GDP 的增长作为各级政府政绩的标志。最后，由于我国税收主要来源于增值税，这使得各级政府非常关注产值的增长，因为政府的收入是跟产值增长息息相关。”②

我们不禁要问，中国的改革究竟要怎样改？改到什么样？社会主义市场经济体制基本确立却又面临的诸多体制性障碍究竟是与市场有关，还是与效率有关，还是与市场化目标有关？改革的绩效表明这与市场、效率的关系并不密切，那么这似乎只与市场化目标有关。法治社会和宪政制度是以哈耶克的理论为思想基础的新自由主义者所确立的美国资本主义市场经济范式，法治社会和宪政制度无疑是改革中国政府体制的出路，这个改革表面上是克服体制性障碍，其实质上不过是改革社会主义法治体系和宪政结构而已。但哈耶克的宪政制度完全是多党竞选制度，哈耶克的法治社会是彻底否定社会主义社会法律体系的社会。那么，对于这场与市场、与效率无关的改革攻坚，究竟什么是网络右派所不断叫嚣将改革进行到底的完整方案，改革的攻坚究竟要改什么呢？

二、政府经济职能的界定与新一轮国有企业改革的舆论

政府体制的改革是网络右派所主张的市场经济体制的攻坚环节和进一步

① 易宪容．目前许多问题并非市场之过［N］．新京报 2005－12－8．B02 版“经济评论”。

② 吴敬琏．经济增长方式难转，吴敬琏直陈三大障碍．人民网，2005－11－29。

改革重点。区别于网络左派对于社会收入分配严重不公、社会两极分化加剧、城市下岗职工及农民工权益严重受到侵犯等社会问题的强烈意见；右派则以“政府失灵”作为突破口，一方面大谈网络左派反改革，另一方面把上述社会问题都归结为政府体制改革滞后所造成的社会结果。对此，我们首先必须指出“政府失灵”是个夸张的说法，连续 27 年 9.4% 的经济增长率是不可能在一个“政府失灵”的市场经济环境中取得的。其次我们要明确地指出，经济职能是任何现代政府的基本职能。这个职能不仅表现在政府对于市场秩序的确定和进行有效的市场监管、国民经济的宏观调控、国家经济安全的保障、社会保障体系的健全，而且表现在政府通过直接掌握事关国计民生、国家命脉的资源和产业为全社会提供更好的服务。就是美国这样一个号称最自由市场经济、民主政府的国家，也是不断扩展其政府职能。为了实现其企业和产业利益，不惜借助各种手段对其他国家的经济政策和产业政策横加干涉和限制，实际上发挥着超国家范围的全球经济管理和经济秩序确立的政府经济职能。网络右派显然对此是视而不见的，甚至当作经济全球化所必须的全球治理需要而加以鼓吹。因此，沿着上述的思路我们必须重新明确政府的经济职能。

在西方经济学中，政府的经济职能往往被狭隘地界定在：（1）制定市场规则和进行市场监管；（2）国民经济的宏观调控；（3）建立社会保障体系。除此之外，一切经济生活似乎都与国家无关，其实这是完全错误的看法。因为，在开放经济生活中，政府经济职能至少还有以下方面：（1）国家经济安全的保障，基本是由国家的经济和政治实力所确定，而且以国家安全产业的强大为前提。（2）发展中国家的发展好坏，基本上取决于政府通过直接掌握事关国计民生、国家命脉的资源和产业，为全社会提供最低成本的基础性经济职能之强弱；而这些行业和产业的市场化发展所带来的只有社会发展成本的上升和政府主导国家经济生活能力的下降，是造成政府失灵的根本原因。（3）国家利率和汇率政策的调控基础是强大的国家财税体制支持，美联储主席话语的权威性不是来自市场经济基础上利率所产生的力量，而是来自美国政府强大的全球利率和汇率干预能力。人民币是否升值是中国政府的经济问题，但美国政府却可以对此指手画脚并达到其实际要求，这就是美国政府经济职能国际化的典型表现。我国的网络右派却在妄谈什么限制政府的经济职能，甚至把政府追求经济增长也当作是单纯的利益驱动。这太过偏颇。

而右派认为，对于国有企业存在两大指责，一是行业腐败。这一方面是领导人权力过重，借助市场经济淡化企业职工民主管理和党组织民主监督的必然结果，这通过法律和制度就完全防止和避免；另一方面源自网络上一些由市场决定发展、由需求决定价格的市场化改革舆论的诱导，特别是由此形成的私有化预期加强的结果；如果没有国家对于这些企业未来发展方向的明确法律限定，就永远也无法避免。二是没有效率。在有些人大讲这些国有企业没有效率的同时，人们淡忘了的事实是：这些企业其实大多数属于公益性的行业，也就是不以营利为主要目的的行业；然后属于国民经济的基础性产业，特别是微利行业。正是因为有了它们提供的廉价服务和基础性国民经济生活成本，才有了实现经济快速增长的可能。但现在非常不幸的是，我们首先是以“市场化”的改革方向引导这些企业的价值倾向，其次则以利润最大化的市场原则要求它们的经营行为，这就注定了我们不是站在客观的立场上评价它们的地位和贡献，而是用无原则的“市场化”标准要求它们，这难道仅仅是为了实现这些行业私有化改革的借口吗？如果这样，那么全社会成员都要做好水、电、油、运涨价的准备，如果在完全“市场化”的标准下，由需求决定价格，对于相对稀缺的资源价格上涨是不可避免的。

三、“体制性障碍”改革的攻坚环节与新自由主义的政府改革方案

在这样强烈的“政府体制”改革预期中，国有企业的私有化其实已经突破党的十五届四中全会决定所确立的基本原则。但现在关于国有企业改革的声音似乎与国有企业本身并没有太大关系，因为国有经济占国民经济的比重已经下降到17.6%[①]，比一些资本主义国家还要低。那么，这种以“因为各级政府仍然保持着对重要经济资源的配置权利”为进一步改革要求的真实目

① 卫兴华．应重视我国现阶段的分配公平问题［J］．高校理论战线，2005（12）．

标究竟是什么呢？也许有人说的是对的，“我们正承受着市场与政府‘双重失灵’给我们带来的危害”“关于这一问题，我思考了足够长的时间之后得到的结论是：治理者的合法性，在目前中国社会所处的状态内，最终依赖于大众对他们的治理者是否足够智慧所达成的共识”①。因此，从目前的理论争论来看，政府体制的改革无疑是“体制性障碍”改革的攻坚环节。但政府体制改革的目标究竟是与市场有关，还是与效率有关，还是与“市场化”目标有关呢？通过前面的分析，我们已经可以很清楚地得出结论，还是只与“市场化”目标有关。那么，这种改革的真实倾向究竟是什么，这必须从新自由主义的政府体制改革方案中获得有益的消息。

新自由主义的政府体制改革方案主要有以下内容。首先，在大政府和小政府的一般争论上，主张小政府（按照哈耶克的说法就是“有限政府”），管得最少的政府是最好的政府，把政府彻底逐出经济领域。其次，哈耶克国家或者政府作用观点的关键就是建立一个法治政府，一个以法为核心和灵魂的政府（建立一个罗尔斯、诺齐克等所谓的公平、正义的法治政府）。再次，哈耶克指出实现法治政府的途径就是宪政国家。最后，抛弃国家主权，接受某种有效的国际性法律秩序。这就是哈耶克及新自由主义的政府体制改革逻辑。新自由主义所谓的宪政原则就是一部确定的宪法和一个有限的政府②。一切因为“市场化”改革方案所带来的负面效果注定要由政府来承担，无论政府表现得多么清廉和亲民，“市场”无错政府有过，因为前者是抽象的而后者是具体的。新自由主义的“法治政府”和我国理论界所理解的“依法行政”并不是一回事，但国民对于“依法行政”所赋予的理想化程度使“法治政府”的概念迅速被人们接受，包括官方和学界。当新自由主义改革所带来的矛盾和冲突再也无法调和时，他们就会指出：问题不在于“市场化”而在于“法治政府”的缺乏，应如何解决？那就是重新立宪，走宪政国家的道路。

有了新自由主义政府改革的方案，我们不禁要问网络右派，什么是你们的政府改革方案？在网络争论和现实问题的探讨中，经常有人讲：能拿出改

---

① 汪丁丁．食品安全、严刑峻法与哲学王［J］．IT经理世界，2005.10.20.

② 哈耶克．自由秩序原理（上、下）．北京：生活·读书·新知三联书店1997年版．该书又被译作《自由宪章》．Friedrich A. Von Hayek，1960：*The Constitution of Liberty*，London and Chicago.

革方案的还是右派，左派只会批评，对于改革，左派根本就没招。事实是这样的吗？

四、改革底线与网络右派的改革方案

要认识网络左派的改革方案，必须把网络左派做进一步的限定。网络左派的主流是马克思主义经济学家，他们并不反对社会主义市场经济体制的改革，并且长期以来为国家的社会主义市场经济改革摇旗呐喊，他们反对的是“私有化、新自由主义化”的“市场化”改革；尽管其中有个别的激进左派仍然坚持计划经济体制，但这显然是没有前途，也不符合历史潮流的观点，因此并不像网络右派所渲染的左派就是改革的反对者或者“市场经济”的反对者。就网络左派所抨击网络右派的主要观点来看，主要集中在：（1）市场经济改革要不要以国有企业为主体（即保持公有制的主体地位）；（2）市场经济改革是不是完全的私有化（即坚持社会主义制度）；（3）市场经济改革要不要一切都市场化（即包括医疗、教育、公共事业等领域）；（4）对待共同富裕与两极分化的态度（即效率与公平的关系）等问题。网络左派在对于网络右派的不断批评中越来越接近我国市场经济改革之初所确立的基本改革原则，这些基本改革原则就是网络左派的改革方案，择要简约概括如下几点：（1）市场经济改革的目标是社会主义市场经济体制而不是不要社会主义的市场经济；（2）必须坚持公有制为主体，主要体现在国有经济占据国民经济的主导地位；（3）改革不能走苏联那样的私有化道路；（4）改革不能导致社会的两极分化，必须坚持共同富裕的目标。

对网络右派也必须做进一步的限定，网络右派的主流曾经是马克思主义经济学家。他们实际上在社会主义市场经济体制的改革中作出了一定的贡献并得到了社会的认可，并且长期以来为国家富强和发展孜孜以求，他们中的大多数人并不完全赞同“私有化市场经济”的改革取向，这是网络右派的主流；但其中有少数的激进右派却信奉新自由主义“市场化”改革方案，甚至在他们看来，中国的渐进式改革和苏联的激进式改革殊途同归，因此他们所鼓吹的“市场化”改革完全就是新自由主义的改革方案，这显然是危害国家安全、丧失民族国家利益的错误、反动的观点。事实上，通过前面的论述我们不难看清楚在中国社会主义市场经济体制的改革中，网络左派所坚持和捍卫的这些改革的底线有些已经被突破，有些正在突破。因此，就社会主义市场经济体制的改革而言，网络左派的改革方案无疑是明确的；网络激进右派的改革方案我们也是知道的，但我们并不清楚网络右派的主流对于中国市场经济的改革究竟持什么样的方案。

左派和右派的侧重点不同，但他们的争辩并没有为中国经济发展指明方向。

第三节　新自由主义的“市场化”改革思想及其理论逻辑

伴随我国社会主义市场经济改革的深入，哈耶克的经济思想和理论开始以相当正面的姿态出现在中国学术界。哈耶克的十几种著作被全面引入并成为社会各界尤其是青年学生案头必备的阅读书目，他的个人主义理念和社会秩序自发生成论在我国学术刊物中大量出现并被作为真理来介绍，他的极端功利主义伦理观和财产权至上被作为市场经济的重要特征而宣传，其极端自由市场经济的思想影响甚至在某种程度上引导着中国市场经济的改革思路，他从社会主义制度的反对者变成了中国市场化改革的良师益友。哈耶克反社会主义制度的思想本身是赤裸裸的，没有任何伪装。哈耶克的伪装是被伪装，主要是指哈耶克思想经过国内外一些新自由主义者的鼓吹俨然成为市场经济和法治社会的一般原理。继承哈耶克反社会主义制度思想体系的国内外新自由主义同盟军的伪装则是主动的，他们以学派、思潮、科学以及社会公共知识分子等形式主动进行伪装，以市场化改革的坚定支持者为旗号，积极传播、发展和宣传哈耶克反社会主义制度的真实思想。“市场经济和法治社会的坚定捍卫者”——这句话被印在了 2003 年于我国出版的《哈耶克传》的封面上。

新自由主义思想在中国被说成了多种多样的学派、思潮甚至科学，这就是新自由主义主动伪装的结果。就像哈耶克先是被作为一个影响 20 世纪的社会科学家加以介绍和研究，而哈耶克否定马克思主义、社会主义制度的理论目的和思想核心被淡化处理甚至伪装起来，居然在社会主义中国成为广泛传播的真理，这本身就是很不合理的事件。历史地看，哈耶克于1944年出版并获得诺贝尔经济学奖的成名作《通往奴役的道路》就彻底否定社会主义制度，攻击社会主义是产生法西斯主义的基础，把社会主义制度看作是对人民的奴役和独裁，是反社会主义制度的杰作。哈耶克在1988年出版的最后一本书是《终极的自负》，该书的副标题又名《社会主义的谬误》，在这本被哈耶克认为是自己毕生反对“社会主义”思想总结的书中，他认为社会主义思想主张是一种“致命的自负”、是“一种谬误”。哈耶克所有的思想和经济理论核心其实只有一个东西，即“只有观念能够打败观念，只有资本主义和自由主义的观念能够打败社会主义的观念”（米塞斯语）的意识形态。就是这样一个社会主义制度的反对者却在我国的思想领域具有广泛的影响，并且通过新自由主义经济学实实在在地影响着社会主义国家的市场经济改革，难怪青年学生对马克思主义经济学甚至社会主义都会发笑，因为在他们的谬论中肆意地玷污和歪曲了这些概念的科学含义，这是马克思主义和世界社会主义制度基本理念所遭遇的极其严重的挑战。

哈耶克及其新自由主义同盟军的理论是动摇中国天地之心的歪理，是惑乱中国生民之命的邪说。如果中国的理论界在市场经济的改革中放任这些歪理邪说的传播，影响和改变社会理论导向，那么中国的社会主义市场经济改革就很有可能重蹈苏联的覆辙；这个“深刻影响中国市场经济建设进程”的资本主义制度捍卫者必将被鼓吹成“市场经济和法治社会”的圣人，并最终取得“自由社会的鼓吹者与社会主义体制的鼓吹者之间的斗争，并不是一场道德冲突，而是一场知识冲突”（哈耶克语）在中国的最后胜利。

因此，对哈耶克思想和学说的态度就是对中国知识分子学术良知和责任的考验，真正的中国知识分子都应该对哈耶克及其新自由主义谱系的思想基础和理论主张进行负责任的批判研究！

一、新自由主义谱系及其思想实质

新自由主义的思想形成是与社会主义制度建立和快速发展直接相连的，其核心的代表性人物有米塞斯、罗宾斯、哈耶克。其中米塞斯是社会主义制度的反对者，米塞斯对当时马克思和凯恩斯“居然”也是美国青年偶像的现状极度不满，发表了著名的“只有观念能够打败观念，只有资本主义和自由主义的观念能够打败社会主义的观念”的新自由主义宣言。哈耶克的精神导师就是米塞斯。哈耶克最初是一个“温和的社会主义者”，当他经过奥地利学派自由主义经济思想的洗礼，并且参与米塞斯针对社会主义计划经济核算问题发起的20世纪二三十年代的大论战，帮助罗宾斯与被认为是资本主义阵营的马克思主义者凯恩斯展开宏观干预经济政策对错的论战，最终成长为捍卫极端自由主义意识形态的精神领袖。区别于古典自由主义的是，哈耶克、米塞斯、罗宾斯的自由主义思想针对的是实实在在的社会主义制度而不是古典自由主义时期的社会主义思潮，坚定地反对社会主义制度、论证资本主义的生命力就是新自由主义的思想基础。

1947年以哈耶克、米塞斯、罗宾斯为首的资产阶级知识分子结成所谓的“朝圣山学社”，成为否定社会主义思想论证资本主义生命力的大本营也就是新自由主义思想形成的大本营。首批参加学社的成员哈耶克、弗里德曼、乔治·斯蒂格勒、莫里斯·阿莱斯此后都获得了诺贝尔经济学奖。学社的目标声明中宣称“文明的诸核心价值正处于危险之中。……本学社成员还认为，这些发展趋势也是随着人们对私有财产权和竞争性市场的信念之式微而形成的”。哈耶克、米塞斯、罗宾斯否定社会主义、论证资本主义生命力的思想成为“朝圣山学社”的共同认识，有伦敦经济学院和“朝圣山学社”这个阵地，伴随资本主义和社会主义两大阵营的冷战需要，哈耶克终于迎来了自己的辉煌时刻，他在这场观念战胜观念的冷战中，因为反社会主义制度的杰出思想贡献而受到1974年诺贝尔经济学奖的鼓励。新自由主义经济学思想也获得了蓬勃的发展。可以说，新自由主义是在经济学领域成长和发展起来的，新自由主义经济学也成为一切新自由主义流派、思潮中最具备科学形式特征、最具有影响力的反社会主义思想传播者。迄今为止，所有所谓的西方新自由主义经济学流派的代表性人物基本上出自伦敦经济学院和“朝圣山学社”这个阵地。奥地利学派的米塞斯、货币主义学派的创始人弗里德曼、伦敦学派的掌门人罗宾斯、理性预期学派的创始人诺贝尔经济奖得主卢卡斯、新制度经济学的创始人诺贝尔经济奖得主科斯、弗莱堡学派的创始人艾哈德、公共选择学派的创始人诺贝尔经济奖得主詹姆斯·布坎南以及美国新自由主义大本营芝加哥学派的奈特、诺贝尔经济奖得主乔治·斯蒂格勒和加里·贝克尔，还有比较早获得诺贝尔经济学奖（1972 年）的肯尼思·阿罗，就是上述这些以否定社会主义制度为基本理论出发点的“朝圣山学社”成员成为中国市场经济改革中知名度最高的外国学者，受到广泛的吹捧，这难道是偶然的吗？哈耶克先是奥地利学派的成员，后来投靠到伦敦学派，去美国后又成为芝加哥学派重要成员，并和货币学派的弗里德曼是亲密战友，最后再到弗莱堡学派，到处传播其观念战胜观念的思想，成为上述学派真正的思想领袖。

可以说，以哈耶克为核心的“朝圣山学社”成员，形成了西方反马克思主义、社会主义思想的整个谱系。这个谱系包括经济上的整个新自由主义经济学流派（奥地利学派、货币主义学派、伦敦学派、理性预期学派、新制度经济学、弗莱堡学派、公共选择学派、芝加哥学派）；哲学思想上以波普尔、拉卡托斯为代表的证伪主义哲学思潮；政治和法律思想上以罗伯特·诺齐克和罗尔斯为代表的所谓法律正义论；政治实干家中以美国前总统里根、英国前首相撒切尔、俄罗斯私有化之父盖达尔为代表的极端自由市场经济的信仰者；历史领域的虚无主义以及不甘寂寞的公共知识分子。在我国这个谱系借助社会主义市场经济改革的机会，取得了前所未有的影响，乃至这样的话被公开地印在 2003 年出版的《哈耶克传》的封面即“20 世纪 80 年代里根—撒切尔主义的精神导师；对于苏联东欧等前计划经济国家的市场转型发挥了独一无二的巨大推动作用；也深刻影响了中国的市场经济建设进程”。哈耶克及其新自由主义的整个谱系在中国以学派、思潮、科学以及独立于社会的公共知识分子形式，以市场化改革的坚定支持者为旗号，否定社会主义制度、否定社会主义宪法、否定中国历史的客观性，公开质疑中国共产党执政的合法性地位，形成了对中国社会主义指导思想体系的全面否定。这就是哈耶克及新自由主义谱系的思想实质。

其中，哈耶克可以说居功甚伟，他给资本主义意识形态以最强有力的论证，他的理论成为各种形态新自由主义战胜社会主义思想的理论源泉。只有剖析清楚了哈耶克思想的伪装，才能够清楚的认识一切主动伪装起来的新自由主义。

二、资本主义制度超验论和文化民粹论

社会科学可以有科学的工具，但科学的工具是完全服务于人们的思想观念以及在此基础上形成的学术信仰。一切科学工具的运用不是社会科学研究的出发点，而是论证其学术信仰之下思想观念的工具。工具和学术信仰、思想观念的关系是：人们只可能因为学术信仰、思想观念得不到贯彻而更换工具，而绝不可能因为工具的科学而更换学术信仰、思想观念。即使在自然科学中，科学家的研究也只是在既定问题的研究中不断更换研究工具以实现问题的解决而不是否定问题本身，除非此路不通，即按照自然科学的提法所研究的问题本身就是伪命题。在社会主义制度、思想和资本主义制度、思想之间，哈耶克坚定地信仰个人自由，坚信实行私有产权的资本主义制度更可取，他大声激呼："社会主义已经取代自由主义成为绝大多数进步人士所坚持的信条，这不只意味着，人们已经忘记了以往伟大的自由主义思想家们有关集体主义后果的警告。"（1997a，第 29 页）这就是 20 世纪上半叶社会主义思想的冲击力。哈耶克不是在新自由主义所鼓吹的价值中立的条件下展开研究的，恰恰是在价值不中立，甚至对社会主义充满仇恨的资本主义信仰基础上展开研究的。在该书第八章"谁战胜谁"的叫嚣中他并没有科学的论证，只是反复鼓吹"私有制是自由的最重要的保障"（1997a，第 101 页），这也成为我国目前一些人信仰的市场经济教条。在该书第十二章他的标题就是"纳粹主义的社会主义根源"，社会主义被他肆意地丑化成纳粹主义，却根本就没有提供任何论证。

为了增强理论的说服力，他把资本主义社会说成是在自发形成的组织、习俗和程序基础上形成的社会制度，把资本主义制度说成是超历史的自然存在。这并不是哈耶克的理论创新，而是哈耶克从马克思批判的庸俗资产阶级经济学家思想武库中自动继承并发扬光大的社会制度超验论，也就是说资本主义社会是神的安排。马克思（1975，第 98 页）曾经指出："经济学家们在论断中采用的方式是非常奇怪的。他们认为只有两种制度：一种是人为的，一种是天然的。封建制度是人为的，资产阶级制度是天然的。在这方面，经济学家很像那些把宗教也分为两类的神学家。一切异教都是人们臆造的，而

他们自己的教则是神的启示。于是，以前是有历史的，现在再也没有历史了。”现在，这正是哈耶克及新自由主义者理论主张的一般逻辑。社会主义市场经济是人为的，资本主义市场经济是天然的；在资产阶级制度以前有历史，在资产阶级制度以后无历史。这就是哈耶克的社会主义制度是谬误、资本主义制度超验论的基本理论主张。在40多年后的1988年，在副标题为《社会主义谬误》的《致命的自负》一书中，他最新的论证方法是：财产是自由和公正的保障，市场是经济中唯一的制度演进机制，语言是行为的指南，否定马克思“社会制度”基本术语的准确性，社会秩序生物演化和文化进化论，游戏是规则的学校等等，这些现在被其新自由主义谱系吹嘘为社会科学最新进展的谬论。

围绕哈耶克在《致命的自负》中提出的上述六大命题，除了向西方经济学主流理论回归的新自由主义经济学流派和富有自由主义传统的奥地利学派、弗莱堡学派以及芝加哥学派外，国外一些以哈耶克思想为核心的新自由主义经济学流派由于专注于一些“伪命题”研究，在学术思想已经开始衰败。但在我国的影响却如日中天，这六大命题现在依次是我国学术界有广泛影响的新制度经济学、公共选择经济学、宪政经济学或者新政治经济学、不确定性经济学、语言经济学等；包括借助演化经济学、游戏经济学或博弈论的分析工具疯狂阐释哈耶克市场演进和社会秩序自发生成论的新自由主义演化经济学、游戏经济学。这些基本上代表了新自由主义经济学对哈耶克上述谬论在科学名义下的最新发展和花样翻新，各有其相应受到吹捧的最新代表性人物如布坎南、罗尔斯、阿罗、肖特、青木昌彦、鲁宾斯坦、纳尔逊等。新自由主义经济学家似乎在讲一种新的理论，但剥去他们华丽的术语包装，他们只不过是用今天时髦的话语反复讲述着哈耶克的陈词滥调，只不过是用形式的貌似科学的装饰欺骗着年轻人的眼球并兜售着他们的“坏主意”。值得指出的是，服务于哈耶克上述这些命题的新自由主义经济学谬论已经是强弩之末，企图借用各种自然科学的最新进展包装他们思想的虚伪和贫乏，这种胡拉乱扯最终是要露出马脚的。

根本原因就在于，哈耶克是把资本主义看作西方历史道德规范的一种外在表现，是基督教精神的反映，是彻底的资本主义文化民粹论的主张者，这与科学无关。在他看来马克思主义的历史唯物主义是社会达尔文式演进机制，无论是生物进化还是文化进化，都不承认有什么“进化规律”或“不可避免的历史发展规律”（哈耶克，2000，第24页）。他清楚地指出维持社会制度的是社会成员必须共同信奉某些价值，他的价值就是西方文明自由、平等、博爱以及基督教这些与社会主义制度和中国国情有不同内涵的东西。他的这些东西传播到国内却正静悄悄地从引导理论舆论开始向争取成为法律政治制度认可的主流价值观前进。国内有学者所谓的教堂多的地方经济就发展、基督教才能发展市场经济和基督教才能落实现代政治法律制度等的说法正是哈耶克上述思想的变相表现。

三、方法论个人主义和极端功利主义伦理观

个人主义是马克斯·韦伯和米塞斯的共同发明，但用虚构的人性和社会理论来为自由主义论证，使个人主义成为所谓科学的“方法论个人主义”论证模式并得到普及和深化，则是哈耶克、波普尔等人的贡献。哈耶克论证其方法论个人主义的知识分类思想只是一个貌似有理的伪装，新自由主义的意识形态才是其真实的内容。

哈耶克自由主义理论的方法论论证模式和标识其自由主义基本要义的范畴就是方法论个人主义，按照他自己的观点，他的个人主义也就是他的自由主义（邓正来，2003），哈耶克的方法论个人主义其实就是把个人作为社会科学分析的终极单位，是对于马克思主义经济学基本分析方法社会生产关系的否定。马克思主义经济学的基本观点是：“物质生产的社会关系以及建立在这种生产的基础上的生活领域，都是以人身依附为特征的。”① 马克思表示独自生活在孤岛上的鲁宾逊式的个人主义是不存在的，人类的社会生产关系形成了社会的基础。这是资本主义思想所最不能容忍的，这就意味着不同的社会生产关系就有不同的社会制度。而在哈耶克看来，社会制度是在个人主义基础上自发形成的，资本主义制度是合理的、是自发形成的，但社会主义制度却是人为制造的，是对于全体人民的欺骗。这是哈耶克和社会主义、马克思主义经济学在基本思想上的对立和冲突。读过马克思《资本论》的学者

① 马克思：《资本论》第一卷，第94页。

都知道马克思强烈地批评资本主义雇佣劳动基础上的意识形态即虚伪的“自由、平等、所有权和边沁”，边沁所代表的是“人人只顾自己，谁也不管别人”的极端利己主义（马克思，1975，第199页）。而这在哈耶克看来，法律、产权、交换、契约正是西方自由传统的价值观念，是历史演进形成的，他丝毫不掩饰其对贩卖不合乎西方价值观人士的厌恶，为此而战正是他的核心理念。他指出“我们所需要的只是作为一个整体的规则必须是正当的，而未必指每种具体应用都必须是正当的”（阿兰·艾伯斯坦，2003，第438页）。也就是说只要是自由主义的规则就好，哪怕存在错误。这就是哈耶克对于法律、社会制度以及一切社会规则的真实态度。但是哈耶克这样一个极端功利主义者的伪科学竟然迷惑了我国不在少数的知识分子，这难道不是一种知识的悲哀吗？

值得我们强调的是，哈耶克及其同盟军的这些谬论即使是在西方资本主义国家也受到了强烈的抨击。这些抨击分为两种方式，一种是其同盟内部的互相抨击，例如哈耶克自己就批判所谓的“伪个人主义”，他们采取部分肯定部分歪曲和伪造的形式相互展开论战，避免正确理论对其形成深刻的批判，垄断话语权，表面上是自由的学术争论，实际上是混淆是非的贼喊捉贼，这是所有新自由主义者传播其歪理邪说的一般手法；另一种则是来自西方社会主流的声音。但奇怪的是在我国学术研究中往往能够看到的是其同盟军内部的相互争论，而来自西方社会主流的声音却要么被过滤了要么被说成资本主义社会的左派。就在方法论个人主义问题上，S. 卢克就明确指出：哈耶克的方法论个人主义不但毫无贡献而且是一种伪装的个人主义，是以一种暗度陈仓的方式去实现证明政治自由主义正当性的谋划。更有西方学者明确指出哈耶克的方法论个人主义是伪装成方法论论证模式的意识形态诉求（邓正来，2003）。但哈耶克方法论个人主义的根本错误却是西方大多数学者所共同指出的割裂个人与社会的关系，否定社会共同的道德价值高于个体的道德价值之社会真谛。方法论个人主义的对立面就是哈耶克坚决否定的方法论整体主义。狭隘的方法论整体主义竟然也被国内的学者接受作为马克思主义经济学方法论的代名词。这些连西方资本主义学者都反对的“伪个人主义”到现在仍然被国内的有些学者作为方法论在大讲特讲，以讹传讹。其实稍有马克思主义或者社会主义制度常识的学者都不难判断出这种观点的反动性和荒唐性，但事实上这种观点不但占据了中国经济学的讲台，而且在中国的立法中都已经开始崭露头角。与这个方法论个人主义有异曲同工之妙的还有西方经济学中所谓的“经济人”假设。“经济人”假设并不是西方经济学普遍认可的一个理论假设，在西方经济学界关于“经济人”假设的论战中，英国经济学家马克·布劳格（1990，第95页）所指出：“在为这个命题所做的辩护中没有提供证据，只有因果关系的经验主义。于是，明显地和经济人的假说相抵触的现象就干脆被允许作为这个规律的例外存在。”但事实上社会主义的道德观念体系以及制度理念为人们设定的并不是以经济人来判断一切，经济人恰恰是个例外。就长期中国封建社会的市场经济而言，也从来都对经济人的行为方式进行强烈的谴责和道德约束。经济人假设却在更加文明的社会主义中国被鼓吹为无须证明的公理，是一个先验的真理！

哈耶克方法论上的同盟军就是在我国哲学和文艺界有广泛影响的波普尔，哈耶克毫不讳言他就是“发表《科学发现的逻辑》之前的波普主义者”（阿兰·艾伯斯坦，2003，第389页）。国内有些学者鼓吹方法论个人主义是经济学研究科学的基本工具。但事实上哈耶克说得很明确：“由基督教与古典哲学提供基本原则的个人主义，在文艺复兴时代第一次得到充分发展，此后逐渐成长和发展为我们所了解的西方文明。”（1997a，第21页）也就是说个人主义是基督教教义精神与西方哲学的价值观，这不仅和社会主义制度集体主义价值观直接对立，而且和中国以伦理为网络的社会群体主义思想是根本对立的。这就是科学名义下的谬论！

四、社会制度自发生成论的谬误

现在哈耶克的社会制度自发生成论在我国学术界有着广泛的影响力，成为理论研究的热点。这成为虚假的、伪装的、欺骗的哈耶克及其新自由主义同盟军不同理论体系的又一共同标志；而虚假的、伪装的、欺骗的社会制度自发生成论更是歧义丛生的一个伪概念。作为新自由主义共同的理论基础，社会制度自发生成论又被叫作自生自发秩序（spontaneous order）、自我生成的秩序（self - generating order）、自我组织的秩序（self - organizing order）、人的合作的扩展秩序（extended order of human cooperation）等（邓正来，1997，第7页），这被哈耶克的追随者神乎其神地吹嘘成经济学的唯一原则。翻阅我国近几年的学术杂志就可以处处看到这个伪概念的身影，并且被披上了最前沿、最时髦的外衣。但其实在这个华丽的外衣下，所掩盖着的是一个无历史、无人性、无文明、无秩序的动物王国进化论。

哈耶克自生自发秩序的目的在于说明人类社会制度的形成，但按照哈耶克的观点和主张，人类社会恰恰是无历史、无人性、无文明、无秩序的混乱存在。哈耶克自生自发秩序的理论和方法论个人主义，一方面是为其新自由主义经济学整个谱系夯实理论基础；另一方面他试图按照他所设计的极端功利主义的人性概念为其所谓的社会道德规则或者罗尔斯之流政治法律上虚假的“正义论”提供合理性的论证。按照他的理论，没有一个政权是合法的、没有一个社会是人道的、没有任何民族是有文明的，一切都在不稳定的进化之中；每个政府都要为其“合法性”提供证据，这是明火执仗地制造全球恐怖主义的科学理论。由于认识到哈耶克及其新自由主义谱系这种严重的反人类、反文明、反人性、反历史的极端功利主义主张所可能孕育的恐怖主义根源，西方学者如萨缪尔森、A. 麦金泰尔、M. 桑德尔、R. P. 沃尔夫、查尔斯·泰勒等纷纷批判其歪曲个人与社会关系、否定人类共同价值和文明的错误理论主张。哈耶克所极力论证的道德原则和社会理论与他确信的人性基础、自生自发的社会秩序有着深刻的不相容性。对此A. 麦金泰尔深刻而又精辟地指出：一种完全缺乏社会历史情景解释的、自然化的或“未经教化的人性”如何能认识自身的真实目的呢？一个只享有此种人性而又不能认识其真实面目的个人又如何去认同、接受和实践非人格化的客观道德规则呢？（邓正来，2003，第18页）一个反人类、反文明、反人性、反历史的理论哪里配谈人类社会的法律正义和政治合法性问题呢？需知政治哲学并不只是一种关注保护或增进个人权利的学说，而是一种确保社会群体共同价值观念、共同善的理念、共同文明和社会目标的学说。连蜜蜂都知道个体为了种群利益牺牲的必要性，而哈耶克却认为国家利益是对个人自由的干预，个人价值高于国家价值。遗憾的是这些谬论基础上产生的歪理邪说不仅占据了我们的经济学领域，而且在我国的经济、法律、社会、历史、人文、哲学、社会学等一切人文社会科学和实务部门广泛传播。这无疑影响着我国未来发展，需谨慎待之。

因此，哈耶克的自生自发秩序理论被鼓吹为生物学演进的理论基础，其实离开了人类社会共同的文明、历史、人性，离开了具体国家和社会的经济理性、价值判断、道德观念、文化主张，个人价值至上的自生自发秩序更是不可能的，是野蛮人的原始丛林，所谓的法治原则其实就是保护那些经济力量强劲的人物肆意妄为的海盗旗帜。

五、自由市场经济思想的特征、内容及价值取向

如果说前面的四点思想直接地表现为哈耶克及新自由主义经济学的思想基础或者说意识形态；那么，哈耶克的经济思想表现为学术或者理论则有两大特征和四大支柱，这些理论尽管在不同的新自由主义学派的理论体系中有不同的侧重，但其基本理论主旨可以说是一脉相传。哈耶克经济理论的这两大特征就是自由市场经济和法治社会，这两个理论标签基本上影响着大多数的市场经济学习者。这两大特征基本上是对于哈耶克经济理论四个支柱的概括，它们共同构成了一个逻辑体系异常严密的理论体系。自由市场经济和法治社会较少受到不同声音的质疑，而四大理论支柱则明确了构建自由市场经济和法治社会的理论框架和一般路径。这四大理论支柱分别是：

第一，财产权至上原则。笔者最先要说明的是财产权的保护是任何社会制度确立的基础和核心原则，但不同的社会形态有不同的财产权观念和法律保护体系。私有财产权和竞争性市场正如在“朝圣山学社”目标声明中表明的一样被认为是资本主义的共同价值信念和制度基础。捍卫私有财产权神圣不可侵犯是他们共同的立场，在他们看来私有财产权是自由竞争市场经济的基础。哈耶克明确指出“野蛮人就是那些尚没有产权观念的人”（阿兰·艾伯斯坦，2003，第439页）。托马斯·霍布斯于1651年曾经对无政府主义的丛林状态进行描述：在那里没有什么东西是“你的和我的”之界定，人们极其看重安全并把权力交给承诺保护他们的君主，也就是强制性的世俗秩序之下，人们之间没有分界线、没有法律、没有惯例。任何人都生活在“孤独的、贫穷的、龌龊的、粗野的、短命的”自然状态（在《财产与自由》一书中“粗野的、短命的”两个词被译成了“野蛮的和短缺的”，“短缺”曾

经因为科尔奈的《短缺经济学》而成为传统社会主义的代名词）。霍布斯的丛林法则在他们的理论中被认为是对社会主义公有制条件下人们社会生活悲剧的写照。西方经济学主流理论在论证私有财产权合理性时，是与社会资源配置的效率相联系的。这并被认为是社会两极分化的根源。而且当时社会主义公有制基础上的计划经济创造了经济效率的奇迹，使西方主流经济学私有权和效率的原理失去了说服力。

因此，以哈耶克为首的新自由主义经济学家否定了公共财产权的合理性方面，公有制被丑化成霍布斯丛林法则中公共财产的悲剧。以科斯的产权理论为基础，他们混淆所有权和产权的范畴，所有权的具体落实就是物权，他们把物权的衍生权利（例如占有权、使用权、收益权、处置权，包括因为物权而产生的相邻权、采光权、通行权、排污权等法律权利）鼓吹成产权，从而排斥了所有权范畴，用产权来说明所有权的不明晰以否定所有权的现实价值，用物权的衍生权利来否定规定物权产生的所有权宪法基础。也就是用所有权体系中物权的某一具体衍生权利否定所有权的实际存在，这是典型的用小概念否定大概念的诡辩逻辑。就是这么一套荒谬的逻辑，居然被鼓吹成了科斯定理。以科斯、诺思、阿尔钦、德姆塞茨、威廉姆森、张五常、巴泽尔等为代表的“新制度经济学”竟然也在我国成为显学，产权竟然成为我国自己瓦解社会主义意识形态所有权体系的利器。

另外，服务于哈耶克以及“朝圣山学社”极端自由主义价值观，从霍布斯的丛林法则出发，社会主义公有制社会被丑化成没有财产权保护的社会，社会主义人民是生活在强制性世俗秩序中没有自由的人们。因此，詹姆斯·布坎南提出“财产所有权是自由的保证”的政治经济思想，并且成为所谓的宪政经济学的创始人。罗马教皇利奥十三世于 1893 年发布的教皇通谕表示：社会主义者主张消灭私有财产主要是嫉妒，是对于合法财产所有者的非法剥夺。而私有权是人们工作的原因和动机，是天经地义的。似乎社会主义法律从来就不保护私有财产权，这是法制史上的笑话，但却被真正鼓吹成了社会主义专门为私有财产权立法的动因，私法之王——社会主义《民法通则》不是被完善而是在完善立法的名义下被肢解。可以说，物权法的确立就是对于社会主义民法典的否定——自己无知的自我否定。詹姆斯·布坎南巧妙地总结说，在这篇名为《革命性变革之精神》的教谕中为私有财产所做的保护，

“含蓄地体现了他对人们赋予独立性的价值的一种认可，而这种独立性只有一个私有权制度才能提供”（詹姆斯·布坎南，第55页）。这被说成是你们有各自的家才显出“人”的尊严（汪丁丁，2002），难道人的尊严不是建立在道德高尚或者是为社会创造财富的劳动者上，而非得依靠私有财产或者物的占有才能实现人的尊严吗？

这就是哈耶克所鼓吹的资本主义意识形态及其学术化的理论成果，也就是哈耶克法治社会的思想基础。这就是科学的新自由主义经济学。

第二，法治社会（政府）原则。该原则是服务于私有财产至上的原则，放任自由就是政府与市场关系的一般原则。哈耶克为了反对社会主义制度和资本主义社会的国家干预原则，从人类理性的有限性着手，指出个人不可能把握社会发展所需要的所有“知识”，最优的选择只能出现在拥有不同知识的人们的合作中；而市场价格和利润是人们利用信息和知识的工具，能够解决市场经济信息不对称的难题。这些话听起来似乎很有道理，但这是典型的从微观的个人主义和狭隘的市场调节角度认识问题，人都是集体或者组织中的存在本身就已经包含了不同知识的沟通和合作，集体或者组织总是在作出最优的选择；资本主义不断发生的经济危机和放任自由已经证明市场不是万能的。但当哈耶克把价格和利润当作解决人类理性有限性的基本手段时，其实他用有限理性、信息不对称、自发社会秩序等概念所包装起来的只有一个结论即“市场是万能的”。这里法治社会的具体表现就是法治政府原则。

从个人主义和市场教条出发，他否认经济危机的历史，服务于放任自由的极端资本主义意识形态，引发出了关于市场和政府关系的一般看法。首先，在大政府和小政府的一般争论上，主张小政府，管得最少的政府是最好的政府，把政府彻底逐出经济领域。这在他们的宪政思想中表现得非常明确。其次，哈耶克国家或者政府作用观点的关键就是建立法治政府。这是哈耶克政府和市场关系论的核心。再次，哈耶克指出实现法治政府的途径就是宪政国家。最后，抛弃国家主权，接受某种有效的国际性法律秩序。这才是哈耶克及其新自由主义的国际价值观。

对于法治社会，哈耶克在中国法律界有个非常有影响的说法。就是对依法而治（rule by law）和法治（rule of law）的区分，两者中文含义都是“法治”，但被认为在西方法理学和政治理论中有很大的差别，前者所主张的是统治必须依照法律进行而不能依照个人的自由裁量进行，但并不回答所依之法律的内容应当为何的问题，而这个问题恰恰是后者所追问的核心问题[①]。那么，哈耶克的法治（rule of law）思想所追问的核心问题是什么呢？这就是现在中外所有新自由主义所共同要求的“宪政原则”。在哈耶克的思想中只承认美国有宪法，是“宪政国家”，其他都不合格；因此都不是法治国家。通过研究我们才能发现宪政国家只是哈耶克无政府主义的虚假法律建构论，我们在下一个问题中对此进行专门的探讨。这里，我们必须对哈耶克的“法治政府”稍加评述。其实，哈耶克的“法治政府”原则就是用市场原则中的个人主义来取代政治生活中的集体主义，其实质就是把个人主义作为判断一切价值的唯一标准，他的“法治政府”原则只有体现个人主义价值的“法”，而没有社会政治生活的“治”，是一个典型的无政府主义的“法治原则”，因此在哈耶克的“法治政府”思想中其实只有“法治”，没有“政府”。

值得我们特别注意的是，我国市场经济改革中市场和国家（政府）的作用之争论一直是按照哈耶克的思想在发展。新自由主义一直争论在政府和市场作用之间界定政府职能；但同时把因为新自由主义改革方法所带来的一切负面影响以“屎盆子”的形式砸在政府头上。其实政府的财政部门本身就赋予了政府宏观调控的职能，中国经济发展的不平衡性和复杂性又要求强有力的国家协调和统筹；而这恰恰是和新自由主义改革思路相矛盾的。因此，他们进一步的论调就是中国必须建立“法治政府”。这种“法治政府”和我国理论界所理解的“依法行政”并不是一回事，但国民对于“依法行政”所赋予的理想化程度使“法治政府”的概念迅速被人们接受，包括官方和学术界。当新自由主义改革所带来的矛盾和冲突再也无法调和时，他们就会指出：中国改革的问题出在“法治政府”的缺乏，该如何解决？那就是重新立宪，走宪政国家的道路。

第三，宪政原则。哈耶克的宪政原则是其社会秩序自发生成论和法治政府理论的进一步发展，或者说具体实现的保障。这个宪政原则包含以下内容：基础性原则就是一部确定的宪法和一个有限的政府。其法律渊源是更高级法律，即18世纪的“上帝之法（law of God），或自然法（law of nature），

① 邓正来：《自由秩序原理》上册，第241页。

或理性法（law of reason）”（哈耶克，1997b，第224页）。哈耶克只承认美国的宪法符合这个标准，为了和自己的社会秩序自发生成论相匹配，他对美国宪法是“近代历史上一个民族深思熟虑建构一种他们希望生活于其间的政府制度”而制定的历史事实进行彻底否定（哈耶克，1997b，第231页）。哪怕是审慎思考的“建构”（设计制度）在他看来都是不可能的，因为他只承认社会制度的自发生成论。他之所以彻底否定社会主义就在于其并不承认社会主义的历史和理论；社会主义的历史在他看来是谬误，社会主义的制度在他看来是一些知识分子的狂想，是设计即建构出来的。他认为人类社会的制度只能自发生成而不能理性设计！遗憾的是无论是哈耶克及其新自由主义的法治社会，还是哈耶克所鼓吹为“宪政原则”典范的美国宪法，都是人类理性设计的产物，没有殖民地人民的革命和独立努力就根本不会有美国，更谈不上有美国的宪政。

在否定了美国的宪法是美国人“深思熟虑建构一种他们希望生活于其间的政府制度”后，哈耶克把美国的政党制度和司法审查制度大加吹捧。但这些制度无一例外是美国人的制度建构而不是哈耶克所谓的自发生成。那么，究竟什么是哈耶克及其新自由主义的宪政原则呢？哈耶克对此有清醒的表述：“自由主义就是宪政。”这就是哈耶克及一切新自由主义宪政思想的共同内容（哈耶克，1997b，第243页）。

哈耶克及新自由主义者把马克思主义指责为社会制度的理性建构主义，是狂妄无知的理论。他们的宪政原则是典型的建构主义，而且没有丝毫的理性可言。因为他们假借市场经济的自由原则，不但反对一切不符合这个标准的宪法，而且根本不承认政府和政党的历史合法性，在他们眼中只有美国的宪法是上帝的圣谕、真正的天条。有学者表示“经济制度是自发的，不是任何政府、统治者通过宪法可以任意规定的。对于经济制度的不可制定性是哈耶克系统发现的，并做了详细的论证。他证明市场经济是自发的秩序。在自由市场经济的哲学下，经济制度是一种与国家无甚关系的社会制度”“宪法不是包罗万象的文件，更不是政治纲领的宣言书”“私有财产权和市场经济是顺应人性的自然而然的产物。只有企图逆人性而动，才有必要人为发明一套经济制度，并将之写入宪法”等（刘军宁，2003），这其实只是一种谬论。

第四，金融自由化原则。哈耶克对资本主义经济危机的理论认识完全是和马克思一致的，但他坚决反对针对资本主义经济危机的马克思主义解决办法，以及变通的凯恩斯宏观干预的解决办法，并把这看作是对资本主义制度自由原则的破坏。从这个前提出发，首先，他强调不断投资的重要性。乃至资本主义大萧条时期批评哈耶克的人士讽刺地说，大萧条时期胡乱废弃在英国各地的半拉子资本投资工程，就是“哈耶克”的功劳，现在这些思想仍然是供给学派理论的出发点，其中有关预期的观点竟然被卢卡斯作为了理性预期学派的核心范畴，从这个错误观念出发的理性预期学派已经抛弃了“理性预期”的名称。第二次世界大战后，罗宾斯公开检讨他和哈耶克的错误经济思想，明确指出：“不管导致1929年前的繁荣及其后果的因素是什么，用错误的预期所驱动的过量投资来解释，却会陷入困境，因为巨大的通货紧缩力量已经消除了那些过量投资，而根据我们的理论提供的解释框架，情况不应该是这样的。看来，该理论与市场并不相符。”（阿兰·艾伯斯坦，2003，第410页）值得我们特别注意的是，后来和哈耶克分道扬镳的罗宾斯有个很有价值的学术反思，在某种程度上也可以被看作是对当时深刻影响他学术思想的哈耶克及其新自由主义经济学同盟军的经济思想反思，他这样说：“问题出在人的智力上。我已经成为理论结构的奴隶，如果不是在逻辑的一贯性上存在固有的缺陷的话，这种理论结构完全不适合于已经发展了的形势，所以它使我做出错误的判断。我认识到，这些结构引出的结论对实践毫无用处。但是过去我相信它们是有根据的，所以我的职责是根据它们提出政策建议。”理论的成立有一定的时代背景，随着时代的发展，自然也有变化，一味借鉴不可取，不断反思、不断进步反倒更利于社会发展。

其次，他认为应对经济危机的对策就是通过不断调整利率来指导国内生产活动。在国家干预主义挽救资本主义的关键时刻，哈耶克反对凯恩斯的不是谁的理论更正确，而是把凯恩斯的理论看成是对资本主义文明的严重威胁，对经济学家主要使命的背离，是一个严重而危险的知识失误。按照哈耶克利率调整市场经济的思想，利率是市场经济最重要的调整杠杆，这成为持“货币最重要”思想的货币主义重要的思想基础。作为总产量理论的凯恩斯货币理论显然是受到马克思社会再生产模型的启发，反对传统的货币数量论，这遭到了哈耶克的强烈反对，哈耶克的利率和支持货币数量论的观点被他的盟友弗里德曼完全赞成，以弗里德曼为创始人的货币主义后来成为第一个公开打出反对凯恩斯革命的新自由主义经济学流派。

最后，与上述思想要求相适应，在市场经济的改革中，要求财经体制的彻底改革，弱化财政体制的调控作用，加强金融体制的利率调控，建立完全的商业化银行体系，实现金融自由化就成为新自由主义经济学市场经济的一般逻辑。所有这些正成为左右我国金融体制改革的指导思想。

六、自由主义的国际狂想

哈耶克自由主义的狂想就是资本主义制度一统天下的思想，全球经济资本主义化就是其思想的最高峰，新自由主义的整个谱系就是实现其思想的基本力量。就像哈耶克的自由市场经济是建立在没有国家权威的虚假法治社会的观念基础上一样，哈耶克的国际自由主义更是建立在放弃国家主权的虚假国际性法律秩序的基础上，中国过去一百年的历史已经充分证明了这种国际性法律秩序的虚假性，世界几千年的历史以无数形式的同盟、协议和条约的方式证明：这种国际性法律秩序公平、正义的实现只与一个东西挂钩——这就是国家实力！

现行的国际性法律秩序是强权政治和发动资本主义国家实行全球治理的工具，而不是全球和平的保障。经济人和资本主义私有制的邪恶性使哈耶克及其新自由主义同盟军鼓吹的国际性法律秩序充满了国际不正义和国际不自由的恶性力量。值得警惕的是，哈耶克所谓的国际性法律秩序是通过削减各国政府权力的办法来实现的，这倒是一个真命题。一旦能够控制一个国家的经济命脉，在所谓的国际性法律秩序下就能够实现对各国政府权力的实际削弱，这就是假借国际性法律秩序的名义，纠结武力，迫使其不得不接受他们的条件，这也是国际性法律秩序所提供给他们的实际权力。20世纪最后20年的国家间战争已经充分证明了这种思想的幼稚性！因此，李其庆（2003）指出，“新自由主义是资本主义的全球意识形态”，这是极其精辟的论断！

尽管国际自由主义只是一个狂想，但哈耶克表示：“抛弃国家主权、创建某种有效的国际性法律秩序，乃是对自由主义纲领的必要补充和逻辑结局”，这实实在在是所有新自由主义者内心共同的国际观教条。他进一步指出：“真正的自由主义，……要忠实于自由的思想和国际主义的理想”（阿兰·艾伯斯坦，2003，第449页）。这就是哈耶克及其一切形态新自由主义同盟军的思想共识，有了这个共识，就不难理解他们在国内市场经济改革上的一般逻辑和思想主张。全球自由市场经济和融入国际经济并与其完全接轨的改革努力就是这种思想的直接产物。这就是哈耶克及其新自由主义教条所带给我们的国际性法律秩序的欺骗性！但如果强权国家所确立的旧的国际经济秩序得不到根本的改善，我们只有拥有强大的、完备的、自主的工业体系才有可能应付自由国际市场所带给我们的可能冲击和一切危险。

七、一个不太轻松的结论

约翰·卡西迪在2000年曾经指出："哈耶克在有些事情上也犯过错误（比如他不承认政府有必要在30年代那样的局势下采取减少失业的措施），他也忽视了其他问题（比如不平等和污染）；但对于最重大的问题，资本主义的生命力，他却给予了最强有力的论证，因而可以毫不夸张地说，20世纪就是哈耶克的世纪。"（阿兰·艾伯斯坦，2003，第395页）我们必须指出的是，约翰·卡西迪的评价是事实但有所夸大。因为20世纪20～40年代哈耶克对于世界的影响是在资本主义与社会主义的经济论战中成长的，20世纪40～70年代哈耶克对于世界的影响在资本主义与社会主义意识形态的冷战中成熟，形成新自由主义谱系并被完全扩大，20世纪80年代哈耶克及其新自由主义思想才进入辉煌时期并产生世界性深刻影响，迎来真正的哈耶克及其新自由主义的时代。特别是伴随哈耶克及其新自由主义同盟军在经济、政治、法律、哲学、文学、历史、社会学、伦理学等一切社会人文科学中的谱系形成和影响扩散，资本主义和非资本主义国家各种各样的势力基本上都能够从他们那里得到思想上的支持，而且这种思想上支持以自由市场经济为理论突破口，兜售他们建立在歪理邪说基础上的自由、正义、市场经济、法治社会的观念，否定现存的被认为是异端的一切社会制度和社会秩序，否定人类社会共同的道德价值观念，否定国家的权威和民族的历史，成为肆意妄为的极端个人主义和不择手段的极端功利主义的真实理论基础，并最终在行动上表现为敢于挑战一切人类文明成果和共同价值观念上的恐怖主义动因。这就是哈耶克及其新自由主义同盟军带给人类社会的理性成果和世界影响。

苏联解体中的政治暴动及国家分裂后的政治革命和恐怖主义事件，东欧巨变中南斯拉夫的种族清洗与国家解体，使维系人类社会共同价值观念中的历史自豪感和民族认同意识荡然无存；世界强权国家在国际法律体系的名义下夷人之国囚其君的世界暴行竟然在打击无赖国家的名义下进行，无赖国家是恐怖主义对于一个民族共同价值的否定；从文明社会的公开敌人如本·拉登、东突势力、达赖喇嘛到北美洲接连不断的政变、非洲残忍的种族灭绝；这些事件中我们都可以看到哈耶克及其新自由主义的思想影响，有些甚至就是他们的杰作。在这一点上，斯基德斯基对哈耶克的评价是准确的——哈耶克“对20世纪最后20多年具有强大的思想影响力”（阿兰·艾伯斯坦，2003，第383页）。在中国，马克思主义以及中国化的马克思主义是中国的天地之心，社会主义是中国的生民之命；不断创新和发展中国的马克思主义就是为往圣继绝学，不断改革和完善中国的社会主义制度就是为万世开太平。哈耶克及其新自由主义谱系所祸乱的就是中国的天地之心即中国老百姓的思想观念、道德判断、价值原则以及文化主张；其蛊惑、动摇和取代的就是中国的社会主义制度和中国共产党的领导；其否定的就是一切形式的马克思主义学说；其葬送的就是中国人民共同富裕和和谐社会的美好构想。

对于哈耶克的理论，我们应坚持自己的发展道路、取其精华，使其成为有利于我国发展的助力，而非一味追捧学习、反倒不利于我国思想文化的发展进程。

| 第十三章 |

社会主义市场经济改革的实践探索

第一节　中国经济增长的周期分析

当前，世界经济仍然维持着全球深度调整的发展态势。在此世情面前，我国所处宝贵战略机遇期的外部因素处于不稳定的变化之中，更要以积极有为的内部因素调整来应对外部的不测风云。这需要准确理解并全面把握中国经济发展大趋势，扬长避短、因势利导，将重要战略机遇期的内部因素充分挖掘出来，形成更有质量和效益增长的内在动力。

一、深入剖析我国四轮经济增长的显著特征

事实上，用过去年均速度来看待中国经济前景的观点，都忽略了经济增长周期性波动的本质特点，从而忽视了经济增长自身的周期性表现及能动性，会出现一种非高即低的狭隘性判断，从周期性角度来看，经济增速的起伏变动是活跃经济体的正常表现。

按照我国经济体制改革的实际进程，我们可将 2011 年以前的经济增长划分为四轮周期。其中，第一轮是 1978 ~ 1984 年，处于体制改革的探索时期，这一时期我国经济持续 3 年增速都低于 8%，1981 年的经济增速只有 5.2%，出现了所谓的经济硬着陆，形成了这轮周期的最低点，这轮周期我国经济年均增速只有 9.47%，并未达到年均 9.8% 的增速，经济增速呈现出

"V"形走势，呈现出大起大落、忽冷忽热的增长格局，投资驱动和体制问题是造成上述走势的根本原因。

第二轮是1984～1992年，处于体制改革的突破时期，这一时期我国经济形成了1986年8.1%、1989年4.4%与1990年4.1%的两次明显谷底，与1984年14.7%的增速相比，经济有两年时间处于硬着陆的状态，这轮周期我国经济年均增速是9.6%，经济增速呈现出"W"形走势，沿袭了大起大落、忽冷忽热的增长格局，体制改革的难题与内部经济波动特别突出，经济增长也未能达到年均9.8%的增速。

第三轮是1992～2003年，是明确向市场经济体制的转轨期，这一时期，面临经济体制向市场经济的全面转轨，改革力度空前加大，进行了财税体制、金融体制、对外开放等一系列制度改革，实施了国企改革攻坚战，并且第一次遭受了局部性金融危机——东南亚金融危机的冲击，与一些转型国家经济崩溃甚至国家解体的转型绩效相比，我国转型经济达到了年均9.9%的增速，没有出现经济硬着陆，我国经济第一次走出了"一放就活、一收就死、大起大落、忽冷忽热"的前两轮周期性表现，形成了高于年均9.8%、接近两位数的最佳增速。按照美国伯克利加州大学热若尔·罗兰教授的说法，在转型中，经济还必须继续运行，人们的各种需要还必须继续得到满足，这一困难可以与飞机飞行中拆换发动机相比①。当时，全球充斥着中国经济崩溃论的各种预言，但正是在这堪与飞机飞行中拆换发动机相提并论的体制转型挑战中，我国经济第一次开创了年均9.8%以上的增长周期，这一轮增长的底部是1999年的7.1%，这是在对抗1998年东南亚金融危机与长江特大洪水的内外冲击下所取得的增长成绩，使得我国经济第一次走出硬着陆的周期性表现，显现了我国经济的自主性。

第四轮是2003～2011年，年均增速近10.3%，可谓是实现了又好又快的经济增长，甚至在2008年全球金融危机冲击面前，经济仍然保持了非常稳健的增速，出现了中国领涨全球的崭新发展现象，人们惊呼那个"美国经济一打喷嚏，全球经济就要感冒的时代"似乎正在过去，2008～2011年底我国持有美国国债的数量增长了1倍，达到接近1.2万亿美元的巨大额度，我

① 热若尔·罗兰：《转型与经济学》，北京大学出版社2002年版，第34页。

国成为美国第一大债权国，甚至正在成为稳定全球经济不可或缺的主导性力量，2012 年和 2013 年上半年成为本轮增长周期的一个明显底部，但季度增速仍然高于 1999 年经济增速。这一时期的经济增长充分发挥了我国低成本竞争的国际比较优势，但也使得转方式、调结构的难题愈发迫切。

考察既往四轮经济增长周期，一个重要的认识就是，我国改革开放 30 多年年均 9.8% 以上的增长水平，并不是匀速实现的，而是经历了周期性的经济起伏，甚至大起大落，是年均化测算的结果。这对我国未来的经济增长前景有着重要启示，一是自第三轮周期向市场经济体制成功转轨以来，我国经济增速呈现出逐步起稳加速的增长态势，我们要积极挖掘我国经济持续增长的内部动力。可以肯定地说，相对于第一轮、第二轮我国经济增长大起大落、忽冷忽热，甚至在 1981 年、1989 年、1990 年出现了经济硬着陆的糟糕境遇与周期性表现，第三轮、第四轮我国经济增长表明，我国经济增长的潜在动能正在充分释放过程之中。二是相较而言，前两轮周期都是在旧体制下所进行的内部改革探索期，最大的风险和冲击主要来自我国经济社会的内部因素，外部因素冲击并不显著；后两轮周期都面对了外部要素的冲击，特别是第四轮中全球金融危机恶化了我国外向型经济发展的外部环境，如果我们能够有效利用这一战略机遇，有效促进我国经济的内循环和产业转型升级，则我国经济发展不均衡的区域差距将提供广阔的经济发展空间和动力，我们要充分释放中国经济增长的区域动力。三是前三轮都面对体制改革与创新的难题，现在社会主义市场经济体制已经基本确立，稳定的制度预期与制度保障将成为中国经济持续增长的巨大制度红利；我们要继续优化并改进社会主义市场经济体制，有效释放中国经济的改革动力。

因此，从四轮增长的周期性表现来看，我国经济快速发展的态势并没改变，中国经济仍处于大有作为的战略机遇期，但左右这个战略机遇期的主导性因素并不来自外部世界，而是源自内部增长因素的充分调动和发挥。和平与发展仍然是世界大趋势，外部世界的风云变化与经济起伏会恶化我国经济增长的外部环境，但并不能改变我国经济持续增长的既有态势，内部因素才是我国抢抓战略机遇期的决定性因素。只要我们能够把我国内部的问题与矛盾解决好，我国就始终能够掌握住解决好外部问题与矛盾的主动性，开辟崭新的增长周期。

二、积极把握我国经济增长的战略新趋势

2012 ~ 2020 年是我国全面建成小康社会的决定性阶段，我国经济最大的挑战并不在外部世界和外部因素，而是如何充分释放我国经济增长的内在潜力、区域动力、改革动力，即有效解决我国经济的自主创新不足、区域发展不均衡和市场经济制度不优化的内部矛盾。这并不意味着放慢速度就能解决问题，可能恰恰相反，我国经济仍然要乘势而上，这个“势”就是我国前四轮经济增长所表现出的经济发展大趋势，特别是逐渐表现出的我国人均 GDP 的快速倍增态势。

1978 年，我国人均 GDP 只有约 190 美元（还有一种说法是 230 美元），邓小平同志在陪同朝鲜领导人金日成四川访问途中，曾经讲到：“我们干革命几十年，搞社会主义三十多年，截至 1978 年，工人的月平均工资只有四五十元，农村的大多数地区仍处于贫困状态。这叫什么社会主义优越性？”[①] 1983 年，在视察江苏等地时了解到苏州市工农业总产值人均接近 800 美元后，小平同志兴致勃勃地指出：“看来，四个现代化希望很大。到本世纪末实现翻两番，要有全盘的更具体的规划，各个省、自治区、直辖市也都要有自己的具体规划，做到心中有数。落后的地区，如宁夏、青海、甘肃如何搞法，也要做到心中有数。我们要帮助各省、自治区、直辖市解决各自突出的问题，帮他们创造条件，使他们的具体规划能够落到实处。”[②] 这是小平同志“三步走”战略部署的初始条件与科学思路，我国由此开始了改革开放以来的经济长征。

前两番，从 1978 年的人均 GDP 约 190 美元到 2000 年的 854 美元，由于人口基数大、底子薄，我们用了整整 22 年的时间，相当于日本从 1950 年人均 GDP 约 240 美元扩张到 1971 年 2000 美元所花费的时间，但人均 GDP 增长绩效却不足日本的一半。到 2000 年，虽然如期完成了人均 GDP 翻两番的奋斗目标，但经济增长的粗放性、投资驱动特征非常鲜明。这一时期的发展

---

① 《邓小平文选》（第三卷），人民出版社 1993 年版，第 10 ~ 11 页。

② 《邓小平文选》（第三卷），人民出版社 1993 年版，第 24 页。

表明，低水平条件下的快速经济增长并不意味着人均 GDP 的快速增长，而是一个重要的增长启动期，就像改革前的 30 年是我国的资本原始积累期一样，这是一个很值得关注和研究的重要经济现象。2003 年，我国人均 GDP 第一次突破了 1000 美元，达到了 1090 美元。党的十六大提出到 2020 年全面建设小康社会的奋斗目标，其中，人均 GDP 达到 3000 美元是第一位的经济指标。但仅仅用了 5 年，2008 年我国人均 GDP 就突破了 3000 美元，2012 年这一数据达到了近 6200 美元，这意味着在过去的 4 年，我国人均 GDP 几乎再次实现了翻番。这表明，我国确实进入了国际发展经济学中所谓的人均 GDP 在 3000～10000 美元的快速倍增期，而且站到了一个更高的起点。

从发达国家的经验来看，实现这一跨越大约需要 20 年的时间，但如果考虑汇率的因素，这一跨越就极有可能在 10 年内完成。例如，日本从 1973 年的人均 GDP 近 3000 美元扩张到 1982 年的 10080 美元，只花费了 9 年时间。随后，日本人均 GDP 出现了一个更令人震撼的倍增时期，在 1982～1995 年实现了人均 GDP 从 1 万美元向 4 万美元的跨越，一度出现了人均 GDP 赶超美国的发展趋势，快速完成了从低收入国家向中等收入国家，乃至发达国家的历史性跨越。目前，我国已经有天津、北京、上海、江苏、内蒙古、浙江等六个省份人均 GDP 跨过了 1 万美元的门槛，这一人均 GDP 的快速倍增期，也是我国经济社会发生大发展、大跨越、大创新的宝贵时期。因此，党的十八大在综观国内外大势的基础上，明确指出我国发展仍处于可以大有作为的重要战略机遇期，提出了实现国内生产总值与城乡居民人均收入比 2010 年翻一番的战略部署。既要转方式，又要稳增长，这就需要深刻理解我国战略机遇期内涵和条件的变化，将我国发展的战略机遇转化为没有水分、实实在在的 GDP 增长，在转方式、调结构、稳增长的战略指引下开创我国经济增长新周期，以彻底改变我国作为世界最大发展中国家的国际地位。

三、充分释放我国经济增长新动能

当然，对于人均 GDP 在 3000～10000 美元的快速倍增期，也出现过有些国家遭遇了“中等收入陷阱”的跨越难题，最典型的就是拉丁美洲国家。阿根廷的人均 GDP 大约在 1920 年就已经是全球第 6 位，但现在滑落到了全球第 60 多位的水平，在整个 20 世纪拉丁美洲国家向高收入国家的跨越过程，普遍面临较为严峻的发展困境。研究表明，造成拉丁美洲国家陷入“中等收入陷阱”的根本原因有三条（张建君，2011）：第一，对新自由主义经济发展模式的移植，造成了内源经济发展的失控与严重的金融危机；第二，过度依赖既有的资源禀赋优势，缺乏自主意义上的技术创新和产业突破；第三，就是经济社会发展存在严重的失衡，人均收入的两极分化与贫富悬殊。

拉丁美洲及转型国家的实践证明，完全依赖新自由主义的市场经济模式，发展中国家很难实现真正的经济发展，只会失去对国民经济的真正控制和增加对西方市场的过度依赖，中国特色社会主义市场经济模式的独立探索在一定程度上使得中国避免了新自由主义的危害；有了 30 多年经济高速增长的发展成就，对我国的发展一定要有高度的道路自信、理论自信、制度自信，这是我们筹划中国长远未来的信心所系。改革开放以来，我国作为发展中国家，地大物博、人口众多、资源匮乏，被迫走了一条以廉价劳动力、初级产品出口，甚至以牺牲资源、环境为代价的低成本发展道路，形成了高投入、高耗能、高污染、低产出、低效益、低附加值的“三高三低型”发展模式。现在，有了 30 多年持续增长所形成的经济实力，我国已经到了以人力资本促进技术创新和产业突破的时期，要从低成本的竞争优势向高技术含量的创新优势全面转型，实现创新驱动的发展道路。因此，“中等收入陷阱”对我国最大的警示意义，就是要坚定不移走中国特色发展道路，致力于技术创新与产业转型升级，慎重解决好经济社会发展失衡与分配不公、收入过度悬殊等问题，使得战略机遇期的内部因素建立在平衡和谐的制度氛围之中，更加具有活力、张力和创造力。

当前，在有关中国经济会持续增长，还是掉头向下的前景判断方面，存在着林毅夫有关中国会以 8% 的速度持续增长 20 年和中国经济硬着陆的两种相反论调，但林毅夫的相关论证似乎并不得力。要说明中国经济为什么会持续高速增长的问题，事实上运用经济增长周期理论能够做到最有效的解释。在经济学里，经济活动可分为短周期、中周期和长周期加以研究，我们把 2～3 年的经济波动称为经济短周期，把 8～10 年的经济波动称为经济中周期，把更长时期的经济波动称为经济长周期，一个长周期可以包含数个短周期和中周期，最有影响力的长周期理论就是康德拉季耶夫（Kondratieff）60

年经济长周期理论（以下简称“康氏周期”）。按照这一周期理论，我国改革开放以来的四轮周期，只不过是构成一个经济波动长周期的四组中周期表现而已，距离一个完整的康氏周期还有近30年的时间，要判断中国经济究竟是继续向上，还是会掉头向下，关键要看中国经济是不是符合康氏周期上升期的基本特点。经济处于康氏周期上升期有三大特点：特点一，就是在周期的上涨阶段，繁荣的年数较多，而在下降阶段，萧条年数占主要地位。无论是从既往年份的经济增速、人均GDP的增长态势，还是人民生活水平的改善等多个方面来看，中国经济在过去的30多年里，呈现出了非常多的繁荣年份，这一特点至今未变。特点二，就是在长波上涨阶段的初期，黄金生产会增加。根据以黄金为代表的贵金属产出情况，来判断经济处于上涨还是下降状态，是康氏周期的重要特征。有意思的是，与全球黄金产量持续下降的趋势相比，我国自2007年就以270多吨的黄金产量成为全球第一大产金国，2011年达到314吨左右，连续占据第1名，这表明我国经济充满活力。特点三，就是世界商品市场将因新的国家进入而扩大。如果说，近30年有哪一个国家为全球商品市场的扩大作出了巨大贡献，毫无疑问，这就是已经成为世界工厂的中国。因此，从我国的发展实践来看，康氏周期上涨阶段的三大特点，在我国经济生活中表现出高度吻合，一方面，人民的经济社会生活水准越来越高，生活质量越来越好，繁荣年份越来越多；另一方面，黄金生产的国内繁荣与消费产品的国际化程度相得益彰，我国已经成为名副其实的“世界工厂”。特别是经过2008年全球金融危机考验后的中国经济，在转型发展中变得更加具有活力与竞争力，中国模式日益受到全球关注。有意思的是，按照康氏周期下降期的两个特点来看，即第一，在长波的下降阶段，农业问题特别严重；第二，在下降阶段，发明层出不穷。这和我国经济的发展现状基本上是格格不入的。由此，我们可以得出一个基本的判断，那就是我国经济正处于康德拉季耶夫60年经济长周期的上升期，未来仍将保持一个长波上涨的发展态势。

从2012～2020年，只要我们牢牢把握住全面建成小康社会奋斗目标不动摇，切实有效地把经济发展方式转向创新驱动的发展道路，实实在在地保障和改善民生困难，全力消除经济社会发展中的不协调、不平衡、不可持续难题，积极抢抓我国人均GDP快速倍增的战略机遇，就能够开创改革开放以来的第五轮更有质量和效益的崭新增长周期，实现我国经济的持续高速增长，从而为中国利用内部因素掌控转化外部发展机遇提供强大动力，为“中国梦”向中国复兴的全面落实提供更加切实可行的发展路径。

第二节　论“第一推动力”和“持续的动力”

马克思在研究资本主义社会总资本的再生产和流通时，把货币资本作为社会总资本的一个组成部分考察了其作用，提出了一个明确而又重要的结论，即“它（货币资本，笔者注）表现为发动整个过程的第一推动力”。[①] 社会总资本的再生产表现为资本主义社会的经济增长过程，货币资本所发挥的正是社会投资的关键性作用，这一论断对我国积极扩大有效投资，特别是搞好投资领域的供给侧结构性改革具有积极的启发意义。

一、认识第一推动力的重要性

纵观我国改革开放多年的发展历程，可以清楚地看到，我国经济快速增长的过程，其实也是一个投资持续扩大的过程。甚至，改革开放初期的一个重要任务，就是要通过引进外资解决我国资本不足的难题。1994～2016 年，我国固定资产投资年均增速在 18.5% 的水平，规模从 1994 年的 1.74 万亿元上升到 2016 年的 59.65 万亿元，经济增速年均达到 9.5% 以上，投资成为经济增长名副其实的第一推动力。虽然，伴随 20 多年固定资产投资的高增长，我国投资领域也不可避免地出现了盲目、重复，甚至低效、无效等一系列供给侧结构性改革的难题，但投资始终发挥着我国经济增长第一推动力的作用，直到 2011 年消费才取代投资成为经济增长的第一驾马车。由此可见马克思这一论断的科学性。

2016 年，我国东北三省经济出现较为严峻的增长失速态势，甚至辽宁省陷入负增长区间，从国家统计局披露的数据来看，当年我国民间固定资产投

① 马克思：《资本论》第二卷，第 393 页。

资名义增长 3.2%，东北地区的民间固定资产投资增速是 -24.4%，这是一个很大的警示。就是投资作为经济增长的第一推动力一旦严重下滑，经济增长失速就成为必然，这提醒我们要重视投资作为经济增长的第一推动力的重大作用，不能因为投资领域出现的问题和矛盾甚至结构性改革，就忽视投资在经济增长中的这种关键作用。

二、确保经济增长“持续的动力”

事实上，马克思在从单个资本周转的角度提出这一论断后，从资本主义的商品生产角度进一步论述了推动经济增长的这种第一推动力，并强调这是资本主义商品生产的“持续的动力”。他指出：“资本主义的商品生产，——无论是社会地考察还是个别地考察，——要求货币形式的资本或货币资本作为每一个新开办的企业的第一推动力和持续的动力。”[①] 这种“持续的动力”论断，进一步凸显了投资在整个经济增长中的关键性作用。现在，理论界在反思我国经济对投资过度依赖的问题时，引起了社会公众对我国固定资产投资增长的必要性和合理性的质疑，其实就是缺乏对经济运行过程的深刻认识，特别是对投资所发挥的经济增长“持续的动力”的理性认识。2016 年，我国最终消费支出对经济增长的贡献已经达到 64.6%。这既反映出我国经济增长动力的优化，也反映出我国经济增长的隐忧，即经济增长的“持续的动力”在减弱，甚至存在经济所谓的“脱实向虚”趋势。在我国的经济建设历程中，投资与消费的关系曾被简单地概括为“一要建设，二要吃饭”，始终强调保持一个较高的投资率，这为国民经济的稳定增长提供了一个“持续的动力”。

我国正处于从中上收入国家向高收入国家的跨越过程。2016 年我国 GDP 初步核算数据是 74.41 万亿元的规模，当年完成固定资产投资 59.65 万亿元，经济增速 6.7%，我国向高收入国家的跨越，意味着 GDP 产出将最终达到 100 万亿元的规模以上。在当前全球经济恢复性增长并不稳定，我国区域差距、基础设施、公共服务等领域仍然亟待改善的大背景下，我国固定资产

① 马克思：《资本论》第二卷，第 393 页。

投资规模将有一个相应的扩大过程，这是投资作为“持续的动力”的必然结果。对此，我们不应该存在丝毫的担忧或恐慌；相反，应该采取各种得力举措，使这一“持续的动力”始终得以保持并且持续优化。

三、在供给侧结构性改革中释放“生产的潜力”

当然，这并不意味着向单纯的投资驱动型经济增长回归，并不是主张单纯地做大投资规模，而是要积极扩大有效投资。从现代经济学的角度来看，马克思所提出的货币资本“第一推动力”和“持续的动力”，在需求管理的角度来看就是投资，在供给管理的角度来看就是资本供给。无论是投资，还是资本供给，毫无疑问都在经济增长中发挥着“第一推动力”和“持续的动力”作用，尽管资本供给与投资在内容和形式上并不能直接划等号，投资直接表现为总量关系，资本供给还带有质上的要求，后者正是我国当前供给侧结构性改革的重要内容。正如马克思所明确指出的，“只要提高原有劳动力的紧张程度，不增加预付货币资本，就可以从外延方面或内含方面，加强对这种自然物质的利用”。[①] 这就是要提高劳动生产率。他特别指出货币资本“在转化为生产资本之后，包含着生产的潜力”。[②] 这些潜力的界限，不是由这个预付资本的价值界限规定的，能在一定活动范围内，在外延或内含方面按不同程度发挥作用。这事实上为我们指明了优化投资的方向，就是加大投资或资本供给的结构性改革方向，其核心就是充分释放“生产的潜力”。

这些方面的具体举措和方法，从需求侧角度来看就是要优化投资结构、方向和效率；从供给侧的角度来看就是要通过优化资本供给来提高全要素生产率。为此，我们必须加大投资的供给侧结构性改革力度，切实扩大有效投资，最终在一个相对适度的投资规模和投资增速下，确保国民经济减速但不失速，而不是患上投资恐慌症，甚至忽视投资所发挥的这种经济增长的“第一推动力”和“持续的动力”作用，从而贻误了我国经济发展的宝贵战略机遇。

---

① 马克思：《资本论》第二卷，第 394 页。

② 马克思：《资本论》第二卷，第 395 页。

第三节　决定性阶段的改革主旨与发展方向

当前，我国正处于全面深化改革的决定性阶段。在此背景下，党的十八大提出了“两个加快”的社会主义经济建设思路，明确了决定性阶段我国加快经济体制改革与发展方式转变的改革主旨与发展方向，改革主旨是“加快完善社会主义市场经济体制”，发展方向是“加快转变经济发展方式”；其实质就是要在坚持中国特色社会主义基本经济制度的基础上，以改革求发展、以发展促改革，为实现中华民族全面复兴的“中国梦”提供最坚实的制度架构与经济保障。

一、加大政府自身的改革，形成政府与市场的平衡关系

我国经济转型的显著特征就是形成了政府主导型的经济发展模式，伴随转型深化甚至出现了“强政府”与“弱市场”的不对称发展格局。无论是在利用公共财力推动经济发展还是项目规划审批，甚至如土地、信贷等有些基础性生产要素的配置方面，都存在着政府行政权力高于市场作用发挥的突出特点；甚至在政府职能的发挥过程中“重发展、轻改革”“重管理、轻服务”“重权力、轻法治”等倾向十分严重，由此形成了一些严重影响政府与市场平衡发展的体制问题。“强政府”的不良表现，正是我国在转型深化期经济体制改革的重点所在。改革的方向就是，在政府职能的发挥方面，除了市场经济通行的按照经济规律运用财政政策、货币政策、收入政策、价格政策进行必要的经济调控之外，政府权力需要坚决地从经济领域撤出，让市场成为社会资源配置的主角，让市场主体成为经济行为的自由主体与自决主体，让全社会对政府行为进行有效的监督，政府的主要责任就是为市场确立公开、公平、公正的社会秩序，这就迫切需要通过法治与制度的建设为权力戴上抑制欲望的笼头，从而形成较为平衡的政府与市场关系。

从中国的实际出发，转型深化期的市场经济宏观层次制度完善，问题并不在于宪政框架的重构，而在于深化政府自身的改革，让有为政府和有效市

场成为中国特色社会主义市场经济鲜明的制度特征与改革取向。一是从职能转变的角度考虑就是建设服务政府，凡是可以通过登记备案解决的市场活动，可以一概不再审批，政府要减少审批事项、审批程序与手续，经济推进市场中介组织的成熟和发育，立足通过改革行政的基础性功能设置推动政府向服务型政府转型；二是从增强合法性角度考虑就是建立责任效能政府，加强各项法律制度的落实和违法查究力度，建立高效廉洁政府，尤其是在市场经济微观运行机制的法律法规监督实施方面，要加强执法力度和执法透明度，创造良好的市场经济环境；三是从市场经济发展的趋势来看，就是实现社会主义法治基础的公共政府，即能够解决政府官员激励与约束机制相结合的政府体制，就是一个能够与完善的社会主义市场经济体制相匹配的政府体制，就是政府要全面承担社会经济基础设施建设、各种教育投入、医疗卫生事业，以及提供社会福利制度，包括在养老、退休、失业、住房等公共领域承担责任，满足社会各种公共需要的公共政府；四是打造公共政府，就是以社会公众作为服务对象，以提供各项公益、公共事业服务社会公众的公众政府，也是国家所有制的各种财产属于全体社会成员的公有政府和贯穿法治精神的公正政府。

二、建立合理的价格体系，打造自由、开放、创新的新型市场

经过 40 多年的改革开放，在发挥市场作为社会资源基础性配置方式方面，我国社会所取得的成就是有目共睹的；但伴随我国经济转型的不断深入发展，在我国的各类市场中商品与服务的价格混乱已经成为不断推高通货膨胀的主要因素，也成为打造自由、开放、创新的社会主义新型市场所迫切需要的发展方向。

无论是生产资料的流通领域，还是生活资料的流通领域，甚至第三产业的服务领域，“只卖贵的，不卖对的”成为各种商品定价混乱的一个主要表现，形成了不正确的市场价格导向，成为我国时下市场秩序较为混乱的重要原因之一。首先，原本存在于各种各类商品之间的合理比价与差价体系，完全被混乱的比价与差价关系所取代，形成了严重的、不合理的价格体系。甚至有些商品的价格远远超出了普通商品的价格范畴，例如一双接近 2 万元的

皮鞋，究竟是普通消费品还是奢侈消费品，老百姓显然无法干预这种市场定价，但政府的相关部门就需要通过制度来加以规范，要出台不同的税收调节政策来规范这种价格现象，形成奢侈品与普通商品合理的价差关系，否则，这种不合理的定价将严重打击合理的市场比价与差价关系，使得商品价格体系陷入混乱之中，使得不法商家唯利是图，最终受到伤害的还是社会主义的市场经济秩序和国民经济发展。其次，自 2009 年以来我国各类商品的价格呈现出爆发式的增长，有些建材、家具、服装等产品的价格出现了近乎翻倍式的增长，甚至一味地追求行业暴利，这种价格现象是合适的还是不合理的，似乎并没有受到政府相关部门的特别重视与调研，我们只是看到了房地产市场价格调控的拉锯现象，如果这些基础性商品的这种价格暴涨现象没有得到合理的解决，中国很有可能走向一个混乱、暴利、缺乏价格秩序的危机市场，甚至不排除爆发严重恶性通货膨胀的可能。对此，我们在看到了我国市场经济中强政府、弱市场格局的同时，更要关注从另一个角度所表现出的“政府不作为”与“市场太混乱”的隐性风险。

为此，改革的方向，一是要重新建立我国市场经济中合理的商品比价与差价体系，其做法并不是计划经济时代的价格管制，而是利用有效的税收杠杆与价格调控政策，推动市场向更加自由、开放而富有竞争力的方向发展；二是通过合理的价格调控，使得价格体系向更有利于市场主体自主创新，而不是向行业暴利甚至依靠不恰当价格竞争的混乱市场发展，我国市场需要向全面创新的市场发展；三是及时出台《奢侈品税收征管法》，对奢侈品与普通商品在市场管理与税收制度等方面建立明确的管理措施，严格抑制存在巨大价格冲击力的奢侈品价格冲击普通商品市场的现象，有效改善价格机制对市场主体竞争与资源配置的效率与品质。

三、坚持增量改革与存量调整的改革思路，增强各种所有制经济主体的竞争活力与创新动力

我国转型经济一条成功经验，就是在所有制的改革方面，坚持了增量改革与存量调整的有机结合。实践已经证明，改革是着眼于增量的培育还是存量的调整，存在着经济发展思路与经济利益关系调整思路的根本性差别，具

体到不同的所有制主体，其实质也就是对国有企业、三资企业、民营企业采取何种改革态度的问题。当前，转型深化期的我国经济已经成功确立了社会主义市场经济体制，更重要的任务就是要创造一个各种所有制经济公开、公平、公正竞争的经济发展格局。

为此，党的十八大再次重申了“两个毫不动摇”的改革主旨，就是进一步明确了国有企业主要集中在事关国计民生、国家安全的行业，国有经济是国民经济的主导与主体，这是社会主义市场经济制度的一个突出特点。所以，在国有企业的改革方面，重要的仍然是存量调整而不是所有制改革。国有企业是新中国成立以来，几代人艰苦创业的结果，是我国生产力体系与产业结构演进的主体性成就，要让国有企业更好地造福全体人民，这是基本的改革原则。但国有企业长期依赖于传统管理模式与行业特点，存在着较为严重的行业利益、行业垄断甚至衙门气息，缺乏有效的企业组织形式创新，依靠垄断地位而不是依靠技术创新获得市场利润的不良现象仍然较为突出。为此，在国有企业的存量调整方面，虽然发展仍然是国企改革的第一要旨，但深化国企改革是不可或缺的内容。一是坚决调整因为行业垄断所形成的行业暴利，要通过人民代表大会的有效监督与质询，形成通畅的国有资本经营、管理与利润上交的体制机制，使得国有企业的经营与运转能够体现更好造福全体人民的发展特点。二是严格限制国有企业高管薪酬过高、缺乏有效监督等现象，形成国有企业高管与普通员工及社会工薪阶层收入的合理比例关系，构建对国有企业高管实行向同级人民代表大会各种事务公开质询的制度安排，加强对国有企业高管及企业经营行为的制度约束。三是明确国有企业利润中用于技术创新的合理比例，通过强制性的技术创新利润比例分配措施，一方面扭转国有企业利润福利化的不良倾向，另一方面切实将国有企业打造成为中国实施创新驱动战略的主力军。四是国有企业也必须适应市场经济体制的要求优胜劣汰，这是自然法则。但不能搞只是盯着国有企业，非得私有化、民营化，这是折腾国家的经济基础、制造权贵资本家、瓜分国有资产的错误方向，在新一轮的深化改革过程中一定要引以为戒。国有企业需要在市场经济的发展过程中二次创业，用市场经济的方式发展自己、壮大自己，证明国有企业的智力、资本、技术和组织优势，成为推动社会主义市场经济健康发展的重要力量。

在有效推动社会主义市场经济的市场主体的竞争活力与创新动力方面，最为关键的举措就是：一是要打破各种行业准入门槛，创造凡是符合条件的各类市场主体自由进入各种行业的机会与条件，无论是国有企业，还是民营经济、三资企业在市场准入方面要做到机会公平、规则公平、竞争公平。二是规范各类市场主体的税收制度，创造一个公平税收的环境，保证各类企业主体在相同的税收环境实现公平的市场竞争，除了国家政策明确允许的开发区享有不同的税收优惠外，要坚决实现税收的统一性、取消税收政策的弹性空间。三是增强小微企业的创新能力，加大政府通过提供风险投资、信用资助等制度创新途径推进小微企业走科技创新与加速发展的道路。四是严格三资企业及民营经济的用工制度，将合同用工制度所要求的三资企业、民营经济正常签订用工合同、按时缴纳员工参与社会保障体系的“三金”等制度落到实处，为进一步创造全社会各个行业社会保障体系建设的统一化、全覆盖打基础、做准备，通过解决非公经济就业者所面临的社会待遇差异，形成非公经济就业者享受与其他社会成员相同社会保障待遇的制度环境，从而为着力激发各类市场主体发展新活力与增强创新驱动发展新动力提供有效的制度保证，推动各类市场主体公平参与市场竞争，全力推动技术创新，形成公平、公开、公正的社会主义市场经济体制，将我国经济真正推动到依靠技术创新、实现内生驱动的崭新发展模式上。

第四节　把握发展机遇须提高社会管理水平

当前，我国既处于发展的重要战略机遇期，又处于社会矛盾凸显期，社会管理领域还存在不少问题。要提高社会管理科学化水平，必须深刻认识当前社会发展阶段的特点，重点解决各种突出的社会矛盾，促进社会和谐，推动经济社会不断发展。

一、我国经济正处于康德拉季耶夫周期的上升期

自改革开放以来，我国迎来了重要的历史发展机遇。我党和政府牢牢把

握这个机遇，成功地推动了我国经济社会长达 30 年的持续、快速增长，创造了世界经济增长史上的奇迹。目前，我国正处于康德拉季耶夫（Kondratieff）60 年经济长周期的上升期。按照康氏理论的描述，在这个阶段存在以下两个特点：特点一，就是在周期的上涨阶段，繁荣的年数较多；特点二，就是在长波上涨阶段的初期，黄金生产会增加，世界商品市场将因新的国家加入而扩大。从我国的发展实践来看，这两个特点非常鲜明。一方面，人民的生活水平越来越高，生活质量越来越好，繁荣年份越来越多；另一方面，黄金生产的国内繁荣与消费产品的国际化程度相得益彰。与全球黄金产量持续下降趋势相比，我国 2007 年就以 270 多吨的黄金产量成为全球第一大产金国，而且正在成为名副其实的“世界工厂”，特别是经过 2008 年国际金融危机考验后的我国经济，在转型发展中变得更加具有活力与竞争力。如果进一步考虑我国经济社会正处于人均 GDP 从 3000 美元向 1 万美元快速跨越的阶段性特征，我们可以断言，我国经济社会仍然处于不断转型升级的繁荣期之中，具有广阔的发展前景与巨大的战略机遇。

二、我国高额群众消费阶段的三大特点

按照美国著名经济学家罗斯托的经济成长阶段理论，我国经济社会正在进入所谓的经济发展第五阶段，即“高额群众消费阶段”。其中，第四阶段（“趋向成熟阶段”）中作为主导工业部门的钢铁、煤、电力、通用机械、肥料等重型工业部门综合体系，在我国已经渐趋饱和甚至过剩，亟须实现技术创新与转型升级。在“高额群众消费阶段”，以汽车生产和消费为主的耐用消费品综合体系正在成为持续推动经济社会发展的主导部门，这和我国近 5 年来在汽车产业生产与消费方面所表现出的快速扩张势头非常吻合。唯一的区别，就是我国的“高额群众消费阶段”来得更加迅猛、更不均衡、更为复杂。

所谓“更加迅猛”，就是我国在汽车、黄金以及一些奢侈品的消费方面异军突起，扩张速度惊人。以汽车为例，2008 年 3 月，我国汽车首次迈上了月销售 100 万辆的台阶；为应对国际金融危机的冲击，我国在 2008 年底出台了汽车购置税减免等优惠政策，2009 年我国汽车产销量就以 1360 万辆的规模跃居世界第一的宝座；2010 年，我国以产销双超 1800 万辆的骄人成绩，

刷新美国1700多万辆的世界记录。北京等城市不得不推出“汽车限购令”。这种发展与转变的速度是惊人的。这种惊人的速度在黄金以及一些奢侈品的消费领域同样也有充分的体现。随意进入中国各地有代表性的商场，那些动辄以5位数起价的商品，正在模糊着人们关于普通商品与奢侈品的心理界限。许多国外顶级奢侈品纷纷抢滩中国市场，将中国界定为“全球奢侈品消费的最大市场之一”，我国在奢侈品消费方面，增长率和销售量已连续三年保持全球第一，以65亿美元的消费额成为仅次于日本的奢侈品消费大国。从温饱到小康，再到电灯电话、楼上楼下、汽车代步……这一切都发生在短短的30年间，比起父辈们梦想的吃饱饭、穿暖衣、有房住、能读书的社会，何止天壤之别。

所谓“更不均衡”，就是我国经济社会在这种翻天覆地的变化过程中，仍然存在着地区、城乡、行业发展的不均衡，经济社会发展的不均衡，社会群体发展的不均衡。在地区方面，西部有些省份的经济总量、财政收入还比不上东部的一个县级市，人均收入更是差距悬殊；在城乡方面，尽管各种惠农、支农政策与新农村建设战略的实施，使得“三农”之困正在发生根本性的转变，但仍然要看到，有些农村特别是边远山区、革命老区以及西部一些农牧地区，落后面貌仍然没有得到根本性改善，老百姓的衣食住行、生产生活都还处于较落后的状态，落后的农村与发达的城市处于截然不同的发展水平；在行业方面，行业收入差距与行业暴利成为引发资本寻租、行业腐败、阻挠社会创新的重要因素。在我国经济社会发展的不均衡中，形成了经济发展快而社会事业相对落后的矛盾。这使得我国在转变经济发展方式中，处理各种社会矛盾成为一个棘手的问题。社会群体发展的不均衡，是一个与推进改革紧密相关的特殊现象。在激烈的体制改革和社会转型中，各行各业、各个领域都产生了一些下岗、分流甚至无法重新就业的社会群体，他们中许多人的生存状态与其他的社会群体甚至昔日的同事、同学拉开了相当大的差距。这些人虽然能够享受社会保障，但毕竟存在巨大的落差，迫切需要改变这种不均衡的生存状态。上述存在于我国经济社会快速发展中的各种不均衡现象，迫切要求通过改革来优化各项社会事业，推动城乡协调发展、经济与社会同步发展、各种社会群体公平发展与自由竞争。

所谓“更为复杂”，就是我国改革开放在取得巨大进步的同时，也出现了不少新的社会问题。例如，“住房难、看病难、上学难”等问题在一些地方比较突出，人民群众的意见比较大；一些公众人物和媒体以“三俗”博取人们的眼球，一些人以暴露丑态为手段进行自我炒作，这些都考验着社会的道德底线；一些地方黄赌毒、卖淫嫖娼现象滋生，甚至出现黑恶势力横行霸道、与腐败官员相互勾结等丑恶现象。这些问题与现象，是对我党和政府执政能力的重大考验。各种社会问题的凸显，并不是因为我们进行社会管理的人员少了，文化水准差了，技术手段落伍了，问题的根本是我国社会管理机制还存在一些漏洞与缺陷，使得社会正气得不到伸张，歪风邪气没有很好遏制。因而，必须提高社会管理的科学化水平，及时堵塞管理机制中存在的漏洞。

三、在新的发展阶段优化社会管理所面临的考验

由于具体国情的差别，各国在“高额群众消费阶段”的特征并不完全相同，但其中有不少共同的社会问题和社会矛盾。例如，罗斯托提出，在高额群众消费阶段，汽车工业的发展与大量消费会引起空气、水资源等严重污染及大城市病，由收入差别而引发的贫富不均会更加严重，社会问题与矛盾将尤为突出。这些问题当前我国都已出现。从我国经济社会发展不均衡与社会矛盾复杂化的发展趋势来看，导致社会不稳定、不和谐的因素有增无减。因此，人们对各项社会管理工作的批评会更尖锐，对各项社会管理工作的服务水平要求会更高。这也是社会更富裕、更文明、更进步的表现。我国要以一个负责任大国形象屹立于世界民族之林，就要有更高的经济成就和文明素养。

首先，我们需要建立更加完善的社会保障体系。在社会保障方面，我国社会保障范围不断扩大，已初步实现了覆盖全民和覆盖城乡，各种层次社会保障水平也在不断提高，总体在进步；但老问题未能完全解决，新的要求与矛盾却在不断产生。在通过社会保障化解复杂社会矛盾方面，我国还需要有更为得力的措施和具体办法。

其次，我们需要坚守司法公正这一社会公正的底线。由于社会生活与社会管理方面所引发的社会矛盾，最终体现为通过司法程序寻求社会公正，而这些社会矛盾多多少少都可以归结为社会管理的不作为甚至乱作为。简单化地来看这些社会问题，纵然是老百姓的家长里短，如果基层干部真正是心系

百姓，从村民小组组长、村长、居委会主任到各级社会管理部门都能够发挥职权，就完全能够主持公道、化解矛盾。但如果他们不作为，矛盾就无法避免；如果他们乱作为，则这些小的矛盾就完全有可能上升为社会性的矛盾。如果一些社会矛盾无法通过社会管理部门解决，就会诉诸于公检法部门。因而，必须坚守司法公正这一社会公正的底线。

再次，我们需要处理好效率与公平的关系。收入分配不公是当前导致社会矛盾最为直接的因素。马克思有一句名言：人们所奋斗的一切，都与他们的利益相关。当前我国在收入分配上还存在不少问题，尤其是劳动者报酬过低加大了收入的不公平，使得劳资矛盾有加深的趋势。如何既能保持高效率，又能促进收入分配更加合理、公正，这是社会管理需要着重解决的问题。

最后，我们需要不断地加强社会监督。新闻媒体、“两会”代表等要真正把自己作为对国家、对人民、对权力负责的民意群体，认真查找政府在社会管理中的不足，督促政府通过真正有效的社会管理体制改革，改善管理能力，提高管理水平。

四、在优化社会管理的改革中把握好发展机遇

回顾美国社会所经历的“高额群众消费阶段”，我们看到了与我国当前相似的各种社会问题与矛盾，例如，环境污染、城市衰败、贫富不均、社会道德混乱等。为解决这些“高额群众消费阶段”的问题，罗斯托提出了不少政策建议：增加教育和保健费用；进行大量相关投资，以减轻汽车时代的污染和城市畸形化；设法处理与收入不平等有关的问题；设法对付那些利用各种机会进行抗议或者以违法的方式反对社会的人。在推动社会向“追求生活质量阶段”的转变方面，他提出，要在公共投资的教育、卫生保健、住宅建设、城市和地区的现代化建设、社会福利等部门，以及私人投资的教育、卫生保健、文化娱乐、旅游等部门加大投入与改善力度，建立良好的生活，形成新的价值标准，确立社会生活新目标，以激发经济社会持续进步的新动力。罗斯托提出的这些策略，对于我国有一定的借鉴参考价值。

当前，提高社会管理科学化水平，要求各级领导干部要始终坚持以人为本，执政为民，切实贯彻党的全心全意为人民服务的根本宗旨，不断实现

好、维护好、发展好最广大人民的根本利益；要坚持贯彻党的群众路线，坚持人民主体地位，发挥人民首创精神，紧紧依靠人民群众开创新形势下社会管理新局面；要坚持把群众满意不满意作为加强和创新社会管理的出发点和落脚点，着力解决好人民群众最关心最直接最现实的利益问题。政府作为社会管理者，要加快向服务化管理转变，政府的社会服务水平要从不均衡向更加均衡转变，政府的社会管理能力要从单纯的事务主义向复合性、专业化方向转变。党中央强调加强社会的科学化管理，标志着我国进入了通过完善社会管理机制推进社会优化的崭新阶段。胡锦涛同志提出，当前提高社会管理科学化水平要重点抓好八个方面的工作。这些工作涉及我国发展新阶段中各种矛盾和问题容易产生的主要方面，做好这些方面的工作非常重要，应抓紧落实。

总之，面对我国这千载难逢的发展机遇期，我们必须不断提高社会管理科学化水平，及时化解各种复杂的社会问题与矛盾，以促进我国经济社会等各项事业快速发展。

第十四章

我国电力行业市场化改革研究

我国电力行业的改革，经历了一个较为复杂而曲折的历程，迄今仍然处于深化之中。2009年以来，国内出现了所谓“新国企运动”，或称“国进民退”的理论争鸣，在国企的地位、效率、改革取向、发展趋势等多个方面形成了激烈的争论，使得垄断行业国有企业的改革再度成为全国关注的焦点。电力行业是国企最集中、自然垄断特征最强的经济领域之一，在市场化改革进程中被认为是极为难改的“电老虎”。随着我国市场化改革中“正、反”两方面经验与教训的不断积累，使得我们可以把电力行业作为改革个案进行一个深入的剖析与研究，这将有助于厘清在国企改革新阶段所出现的观点分歧，凝聚转型深化期有关国企改革的新共识，以促进我国电力行业更好更快的健康发展。

第一节　我国电力行业的基本现状与垄断特点

一、我国电力行业的基本现状

按照电力行业的自身特点，我们可以把电力行业划分为发电企业、输电企业、供电企业，分别处于电力生产环节、运输环节、配售环节。国家电力监管委员会的年度数据显示[①]：首先，在发电环节，截至2009年底，我国有

① 有关数据源自：国家电力监管委员会：《中国电力监管报告（2009）》。

6000 千瓦及以上的各类发电厂 4600 多家，其中，中央直属发电集团 11 家[①]，年末总装机容量 50819 万千瓦，约占全国全口径装机容量的 58.13%；地方发电企业占 37.05%，其中 19 家规模较大的地方国企年末总装机容量 10763 万千瓦，约占全国全口径装机容量的 12.30%，民营和外资发电企业占全国总装机容量的 4.82%。经过竞价上网的电力市场化改革措施，我国电力企业在发电环节已经形成了多元化竞争格局。其次，输电环节具有自然垄断性质，全国从事省级及以上输电业务的企业总计 38 家，其中省级输电企业 31 家。国家电网公司业务覆盖 26 个省份，是世界上规模最大的输电企业，南方电网公司业务覆盖 5 个省份，是跨省的区域性输电企业，内蒙古电力公司为省内独立私营公司。最后，是供电企业，全国地、县两级供电企业总计 3171 家，其中地级供电企业 431 家，县级供电企业 2740 家，直接从事电力的配电和零售；其他还有电力承装企业 8630 家。目前，我国电力行业的改革，一方面要继续打破行业垄断、引入竞争机制，实现电价市场的竞争与服务改善；另一方面要不断巩固电力市场化改革的前期成果，改善国有大型电力企业的法人治理结构，实现有序竞争，来推动我国电力事业的健康发展。

二、我国电力企业的垄断特点

（1）自然垄断是电力行业的基本特点。电力行业作为国民经济的基础行业，由于电力产品无法独立存储，必须依靠电网技术才能够进行电力输送与配售，所以具有自然垄断的行业特点；同时，电力产品还具有社会公共商品的一般属性，利益最大化的市场竞争法则，并不能完全推动社会服务改善与技术进步，甚至只讲求利益至上的电力产品生产与消费，有可能会对其他企业、国家和社会公众生活造成严重影响，甚至有可能影响到产业、国家和社会安全，这些都毫无疑问地增强了电力企业的自然垄断特点。（2）行政垄断是我国电力行业的体制特征。电力行业在我国的特殊之处，就是在计划经济体制下电力企业的发展是由国家大量投资而形成的，经过不断的改革这种状

① 这些中央直属的发电企业分别是：华能集团、大唐集团、华电集团、国电集团、中电投资集团、神华集团、长江三峡集团、华润电力控股有限责任公司、国家开发投资公司、中国核电集团、广东核电集团。

况虽有改善，但由此形成了我国国有垄断电力企业为主的产业格局，在不同省份的电力发展中还形成了带有区域性垄断特点的电力企业，受到国家审批制度严格管制的企业准入与电价模式，具有国有企业职工身份特点的劳动用工形式，以及行业相对封闭的运营模式特点，所有这些特点都可以被概括为行政垄断。由于电力企业在所有制方面以公有制为主体，兼之在计划经济体制下电力系统政企不分，电力部门承担了政府的电力监管职能，这就使得我国在电源投资、电力准入、电企运营模式等一系列方面具有强烈的行政垄断特点，虽然经过了长期改革，但依然未能得到有效清除。

因此，我国电力行业的改革过程，一方面，是提高企业效率、降低运营成本、改善企业服务，更好地推动行业发展的现实要求，这就要打破电力企业的自然垄断、技术垄断等行业特点；另一方面，也是向适应市场经济要求的电力体制改革转型过程，这个体制改革与转变的过程，就要求不断打破我国电力体制中所存在的所有制垄断、价格垄断、地区性垄断等行政性垄断，使得电力行业不断剔除其政府行政职能而完全转变为市场化的企业角色。这两个方面的改革，主要就是要打破电力企业的自然垄断与行政垄断特点，引入市场竞争机制，推动电力企业市场化发展。

第二节　我国电力行业的改革历程与绩效评价

一、我国电力行业的改革历程

我国电力行业经历了“集资办电、行业开放”“政企分开、省为实体”“厂网分开、竞价上网”三个主要的改革阶段，现在正处于第四阶段“输配分开、电价改革”的改革深化期。

第一阶段（1978～1997 年），以“集资办电、行业开放”为主要内容的改革阶段。电力行业和其他垄断行业一样，在计划经济体制下形成了“高度集中、政企不分、垂直管理、垄断经营”的行业管理模式，电力供给的短缺是行业发展的显著问题。在改革开放初期，为了解决全国性缺电的困难局面，国家允许集资办电的发展模式，还采取征收能源交通基金、征收“两分钱”建设基金等多种发展措施，推动电力工业的发展，解决电力供应紧张的难题。随着改革开放的不断深入，从 1985 年开始，我国就打破了电力行业国家垄断经营的局面，允许外商投资电力项目，实现了电力行业的开放发展，随后我国电力事业进入了快速发展的时期，逐步形成了以国有经济为主、多种经济成分并存的发展格局。到 1997 年前后，终于实现了大部分电网电力供求的基本平衡，终结了全国主要电网经常性缺电的困难局面，解决了电力供给短缺的难题，这个阶段可称为我国第一轮电力改革。其成绩是经过多种形式的集资办电与行业开放，电力短缺的问题在我国基本上得到了有效的解决；但电力企业经营管理模式陈旧、效率较低、行业作风粗暴、缺乏激励与约束机制的体制弊端充分暴露了出来，被人们描述成摸不得屁股的“电老虎”，转变作风、提高效率成为迫在眉睫的改革问题，问题根源则在于传统的电力体制并未改革。

第二阶段（1997～2002 年），以“政企分开、省为实体”为主要内容的改革阶段。随着我国社会主义市场经济体制转型目标的确立，计划经济体制下“高度集中、政企不分、垂直管理、垄断经营”的电力垄断经营模式，已经无法适应市场经济的发展要求，必须采取根本性的体制改革，全面转向适应市场经济要求的“四自型”的公司制企业。1997 年 1 月，国家电力公司宣布成立，成为专门从事国有电力资产经营的国有企业；时隔一年，国家电力部被撤销，政府管电职能转移到国家经贸委及各省经贸委。国家电力公司在全国自然垄断行业中率先脱离政府序列，进入了“政企分开、省为实体”的电力体制改革阶段。1998 年，国家电力公司提出了“政企分开、省为实体”“厂网分开、竞价上网”的电力行业“四步走”改革方案，由国务院办公厅作为《关于深化电力工业体制改革有关问题的意见》转发全国，并在 1999 年就选择浙江、山东等省份的六家电网进行部分电量竞价上网的改革试点。其中，撤部建企是政企分开的重要措施，彻底打破了电力行业大一统的体制特点，但“省为实体”（即每省各设一省级电力公司，对全省电力实行统一规划、统一管理）的体制安排①，事实上仍然是对计划经济体制下电力

① 事实上，1987 年国务院就提出了“政企分开、省为实体、集资办电、联合电网、统一调度”的电力改革方针，但由于在我国传统电力体制没有发生根本性改变的前提下，“省为实体”只是扩大了各省办电的权力，各省的电力系统没有摆脱高度集权的国家电力体系。

管理模式的一种延续。因此，在“省为实体”的改革方面暴露出了一系列的体制后遗症，一方面，各省政府以邻为壑，阻碍电力资源跨省优化配置和市场竞争，盲目发展小火电、小水电破坏生态，甚至竭泽而渔、违规发展；另一方面，电力企业隐瞒超额利润，涉足酒店、发电厂等其他产业，行业腐败现象层出不穷。其中，二滩水电站建成即严重亏损，成为电力行业市场分割中的一个显著案例，引起了全国上下的广泛关注，引发了如何实现电力市场化改革的激烈争论。争论的问题主要集中在三个方面，即：电力行业要不要反垄断；市场化是不是电力体制改革的取向；我国电力行业现在具备不具备引入竞争的条件①。电力体制改革所暴露出的问题，使得打破行业垄断、推进市场化竞争的认识更加明晰，要求推进“厂网分开、竞价上网”的市场化改革共识更加明确，也证明了由国家电力公司自己改自己的改革道路是行不通的。值得一提的是，2000 年底爆发在美国加利福尼亚州的电力危机，对我国电力市场化改革起到了负面影响，使得我国对电力市场化改革风险产生了较大顾虑，影响了“厂网分开、竞价上网”的改革进程。2001 年 5 月，国家计委提出了“1 +6”的改革方案，即设立国家电网公司，下设 6 个区域电网公司，披露出破除“省为实体”电力行业管理体制弊端的意图，但由于不能真正解决区域电网省际壁垒的问题，并未付诸实施。随后，我国电力改革进入了一个相对平稳的时期。2000 年，我国发电量和发电装机容量虽然位居世界第二位，但人均水平仅为发达国家的 10% ~20%，还不及世界平均水平的一半。这是电力行业的第二轮改革时期，其成绩就是初步解决了电力企业政企分开的体制难题；但使得电力垄断的问题暴露得更为突出。实践证明，如果没有体制方面的改革理顺，要进行更深层次的垄断改革，基本上是行不通的。

第三阶段（2002 ~2007 年），以“厂网分开、竞价上网”为主要内容的改革阶段，这被认为是我国打破垄断、按照电力市场化改革模式推动我国电力行业的改革阶段。在改革方案的反复探讨中，国家计委在 2001 年底提出了新的电改方案并经国务院批准开始实施，明确提出了“打破垄断，引入竞

① 《中国电力企业管理》编辑部：《两年来电力体制改革讨论综述》，《中国电力企业管理》2002 年第 4 期。

争，提高效率，降低成本，健全电价机制，优化资源配置，促进电力发展，推进全国联网，构建政府监管下的政企分开、公平竞争、开放有序、健康发展的电力市场体系”的电力改革目标。随后，按照国家“电力体制改革方案”构建了分别重组成立两家电网公司、五大发电集团公司和四大辅业集团公司的基本电力体系架构①。2003 年，发起成立了国家电力监管委员会，使得电力企业在体制上完全实现了政企分开，在厂网分离的改革过程中，也暴露出了一厂多制、厂网争议、违规经营、产权不清等许多电力企业经营管理中存在的问题；特别是自 2002 年就提出的“电网主辅分离”的改革长期停滞不前，学校、医院、电力设计、施工、维修等辅助性业务单位，以及由电力企业投资经营的酒店、证券、房地产“三产”为主的多种经营企业都要实现与发电、电网等主业的分离，但在实践中，学校、医院等不直接与主业具有直接业务与技术联系的辅业，都实现了有效剥离，但具有业务与技术以及由电力企业投资的三产辅业却很难被有效剥离，2007 年国资委曾经推出《电网主辅分离改革及电力设计、施工企业一体化重组方案》，至今并未全面落实。这是电力行业的第三轮改革时期，学术界对这一时期的改革存在着截然不同的绩效评价。整体来看，经过 5 年的改革推进，我国电力体制改革取得重大进展，政企分开、厂网分开基本实现，发电领域竞争态势已经形成。有观点认为这个时期的改革，在被认为是具有自然垄断属性的电力行业中引入竞争机制，使得我国电力市场化改革取得了突破性进展；但也有激烈的批评意见，认为自 2002 年国家实行电力资产厂网分离以来，包括主辅分离、输配分离在内的电力改革历经长达八年的原地踏步，在电力垄断企业内部引入竞争机制的难题，仍然没有得到有效解决。

第四阶段（2007 年至今），以“输配分开、电价改革”为主要内容的改革阶段，是我国电力市场化改革纵深化发展时期，这个阶段的改革将最终确立具有市场经济特点的电力企业模式。2007 年 4 月，国务院办公厅转发电力体制改革工作小组《关于“十一五”深化电力体制改革的实施意见》，可以看作是启动了电力企业的第四轮改革。该文件明确提出了继续推进电网企业

---

① 两家电网公司分别是国家电网公司、南方电网公司；五大发电集团公司分别是：华能集团、大唐集团、华电集团、国电集团、中电投集团；四大辅业集团公司分别是：中国电力工程顾问集团、中国水电工程顾问集团、中国水利水电建设集团、中国葛洲坝集团。

主辅分离改革、加快电力市场改革、深化电力企业改革、深化电价改革、研究制定输配分开方案并稳步试点、推进农村电力体制改革、加快电力法制建设、转变政府职能完善核准制度健全监管体制八个方面的改革措施。除了巩固厂网分开改革成果、稳步实施主辅分离改革外，推进以区域电力市场平台建设和大用户与发电企业直接交易为主要内容的电价改革、开展输配分开的改革试点和深化农村电力体制改革试点等内容无疑是这个阶段的改革亮点。这个时期的改革，对完成我国电力企业破除垄断、实现电力市场化改革，特别是对确立一个具有中国特色的电力运营模式无疑具有决定性意义。

回顾我国电力行业改革的阶段性改革历程，我们可以看出一条比较明晰的改革线索，即通过"集资办电"初步解决了我国电力供给短缺的电力生产难题，通过"政企分开"解决了电力企业的管理体制问题，通过"厂网分开"解决了电力企业的行业垄断问题，现在正在通过"输配分开、电价改革"解决电力企业的内部竞争问题。在我国向社会主义市场经济体制转型与改革的大背景下，我国电力垄断企业的改革虽然也存在许多争论，甚至遭遇了一些挫折与反复，但我国电力垄断企业基本上是沿着"政企分开、厂网分开、输配分开、促进竞争"的电力市场化改革逻辑在不断深化，不但快速解决了我国电力长期供给短缺与技术落后的发展难题，而且在为人民提供更好更优质的电力服务方面进步很大。实践证明，电力市场化是一个符合市场经济体制要求的改革方向，要坚持而不能动摇。

二、我国电力垄断企业的绩效评价

客观来看，我国电力垄断企业经过数轮改革，成绩巨大、成就显著，不但完全解决了全国电力供给普遍短缺的难题，而且基本上形成了电力市场化竞争发展格局，在实现发展、服务社会两个方面都取得了长足的进步。

首先，推动了我国从电力小国向电力大国的快速跨越。1952年，人均发电量在美国是2949度，苏联是553.5度；中国却只有2.76度，是美国的1/1000，苏联的1/200。[①] 我国电力行业就是在这样落后的基础上开始起

① 苏星：《新中国经济史》，中共中央党校出版社1999年版，第202页。

步，直到20世纪80年代，我国仍然面临着电力供给紧张的瓶颈束缚，经常出现拉闸限电、临时停电甚至直接断电等电力供给短缺现象。经过30年的改革发展，2009年我国发电总装机容量超过8亿千瓦，稳居全球第二位，年发电量近3.6亿千瓦时，分别是1949年的450多倍和800多倍，220千伏及以上输电线路近38万千米，超过美国跃居世界第一位。其中，虽然离不开经济社会进步的因素，但电力市场化改革无疑是取得这个成就的根本动力。

其次，推动了电力体制从垄断向竞争的快速转变。我国电力行业的体制形成，既是计划经济体制政企高度集中的产物，又具有电力行业技术垄断的自然特点，因此，具有极强的行政垄断与自然垄断特点。经过四轮改革，在所有制方面各种电力企业都获得了发展机会，形成了国有、民营、三资企业多元化发展的所有制结构，打破了所有制垄断；在行业内部，形成了发电企业多元竞争的喜人格局，有效引入了竞争机制；在自然垄断属性最强的电网环节，也初步形成了三家企业鼎足而立的发展格局；在电力销售等一系列环节，打破垄断、引入竞争的改革举措正处于不断的探索之中。可以说，经过前三轮的电力市场化改革，我国电力体制的行政性垄断已经被有效打破，进入了向电力市场化体制转变的最后攻坚阶段；我国电力行业的自然垄断特点也因为竞争机制的引入，而变得范围更小，有望通过新一轮改革探索出一条更有中国特色的电力市场化发展道路。从我国电力供给与电力行业目前所处的快速发展趋势来看，我国电力市场化改革的绩效非常显著，电力企业技术含量与服务质量、行业作风也有了明显改善。

最后，由于我国处于向市场经济体制转型的时期，在电力行业中还遗留着许多深层次的体制难题与内在矛盾，甚至由于改革方法不得力、改革措施不到位，还形成了许多亟须进一步改革来解决的问题与矛盾，这都是在下一轮电力行业改革中需要深化与完善的改革内容。

第三节　我国电力行业改革的国际经验借鉴

我国于1992年明确提出转向社会主义市场经济体制，在电力企业改革模式的探讨方面，推动行政性垄断的体制变革与改革自然性垄断成为电力行业改革的两条主线。在推动行政性垄断的体制变革方面，这是我国电力行业所独具特色的改革探索，但在破除电力行业的自然垄断方面，明显受到了国外电力市场化改革理论与经验的影响，要善于学习电力市场化的国际改革经验，更要善于汲取电力市场化改革所带来的经验教训。

第二次世界大战后，在全球范围内形成了两种主要的电力企业模式，一种是国有国营模式，另一种是私有私营、国家监管模式。在国有国营模式方面，还存在早期的西欧模式与社会主义国家计划模式的差别，例如英国、法国等国家在第二次世界大战后都实行国有国营的电力模式，但其电力运营模式是建立在市场经济体制基础上的，社会主义国家则以计划经济模式为主；在私有私营方面，美国一直是以电力企业私营为主，实行发配输一体化垄断经营。电力等自然垄断行业的市场化改革，缘起于新自由主义经济学反对凯恩斯国家干预主义经济模式而取得的理论创新。特别是在西方反垄断理论的研究中，学术界在针对电力企业等具有自然垄断特点的行业研究中，提出了电力行业的自然垄断属性主要集中在电网具有不可分割的特点，而发电、输电、配电、售电等环节可以通过引入市场竞争来降低电价、改善效率，提出针对电网企业可建立专门监管机构，加强运营监管，改善服务质量；针对发、输、配、售等环节可采取多元化竞争，控制成本、提高效率、降低电价。这种改革思路，在英国撒切尔夫人执政时期，迎合了撒切尔夫人对英国经济进行了私有化改革的政策主张，英国从 1980 年开始在电力行业采取了纵向分离的改革模式，除了输配方面继续实行垄断经营，在发电、售电等其他环节采取以出售资产、打破垄断、引入竞争、降低电价为主要内容的电力改革，这一改革持续了将近 10 年的时间，电力资产私有化出售使得英国政府增加了 700 亿英镑的财政收入，使得销售电价降低了 28%，这在全球范围引起了强烈的示范效应，引起了全世界范围内打破电力行业垄断、降低电价改善服务、提高电力行业效率的改革浪潮，除了法国、德国等欧洲国家外，美国、澳大利亚、新西兰、智利、阿根廷等国家纷纷学习并借鉴英国电力改革经验，推动电力私有化、市场化的改革与发展。特别是美国在 1992 年专门派人去英国学习电改经验，采取了纵向整合模式的改革，实行输电和发电功能分离、电网分散所有，促进竞争、限制垄断。但从改革的实际效果来看，既有成功经验可以学习，也有失败教训可供借鉴。

从成功经验的方面来看，一是通过引入竞争，降低电力企业运营成本，最终推动了电价的降低，也提高了电力企业的效率。这对我国电力垄断企业的改革具有积极的借鉴意义，降低运营成本、改善电企效率、降低电价是我国电力企业改革的一个主要目标。缺乏有效竞争的电力行业，不但在服务方面是老虎的屁股摸不得，而且在电价方面也是很难实现有效降低，使得电力行业很难改善自身的社会形象，更好地服务于社会公众。二是规范的公司制现代企业制度，是我国企业面向市场经济转型的主要方向。没有先进的企业组织形式，就很难清理国企政企不分体制弊端在企业内部的残存，企业的行业腐败、冗员浪费等现象就很难有效克服，在这方面西方电力企业给我国电力企业提供了学习样板。从失败教训的方面来看，一是要积极借鉴美国加利福尼亚州电力危机的经验教训，特别是在电价浮动、电网割据管理等市场化改革措施落实后，更要有效发挥电力监管职责并加强国家电力发展投资①。二是英国在电力私有化、市场化改革十年后，一方面，外籍跨国公司控制了英国的电力市场，构成了对国家产业安全的挑战；另一方面，英国被分割的发电、输电、配电、售电等环节又出现了纵向整合的趋势，值得在我国电力市场化的改革中引起重视。三是电力技术的创新与发展，时刻推动着电力行业自身属性与特点的发展，要按照有利于电力技术创新的发展趋势搞改革，而不能使得电力改革成为电力技术创新的“拦路虎”。需要特别指出的是，在我国这样一个刚刚解决了电力短缺问题，电力技术相对落后还没有完全实现从电力大国向电力强国跨越的发展中国家，保持国有电力企业主导的电力技术创新与发展，是提高国民经济竞争力、实现国民经济健康发展的必要条件。

第四节　我国电力行业改革所面临的主要问题

目前，与建立适应市场经济体制的电力市场化改革目标相比，我国电力

① 威廉姆·L. 马赛：《市场化与管制——加州之后的美国电力改革》，《中国电力企业管理》，2002 年第 3 期。

垄断企业还存在着许多问题，亟须得到有效的改革与突破。这些问题既有垄断因素、监管滞后等体制难题，如项目、电价的审批，小火电、环境污染等问题仍在发展；也有企业法人治理结构不规范、社会责任意识淡薄、内部管理混乱等企业管理问题，如厂长经理一言堂、多种经营屡禁不止、薪酬混乱等现象十分突出。这些问题就成为我国新一轮电力垄断企业改革所不能回避的主要内容。

1. 电力行业的垄断现象仍然突出。伴随我国社会主义市场经济体制的初步确立，市场价格机制在社会资源配置中的基础性地位和作用越来越显著，但在有些特殊的领域和行业，市场价格机制的作用发挥得并不充分，成为我国转型深化期的重点改革领域。这一问题在电力行业比较突出，首先，就是电价的问题，价格机制是市场经济优化资源配置的主要信号，电力作为一种商品，如果价格不能由市场供求关系所决定，就很难实现社会资源的优化配置和市场服务的彻底改善，我国仍然具有行政性垄断特点的电价问题，正在成为打破电力垄断的一把标尺。其次，在农村电网的建设方面，过分强调企业利益而忽视国有本位，甚至搞城乡电网同网不同价，这说到底还是行业垄断因素在作怪，不是依靠优质服务提高经济效益，而是依靠垄断地位收取垄断价格，这样并不符合电力企业作为国有准公共产品提供者公平服务全社会成员的基本市场要求。类似的电力垄断性因素和难题，需要进一步深化改革。

2. 电力管理体制改革仍不彻底。在西方国家，除了基于环保标准的要求，对新进入的发电厂商并没有其他行业准入的各种限制，尤其是行政审批制度，但在我国电力行业的投资还需要得到多个政府机关的审批，除了试点省份，电价仍然要经过发改委的批准。行政审批制度和市场经济体制格格不入，在我国向市场经济体制转型发展的过程中，改革各种各样的行政性审批已经成为经济体制转变的基本要求，这些审批制度既造成了既有电力企业的特权意识，又容易引发各种各样的社会腐败行为，已经成为电力行业改革的众矢之的，必须下决心彻底改革。缺乏市场价格机制调节的电力企业，将很难跨越垄断的门槛，无论是因为技术的因素还是行政的因素，都很难保证降低成本、提高效率、改善服务的内在发展动力。电价改革已经成为突破我国电力行业继续在垄断与竞争间实现制度性突破的临门一脚。

3. 电力监管体系不到位，对电力行业的生产经营行为缺乏有力的监督与规范。早在 2008 年，国资委、发改委、财政部、电监会就联合下发了《关于规范电力系统职工投资发电企业的意见》，但从披露出的恩施州电力公司退还集资款的报道来看，恩施州电力公司在退还职工入股分红款时，职工分别领到了以百万元、千万元计算的金额，这种挖墙脚的做法究竟合不合法，还有多少国有电力企业存在类似做法，需要电力行业监管部门真正能够以负责任的态度进行查处。电力监管部门不但要对电力企业的社会服务内容，如电价、电力行业的作风进行监管，而且要对电力企业规范的法人治理结构等电力企业的经营活动进行有效监管；同时，在诸如污染环境、破坏生态的小水电、小火电等国家明令禁止的一些投资行为方面，也要进行有效监管。由于我国建立电力行业监管体系的时间比较短，因此，在改革中出现了许多监管漏洞，随着电力市场化改革的不断推进，需要电力监管部门以更为积极的态度和更高的水平履行监管职能，杜绝行业腐败、危害社会甚至损害社会公众利益的行为，这就对电力监管体系的制度建设与队伍建设提出了更高的要求。

4. 电力企业经营管理混乱，现代企业法人治理结构仍不完善。由于我国在电力企业长期实行“管办结合”的经营管理模式，使得我国电力企业在自身的现代企业制度建设方面存在许多缺陷，特别是在国有企业的体制下，投资主体产权虚置，股东不能充分有效地发挥其聘任董事会、监事会、经理层的权力，结果造成董事会与经理层的权力冲突，甚至出现相互结盟、权力缺乏有效约束等管理弊病。有些企业的领导层缺乏有效约束，在企业内部出现了不顾国家规定、胡乱发放薪酬的做法；有些企业对国家明令要求的主辅分离政策，采取消极或者变通做法，使得主辅不分、以主补辅等现象非常突出；有些企业盲目发展第三产业，甚至转移主业资产推动第三产业的发展，造成国家财产的大量流失。所有这些内容都使得电力企业独立法人的地位受到冲击，也使得现代企业法人治理结构形同虚设，甚至在有些电力企业出现了家长制、一言堂等独断专行的企业管理现象。由此形成的许多腐败问题，引起了社会舆论的广泛关注，甚至有些企业职工完全失去了对企业发展的话语权，国有企业成了比私人企业更专制的独裁企业。

5. 电网建设相对滞后，输配分离、降低电价的市场化改革仍未突破。电网建设需要大量的资金投入，随着技术创新的每一次升级换代，都需要对电网进行相应的改造升级。自改革开放以来，我国电网从330千伏，到500千伏、750千伏，一直到率先实现了1000千伏电网的商业运营；但也出现了在2008年冰冻自然灾害面前，铁塔冻折、电网压断的尴尬事实，甚至正是因为这场冰雪灾害，电网企业主辅分离的改革被长期搁置；同时，在我国存在着电网资源分布不均，在许多边远地区和落后省份电网建设严重滞后的局面。这些现象说明，我国的电力事业也和其他行业一样，既具有追赶型发展特征，又有长期投入不足的客观现实。因此，在我国输配分离、降低电价的市场化改革方面，就会形成发达地区与落后地区、城镇与农村、工业与农业等领域的电力分配与电价差异，特别是经济发达地区的电网就会发展得更快、更好，电价就有可能更加便宜；而经济落后地区的电网就有可能缺乏投入、落伍、老化，电价更高，从而使得电力市场化的改革形成新的电力分配与使用的不均衡，甚至影响到国民经济的整体改善与发展。

6. 电源结构很不合理，清洁能源与新能源发展比较滞后，电力企业社会责任意识淡薄。以我国2008年的发电量构成为例，其中火电占80.95%，水电占16.41%，核电占1.99%，风电及其他占0.65%，我国偏重火电，特别是煤电的电源结构很不合理。这和英国核电、煤电、天然气发电各占1/3的电源结构相比，形成很大的差距。而和法国、日本这些以清洁能源与新能源为主的国家相比，更是表现出严重的发展差距，在法国核电占82%，水电占13%，火电只有占到5%左右；日本的核电占20.1%，也是我国的2倍以上。在低碳经济与循环经济成为全球经济共同发展潮流的今天，我国许多电力企业既不注重改善自身的电源结构和节能减排，也不积极利用清洁能源和新能源进行技术改造与投资，甚至仍然放任环境污染，盲目投资小火电、小冶炼等三产项目，放任企业自身的社会责任，引发了大量负面的社会影响，和作为国有企业的身份极不相符，表现出企业社会责任的缺乏与淡漠。

第五节　我国电力行业深化改革的政策建议

1. 打破电力自然垄断，坚持电力市场化改革的基本方向，继续推动“输配分开、电价改革”的各项改革举措。电力行业自然垄断的特点曾经成为电力行业很难被改革的天然屏障，但从各国市场经济的发展实践来看，要解决电力行业效率低下、人浮于事、电价居高不下等现实问题，就必须对电力企业进行市场化竞争改革。经过前三轮的改革，我国在发电环节已经成功地引入了竞争机制，改革推动了我国发电量的激增，成为第二大发电国。在目前正在进行的输电与配电分离的改革方面，既触及到了电网企业的利益，又直接关系到供电企业的新发展，要利用国家电网、南方电网、内蒙古电网等31家省级电网鼎立运营的改革经验，特别是智能电网的技术创新，探索输电与配电分开的可行路径，从而为电力用户网络选电与合同议价等电价改革形式奠定发展平台，一旦能够实现电价在电力企业与用户之间的自由议价，则电力企业的自然垄断特征将被有效地竞争所克服并改善，我国电力就很有可能较快地实现从电力大国向电力强国的再次跨越。

2. 打破电力行政垄断，彻底改革电力行政审批制度。电力改革从行业分开，到政企分开，再到电价放开，事实上是一个不断破除行政垄断、推动行业竞争的过程。现在，我国电力改革虽然在放开电价、推进直购电等方面采取了一系列的改革措施，但政府仍然垄断着对电价和电源项目的行政审批，构成了一定程度上的电力行政垄断。按照市场经济的规律，只有灵活的价格机制才能有效发挥其在资源配置中的基础性作用，推动电力行业资源配置的优化和经济效益的提高。因此，要采取输配分开，推动电价自由浮动的改革原则，将政府对电价行政审批的权利转移到供求决定价格的市场机制上。在这方面，电价审批制度将严重束缚我国智能电网的发展，只有用灵活的市场化电价形成机制取代目前带有行政计划色彩的审批体制，智能电网才能获得赖以生存的体制环境。同时，可以尝试将电源项目的行政审批改为登记主义和市场准入的工商管理原则，在法律准许的条件下，允许各种资本自由投资于电力行业。

3. 打破电力技术垄断，创造电力直购的网络选择渠道，推动电价市场化的改革进程。大多数学者认为电价改革是电力体制改革的核心内容。厂网分开、主辅分开、“三产”重组以及发电厂与大用户以合同方式商定电价、进行直购电试点等，都是在为改革电价作准备，电价市场化是打破电力垄断的根本性标志。首先，要积极开展直购电试点，“直购电”就是购电方与发电方谈妥购电价格，可选择公共电网供电，也可以架设单独线路，支付少量的过网费即可，能大幅度降低大用户的购电成本，有利于提高企业效率。其次，依托不同的电网企业，开展供电企业灵活自由的电价浮动。目前，全国各类电力用户超过2.32亿户，其中，变电容量在315千伏安及以上，且接入电压等级为10千伏以上的大用户近200万户①。我国电网企业要按照区域与行业特点，实现有规划的电网对接，根据电力消费的不同时段尝试协议电价的浮动。如果能够在这200万户的大用户中，优先取得电力直购的成功经验，这将对于电网企业自然垄断特点的破除产生积极的示范效应。

4. 打破电力行业封闭，加强对电力企业的有效监管。电力行业由于长期实行条条管理，而且具有电力系统行业相对封闭的特点。电力监管企业要彻底打破长期以来在国有电力垄断企业中因为行业封闭所形成的内部人控制现象，在电力企业国有资产的保值增值、防止国有资产流失，在电力企业的薪酬、奖金、福利发放等有关电力企业内部的经营管理方面，要加强行业透明度披露与有效监管。为此，在电力行业的深化改革方面，首先，要建立完善的电力法律、法规体系，实现电力监管的法治化、规范化，做到有法可依、依法监管。其次，在电力监管方面，不但要进行企业国有资产安全监管，还要对电力企业的生产经营、收入分配、社会行为等方面进行有效的监管。最后，正如美国剑桥能源研究协会高级主管克里斯托夫·D. 塞普尔所指出的："美国的自由化改革正经历从自由市场的顶点滑坡到集中计划的低谷，即从竞争下滑到重新管制。"② 事实上，我国电力行业市场化的改革进程，一方面，是从体制上不断破除各种行政性垄断的过程；另一方面，也必然是一个市场化监管制度纵深化发展的过程。只有监管到位，电力行业市场化改革措施才能发挥最大的社会效益，而不是相反。

5. 规范现代企业制度，建立激励与约束相结合的现代法人治理结构，加强企业自身文化建设。我国电力企业要彻底摆脱传统国有体制的束缚，最根本的出路就是建立起激励与约束相结合的现代企业法人治理结构，形成从职业经理人市场聘任电力企业经理层的规范做法，形成从劳动力市场签订用工合同的用人机制，按照市场通行的做法建立市场化的薪酬与考核机制；推动

---

① 有关数据源自：国家电力监管委员会：《中国电力监管报告（2009）》。

② 《外国专家谈全球电力改革》，《国际电力》2004年第4期。

董事会、监事会、经理层权力分立，相互委托、相互制衡的规范运转机制。有了这些规范的现代企业法人治理结构，电力企业就有了规范、健康的运营保障，电力市场化的改革措施就能够更好地得到推行，电力企业自身的体制性弊端也就更容易得到消除。同时，电力企业要通过企业文化建设明确企业自身定位与行业特殊性，要通过积极承担企业的社会责任彻底改变电力企业“电老虎”的负面社会形象，在廉洁行业自律、推进节能减排、实现环境保护等多方面，塑造一个更受社会公众欢迎的“国家队”形象。需要强调的是，笔者认为电力企业的主辅分离改革，不能搞“一刀切”。例如，电网设计、维修、施工等与主业存在业务与技术联系的辅业，很难脱离电网企业独立发展，电网企业也很难离开这些辅业的支持，两者虽然有可能被强制剥离，但电网企业随着发展的需要，往往会重新建立起与其配套的辅业，我国在这方面改革的长期停滞，在某种程度上也反映了这个特点；同时，对于三产和多种经营的剥离，从民营企业做强以后的多元化发展趋势来看，主业强大以后造成的富裕资金进入其他行业的投资也是很难完全避免的，虽然目前来看，剥离有助于减轻主业负担，但也很有可能抑制主业的发展。因此，在主辅业的改革方面，放开与剥离并不是唯一的选择，关键还要加强电力企业的现代企业制度建设，通过规范的现代企业制度做到主辅产业产权明晰、财务安全、运营规范、国家监管。

6. 优化电力能源结构，改善我国电力企业以火电为主的传统生产格局。在我国的电力能源结构方面，火电发电量基本上维持在80%左右，核电、风电及其他清洁能源发电量不到3%，这种过度依赖火电的格局必须改变。作为火电重要生产原料的煤炭是不可再生资源，储量有限，过度开采用于发电，不但造成了生态环境的污染与破坏，不符合低碳经济与环保的发展方向；而且过度依赖煤电资源，在我国形成了电煤顶牛、相互掐架、煤运紧张的负面局面，成为我国转变经济发展方式、实现节能减排任务的“拦路虎”。这不但不利于清洁能源与新能源在电力生产中的运用，而且对电力市场化改革产生着巨大影响。从优化我国电源结构、推动电力企业发展模式转型的角度考虑，一方面，要大力发展核电、风电、太阳能等新型清洁能源电源建设，提高新型能源发电在电源结构中所占的比重；另一方面，我国要在电力企业的市场准入方面，制定更为严格的电源项目环评标准，尤其在水电、火电等传统电力项目的环评方面，要实行更为严格的责任制度，以确保推进清洁能源的使用和环境保护。

7. 推进农村电力体制改革，实现城乡电网同网同价的改革目标。我国电力之所以长期存在城乡电力同网不同价的现象，其中一个主要的原因就是农村电网建设被认为投入大、收益小，为了回收电网与输电线路建设的成本，所以要向用户收取更高的电费。虽然这些因素是客观存在的，但是从电网的全国性布局与新农村建设的角度考虑，需要对我国农村的电力体制进行城乡一体化改造，改变城市电力基础设施由国家投资，而农村有些电力基础设施却由农民或者企业投入的不公平做法，真正落实电力产品的公共产品属性，从公共财政公平覆盖城乡的角度，推进农村电力体制的改变与城乡电价同网同价的落实。

8. 突破电力储存难题，利用技术创新推动多元化竞争格局。电力无法存储是众所周知的常识问题，但伴随各种新能源技术的不断发展与突破，立足解决不同发电企业电力上网的难题，有必要拓宽思路来探讨电力存储的问题。这就是借助新型电池技术，特别是将新型电池技术与电动汽车产业相结合的产业新方向，出台国家统一的电动汽车电池技术规格与标准，可以实现有些不稳定的风电、太阳能发电甚至一些过剩电力的电池存储，然后在全国建立相应的汽车电池提供网点，实现电力存储难题的突破，这有利于打破对电网企业的高度依赖，可在电力垄断企业市场化改革进程方面发挥积极的推动作用，借助新型电力存储技术与新技术产业规模化发展，形成发电企业、电网企业多元竞争格局。

第六节　结束语

在电力垄断企业的改革进程中，要坚定不移地推进电力企业的有效竞争、完善监管、降低电价、规范现代企业法人治理结构等电力市场化改革思路，推动电力行业不断向符合社会主义市场经济体制要求的市场化改革方向转型发展。一方面，要大胆尝试智能电网、清洁能源、电力存储等电力技术创新与突破的新方向，推动电力垄断企业在改革中发展，在发展中改革，立足我国跨越式发展的基本要求，为社会提供更充足、更清洁、更质优价廉的电力能源；另一方面，电力行业作为国民经济基础性行业，还具有产业庞大以及事关民生公益的准公共产品特点，要在改革中去除行业内部的各种陋习与腐败行为，从根本上改变民众眼中“电老大”“电老虎”的负面形象，主动承担起公共产业的各种社会责任与义务，在改革中形成新的、具有中国特色的社会主义电力企业新模式。

| 第十五章 |

“一带一路”是海权论与陆权论在新世纪的延续吗？*

2013年，习近平总书记在出访中亚和中南亚国家期间，先后提出共建“丝绸之路经济带”和“21世纪海上丝绸之路”的重大倡议，在国际社会引起高度关注，产生了广泛影响。自“一带一路”倡议提出以来，西方有些国家称“一带一路”是“陆权论”和“海权论”的延续，认为是中国要推翻现存国际政治经济体系，发展大国强权。例如，“修昔底德陷阱”的提出者、美国学者格雷厄姆·艾利森认为：“‘一带一路’承诺将欧亚大陆上的国家整合为一体，反映了地缘政治权力平衡转向亚洲的愿景。”这些论调不仅抹黑了我国形象，也给其他国家带来不安心态，不利于“一带一路”倡议的推进。事实上，“一带一路”倡议同海权论与陆权论完全不同，“一带一路”提倡的是合作共赢、包容性增长，主张世界各国依靠“一带一路”平台相互合作，共同发展，共同繁荣。因此，正确认识“一带一路”倡议，讲好中国故事，理清“一带一路”表达的中国观点，对于推进“一带一路”倡议非常重要。

第一节　海权论与陆权论的时代背景及理论主旨

20世纪，出现了两种影响世界的观点，即海权论和陆权论。这两种战略

---

* 本章是和我指导的硕士研究生、现就读辽宁大学经济学院博士研究生赵奇合作完成的成果。

思想掀起了资本主义国家的世界争霸、引发了两次世界大战，其所传递的错误思想和价值理念，充分反映了资本主义社会弱肉强食的荒谬逻辑与恃强凌弱的发展观念，对20世纪的人类社会生活造成了巨大的伤害和不可挽回的损失，是当今仍然左右有些国家判断国际形势惯性思维——零和博弈决策思想产生的根源，这种错误思想对21世纪的人类社会仍然产生着巨大的冲击与威胁。

一、海洋大国崛起与第一次世界大战的爆发

随着第一次工业革命的完成，西方国家对亚非拉国家殖民掠夺的态势愈演愈烈，彼此间进行着激烈的军备竞赛，渴望成为世纪霸主。此时海洋和海路成为国家称霸的关键因素，蒸汽动力的改良使船舶业发展迅速，各国都开始加强海军建设。基于此背景，美国在不干预欧洲的前提下，大力发展海军，想同欧洲分一杯羹。美国海军将领阿尔弗雷德·赛耶·马汉在1890年出版《海权对历史的影响》一书，明确提出了"海洋中心说"。马汉所倡导的海权思想具有绝对性、强制性和排他性的特点，他认为海权主体只能有一个，各国之间通过互相竞争与对抗来追求对一定海域的绝对控制；此外，强制性主要表现为夺取海权的方式单一，通过发动战争来夺取海洋霸权，这是西方列强的霸权逻辑。最后，马汉思想的排他性则主要是指海洋霸主的唯一性，他认为海权是属于强者的，而真正的强者只有一个。这种思想的狭隘之处，就是从零和博弈的决策思维看待全球发展，形成了有些国家唯我独尊的狭隘认识。

马汉的海权论一经问世，便受到西方各国领导人的强烈推崇。他认为海权不仅标志着一个国家利用海洋和控制海洋的总体能力，同时也决定着一个国家和民族能否成为一个伟大的国家和民族。美国成为海权论的主要奉行者，英国决策者更是依据马汉的海权论出台了装备海军的新政策，以确保英国的海上霸主地位。此外，德国、俄国、日本也相继依靠海权论大力发展海军，综合国力获得了长足发展。

从某种意义上来说，理论是时代的反映，任何一种观点都带有时代的印记。海权论亦然，它准确地反映了西方列强殖民扩张的整体趋势，以及由此

引发的各国之间激烈的军备竞赛，客观推动了第一次世界大战的爆发，给世界人民造成了巨大的灾难和不可挽回的伤害。

二、欧亚大陆成为各国争霸的中心目标，催生了第二次世界大战爆发

19世纪末，第二次工业革命即将完成，人类进入电气时代。电力被广泛运用，内燃机及各种新型交通工具出现在生产生活的各个方面。特别是铁路的发展给陆路交通带来了极大的便利，陆路运输方面的技术创新使陆地的重要性逐渐超过海洋。与此同时，有日不落帝国之称的英国工业经济大幅下滑，自由贸易与海外殖民扩张受到欧美各国的制约与抗衡，海上霸主地位受到严重挑战。牛津大学地理学教授和皇家地理学会会员麦金德于1904年在《历史的地理枢纽》一书中首次提出了"心脏地带"这一战略概念，认为世界力量地理中心（陆权中心）必须具备三个前提条件：（1）能控制海洋而不会遭受来自海洋的攻击；（2）所据陆地必须是一片连续的版块，拥有足够的腹地纵深；（3）所处地理位置能向四周辐射压力，该位置应是自然地理中心和国际政治中心的重合枢纽区，而欧亚大陆中部正是那个处于枢纽位置的心脏地带，具体是指西起东欧，东至中西伯利亚和蒙古国，南起小亚细亚、亚美尼亚、波斯和中国的西藏，北至北冰洋这一封闭地区。东欧的战略位置至关重要，因为除了东欧这个门户外，其他方向海权国家均不易进入，但占据心脏地带的国家却可以向欧亚大陆边缘地带扩张。因此，麦金德认为东欧是控制心脏地带的关键。1919年，他提出世界岛概念，认为欧亚非（不包括南非）三大洲由于陆上发达的交通已形成一个世界岛，并将他的思想归纳为著名的三句话，即谁统治东欧，谁便控制心脏地带；谁统治心脏，谁便控制世界岛；谁统治世界岛，谁便控制世界。麦金德的"陆权论"思想给世界带来了巨大影响。一些学者认为第二次世界大战是陆权论的实践，这突出表现在希特勒在第二次世界大战中的战略部署上。在第二次世界大战中，希特勒采取"闪电战术"，在陆续攻占了波兰、荷兰、比利时、法国等许多欧洲国家后，放弃继续攻占英国，而回兵东进苏联，其战略意图旨在攻占苏联后，夺取欧亚大陆的心脏地带。

冷战时期的世界格局，也可以说是“陆权论”所催生的一个重要结果。第二次世界大战过后，苏联的陆军实力大幅增强，成为军事实力仅次于美国的最大陆权国家。由于美国在第二次世界大战中损失较小，所以第二次世界大战后一跃成为超越英国的拥有最大海权的国家。美苏两个超级大国的对峙，表面上是两个阵营的较量，但究其深层原因，实则是两个国家想要争得对欧亚大陆的控制，进而成为世界霸主的战略思想。因此，在冷战时期，美苏两国所采取的“马歇尔计划”“北大西洋公约组织”“华沙条约组织”实则都是为了夺取心脏地带而采取的举措，是“陆权论”的直接表现。

“海权论”和“陆权论”是西方大国在世界推行霸权主义的重要理论基石，奉行这些原则的国家是以牺牲他国的利益来完成资本积累，实现经济增长；其决策思想完全是按照零和博弈的狭隘思维进行算计的，给全球造成了巨大的灾难和伤害，是21世纪人类社会必须汲取的经验和教训。中国的“一带一路”倡议与这两种观点有本质的不同，它所主张的是互利共赢的包容性增长模式，是以非零和博弈的内在逻辑来看待世界的发展，以普遍的福利溢出助推各国经济均衡普惠的增长。

第二节 “一带一路”倡议的中国主张及发展诉求

我国是一个海陆复合型的大国，幅员辽阔，海域面积约为473万平方千米，海岸线长度为1.8万千米。地理环境的差异使东、中和西三个地区经济发展差异较大。具体说来，东部地区背负大陆，面临海洋，优越的气候条件和广阔的平原为农业发展提供了便利，随着改革开放的推进，便利的港口运输和早前的工业基础为东部地区引进外资提供了可能，促成了外向型经济的发展。市场经济发育较为成熟，资源要素流动性高，这些因素都促使东部地区在中国经济发展中起到引领作用，成为中国经济的支柱。相对而言，中部和西部交通条件没有东部那样便利，特别是西部地区，地理位置较为偏远，要素禀赋和资源流动性均较差，且由于改革开放初期开放程度不高，可承接的产业转移较少，经济发展较为缓慢。但中西部地区矿产资源相对较为丰富，所以资源密集型产业成为地方支柱产业，而第三产业和高新技术产业则集聚较少，与东部地区形成鲜明对比，进而形成东部—中部—西部的梯度模式。

虽然我国目前的经济态势是东部发展较好，西部发展缓慢，但不可否认的是，东部地区也面临着来自海上的威胁，同时，内陆优势还没有得到充分的开发利用。

一、东部地区面临的海上威胁

第一，海洋运输威胁。海洋运输直接关系着我国的能源安全。我国的能源对外依存度较高，特别是石油，我国对石油的进口依赖极强，在2018年的能源进口结构中石油占比66%。因此海上运输极其重要，一旦受到威胁，能源安全便遭到严重挑战。例如，马六甲海峡被称作“中国的海上生命线”，这不仅因为它是一个咽喉要地，更在于我国60%的石油运输要经过马六甲海峡。随着近些年马六甲困局的逐步加深，我国面临的海上威胁也越来越大。此外，海洋运输也极大地影响着我国的对外贸易，2018年我国海运量增长4%，至25亿吨，占全球海运进出口量的比重超过1/5。所以，海洋运输在我国对外贸易中的地位举足轻重，海洋安全至关重要。

第二，海上安全威胁。从古至今，沿海地区及许多海域总是频频出现海盗和武装犯罪活动，海上安全问题不容忽视。我国重要的海上航线有四条，即东行航线、西行航线、南行航线、北行航线，这些海上通道地缘环境复杂，由于受到主权国家和大国强权的控制，以及频繁出现的恐怖主义活动，我国的海上交通线传统安全威胁与非传统安全威胁并存。尤其是西行航线，这条航线上有许多重要的海峡和海域，例如马六甲海峡和红海、苏伊士运河等，所以，它的战略地位十分突出，是我国重要物资运输的主要通道。但这条航线上的海盗却极为猖獗，再者由于马六甲海峡的咽喉作用，西方大国对此虎视眈眈，我国西行航线受到的威胁逐渐加大。因此，一旦我国海上要道受到威胁及侵扰，势必会影响我国的贸易安全和经济发展，甚至会由沿海波及内地，对内陆造成影响。

第三，对我国主权造成的威胁。海权之于主权来说，至关重要。自改革开放以来，我国国力日渐增强，世界各国在对我国快速发展感到惊诧的同时，也意图想就此分一杯羹，特别是以美国为首的西方国家。总体说来，我国的主权威胁主要来自以美国为主导，周边国家和地区为主要参与者的拥海国家和地区。海洋是保卫国家的重要防线，海洋安全至关重要，海洋威胁不容忽视。

二、内陆具备的独特优势

相比较而言，内陆拥有发展经济的独特优势和维护国家安全的天然屏障。具体而言，其优势主要有以下几点。

第一，首先，我国内陆地区资源丰富，能源、矿产资源储量极大，其地方支柱性产业大多为资源型产业，经济结构以资源输出为主。此外，这些地区的国有经济占比很高，国家扶持力度较大。其次，内陆地区往往拥有广袤的土地，其上地资源丰富，为第一产业提供了良好的发展条件，甚至在一些气候环境较为优越的地区，农产品产量高，质量佳，成为地方的优势产业，例如新疆的丰富资源和广袤国土、甘肃的能源资源和传统工业优势等。再次，内陆地区人口众多，劳动力资源丰富且成本较低，在我国制造业大发展的今天，尤为重要。最后，内陆地区有着深厚的文化底蕴，宗教文化、民族文化、地区文化浓厚，不同地区的文化差异极大地促进了内陆地区的经济发展。所以，内陆地区生产要素资源的比较优势为地区经济发展带来了极大的增长动力。

第二，由于我国对中西部地区的扶持力度较大，其交通运输条件和基础设施不断完善。铁路、公路、航空、水运等多种运输方式组成的综合运输体系日益发达，内陆地区的资源和产品输出不断加强，这不仅拉近了内陆与沿海的经济联系，而且也促进了我国与周边国家的经济往来。此外，自21世纪以来，随着西部大开发、东北振兴及中部崛起等战略的相继实施，内陆地区的基础设施日渐完善，制约经济发展的短板不断得到弥补，产业链延长，产品实现深加工，持续对接东部地区的对口产业，实现经济发展总体推进。最后，国家为了缩小差距，为内陆地区所提供的政策扶持，也极大地改善了内陆地区经济发展的客观条件。

第三，内陆地区的地理区位优势。我国内陆深入亚欧大陆内部，陆上边境线长达2万多千米，拥有14个邻国，北有俄罗斯、蒙古国等，南有越南、老挝。特别是西部地区，陆地边境线长达1.8万千米，仅新疆边境线就长达5391千米，约占全国陆地边境线的1/4。这种独特的区位优势为西部地区向西开放、发展对外贸易提供了便利。如今，随着交通的日渐便利，内陆地区可以同中亚、西亚、欧洲直接往来，特别是随着亚欧大陆桥的开通和“一带一路”倡议的提出，我国与周边国家的贸易往来日益加深。

因此，正是由于我国地理和经济的双重影响，才促使我国提出“一带一路”的发展倡议，相较于海权论与陆权论，它成为推进经济梯度开发、形成发展福利普遍溢出的重要战略举措，在2008年全球金融危机冲击的背景下，成为连接东中西、打通国内外，推动全球经济发展与共享的重要应对机制，贯穿其中的发展思想就是合作共赢、包容性增长的普惠发展思想，其受到了国内外发展中国家的广泛欢迎和好评。

第三节　“一带一路”倡议的经济影响

一、“一带一路”倡议将有效兼顾我国的开发开放

“一带一路”倡议为我国东部地区产业转移和过剩产能化解提供了广阔空间。自改革开放以来，东部地区率先试验市场经济，成为中国经济的领跑者，但随着要素禀赋的变化和市场供需结构的失衡，东部地区经济增长面临巨大压力。“一带一路”沿线国家有很多是经济发展比较落后的国家，劳动力资源丰富，成本较低。通过对外投资，东部地区可以将劳动密集型产业转移出去。此外便利的运输条件和广阔的国外市场也促进了东部地区制造业的转移。另外，“一带一路”沿线国家大多是处在内陆的发展中国家，经济面临着工业化的问题，而东部地区的过剩产能如钢铁等，恰好满足其经济发展需要，也化解了东部地区的产能过剩危机，从而推动东部地区产业转型升级。

“一带一路”倡议将促进中西部地区经济的发展。中西部地区煤炭矿产

资源丰富，但长期粗放式增长使得地区产能过剩，产业发展繁杂冗乱，转型困难。通过“一带一路”倡议，可以扩展国外市场，欧盟、南亚、东南亚等每年都需要进口大量的煤炭资源。且沿线国家中有很多资源丰富的国家，如俄罗斯、蒙古国、哈萨克斯坦等，这为我国煤炭钢铁产业“走出去”、开发国外资源提供良好条件。此外，“一带一路”倡议也完善了中西部的基础设施，为产业转型升级和经济发展创造了良好条件。同时，“一带一路”倡议的实施也促进了中西部地区的贸易增长，中西部地区很多极具地方特色的产品，如新疆的棉花和水果、甘肃的马铃薯和白牦牛肉等，随着“一带一路”倡议的实施，也逐渐出口到沿线国家。因此，“一带一路”倡议为中西部地区带来了新的发展机遇。

“一带一路”倡议有助于提高我国的对外开放水平，优化对外贸易格局。长期以来，我国对外贸易集中在东部沿海地区，中西部地区贸易交流较少，但通过“一带一路”倡议，中西部地区对外贸易将有飞跃式的发展，从而平衡我国对外贸易的区际差异。同时，我国主要与美国、韩国、日本及一部分欧洲国家贸易频繁，但与东南亚、非洲等地区来往并不密切，因此“一带一路”倡议将加深我国同沿线国家的对外贸易联系，提高我国的对外开放水平。

二、“一带一路”倡议对沿线国家的经济影响

“一带一路”倡议同样也给沿线国家带来了重大利好。2013～2018 年，我国对沿线国家直接投资超过 900 亿美元，年均增长 5.2%；新签对外承包工程合同额超过 6000 亿美元，年均增长 11.9%；而在货物贸易方面，我国与沿线国家货物贸易总额超过 6 万亿美元，年均增长 4%[①]。此外，我国企业在“一带一路”沿线国家建设了一批境外经贸合作区，累计投资超过 300 亿美元，成为当地经济增长、产业集聚的重要平台，带动东道国就业近 30 万人，给沿线国家带来新的发展契机。

① 数据来源：我国对“一带一路”沿线国家直接投资超 900 亿美元——中国一带一路网，https：//www. yidaiyilu. gov. cn/xwzx/gnxw/86349. htm.

对外直接投资是我国与“一带一路”沿线国家进行战略合作的主要形式。通过对外直接投资，我国将资本输出到沿线国家，在当地设厂，为当地企业发展提供资金支持，在促进工业企业发展的同时，也为当地提供了许多就业机会。此外，我国对外直接投资也是帮助沿线国家增加并完善其基础设施的重要方式。自“一带一路”倡议提出以来，我国同沿线国家一起，在交通运输、通信和电力等领域开展了大量合作，极大地提升了这些国家的基础设施建设水平。例如中巴合作建成瓜达尔港自由区，非洲首条电气化铁路亚吉铁路由中国帮助建成，中欧班列、郑欧班列、中柬新航线等交通运输的改善，极大地提高了沿线国家对外贸易的效率，为其带来巨大的经济收益。我国企业提出为柬埔寨打造“数字基础设施”，将沿线国家的基础设施建设提到了一个新高度。最后，我国对外直接投资也使沿线国家的产业转移成为可能。对于工业基础较为薄弱、核心技术匮乏的发展中国家，对外直接投资为其产业发展提供了技术、资本等生产要素，以此促进其产业结构优化升级；而对于产业结构高度发达的欧洲国家，通过对外投资，将劳动密集型产业转移到劳动力成本较低的发展中国家，实现产业转移。

另外，依据世界经济论坛每年发布的贸易促进报告中的 ETI 指数①，基础设施在贸易便利化中发挥着极其关键的作用，所以沿线国家基础设施的完善也提高了其贸易便利化水平。贸易便利化是“一带一路”倡议中的重要内容，它提升了贸易效率，降低了贸易壁垒，使沿线国家更好地利用本国的要素禀赋，发挥比较优势，最大限度地实现贸易发展，互利共赢。

因此，“一带一路”倡议的根本目的在于推动中国和沿线国家的持久和平与繁荣。它的优势不仅在于它能够缓解我国经济发展面临的困境，更重要的是它为世界各国经济共同发展提供了一个公共平台，以此促进世界贸易格局便利化自由化。近 5 年来的经济成效足以说明“一带一路”倡议的正确性，同时也再次表明其与海权论、陆权论的根本差异，驳斥了“‘一带一路’是海权论和陆权论的延续”的观点主张。

---

① 该指数由世界经济论坛贸易促进研究项目研发，它评估了不同经济体在机构、政策、基础设施和服务方面促进货物从过境通关到目的地之间自由流动的程度，较为权威。

第四节 “一带一路”倡议的中国观点

一、“一带一路”是一种新的全球观

“一带一路”倡议不同于20世纪的“海权论”“陆权论”，它不是追求一国独大的霸权主义，而是一种互利共赢模式，旨在最大限度地调动沿线国家的积极性，通过沿线各国要素禀赋的不同，最大化利用比较优势，实现优势互补，在“一带一路”倡议的理念中共同发展，共同繁荣。我国作为“一带一路”倡议的发起国，要依靠“一带一路”倡议，通过经贸的力量在世界范围内形成更加紧密的合作，促进全球经济大发展、大繁荣，这与海权论所提倡的海洋霸主的唯一性和陆权论所倡导的控制世界，有本质的不同。此外，“一带一路”倡议面向世界，它并不仅限于古代丝绸之路所涉及的国家，我国欢迎有共同愿景的世界各国加入进来，与沿线国家一起共享互利共赢的成果。

二、“一带一路”是一种新的价值观

“一带一路”倡议向世界传播了中国价值观，清晰地表达了对世界上和我国一样同属于发展中国家和地区的关切，倡导在世界范围内建立一个稳定和谐、公平公正的国际秩序，它区别于海权论和陆权论倡导的不平等的国际秩序。在经济方面，“一带一路”倡议强调共商、共建、共享原则，不刻意追求一致性，是一种具有包容性的全球化倡议，具有灵活性高、适用性广和可操作性强等特点，它是国际合作的新形式。而海权论和陆权论更多的是政治上的殖民扩张，通过对外侵略完成本国的资本积累，不能算作经济上的国际合作。此外，“一带一路”倡议所倡导的丝路精神，蕴含着和平合作、开放包容、互学互鉴、合作共赢的理念，鼓励世界各国共同把蛋糕做大然后共同分享，为21世纪的国际合作带来了新的价值倡导。无论是海权论还是陆权论，大国在完成自身的殖民扩张和资本扩张后，都力图将本国的价值文化渗透到被殖民的国家，虽然“一带一路”倡议也向世界传输了我国的文化价值观，但我国主张“和而不同”，与不同的国家进行文化的交流与碰撞，促进文化的发展与繁荣。

三、“一带一路”是一种新的发展观

“一带一路”是一种新的发展观，它是在后国际金融危机时代，作为世界经济增长火车头的中国，将自身的资金优势、技术优势以及做法经验，转化为市场与合作优势，通过与相关国家分享“中国道路”的成果和改革开放的红利而尝试建立的一种更加普惠平衡的包容性增长模式。就我国在“一带一路”倡议中的对外直接投资而言，它不同于传统的对外投资方式，它的方向在于通过基建投资来改善相关国家的经济发展环境，与沿线国家一起，在政策沟通、设施联通、贸易畅通、资金融通、民心相通五个方面共同发力，以此来缓解国家、地区之间的发展不平衡问题，使沿线国家搭乘中国经济发展快车。但在20世纪，那些践行海权论和陆权论的国家均以追求世界霸主为宗旨，是以牺牲他国利益完成本国经济增长的零和博弈。因此，“一带一路”倡议是不同于海权论和陆权论的互利共赢的发展观，它向世界各国发出“包容性增长”的信号，即中国愿同世界各国一起，寻求利益契合点和合作最大公约数，由此夯实世界长期稳定发展的经济基础。

四、“一带一路”展示了新的中国形象

进入21世纪以后，中国的国际地位不断提升，经济发展不断加快，中国奇迹的发生，向世界展示了一条不同于以往的大国崛起之路，向世界分享了与众不同的中国方案和中国智慧，向世界展示了全新的中国形象。自“一带一路”倡议提出以来，我国给予沿线国家的对外投资、不断完善的基础设施，以及为与这些国家互联互通所做的种种努力，无一不展示了我国的大国担当。“一带一路”倡议不仅释放了沿线国家经济发展的活力，而且强有力地验证了中国道路的可行性，自“一带一路”倡议推进以来，中国不断向世

界展示热爱和平、睦邻友好、勇于担当、值得信赖的大国形象，正在努力也将持续努力向世界讲好中国故事。

第五节 “一带一路”倡议的理论创新

在格雷厄姆·艾利森看来：“正如原来的丝绸之路不仅刺激贸易，还刺激了地缘政治的竞争（包括19世纪使英国与俄国争夺中亚控制权的‘伟大是游戏’）一样，‘一带一路’将允许中国将权力投射到多个大陆……到2030年，如果中国能够实现目前的目标，麦金德的欧亚大陆构想可能会首次成为现实。”事实上，这种狭隘认识仍然停留在19～20世纪西方列强殖民侵略、弱肉强食的零和博弈理论逻辑之上，根本没有看到21世纪人类社会的相亲相爱与伟大创新。

无论是麦金德的陆权论，还是马汉的海权论，其理论基础都建立在“你之所得即我之所失，我之所失即你之所得”这种狭隘的零和博弈的思想基础上，这是19～20世纪西方列强全球殖民侵略与弱肉强食的时代产物。美国虽然是当今最为强大的国家，但其决策思维仍然没有摆脱这种狭隘的逻辑，正如美国政客在中美贸易摩擦中一再批评中国，就是中国改革开放40多年，美国政府为赋能中国做出了巨大贡献，甚至把中国的发展看作是美国的失去。这些罔顾事实与逻辑的说法，虽然有利于造成美国对华战略的情愫优势，但在理论上完全是荒谬无耻的霸权主义言辞。21世纪和20世纪有着截然不同的历史境遇。20世纪是一个苦难与战争交织的痛苦时代，既享有19世纪工业化发展所带来的科技进步成果，又经受着不同国家发展困境的实践挑战，世界战争充斥了20世纪的整个上半叶。1904年日俄战争在我国东三省爆发，1911年大清王朝轰然倒塌，1914年第一次世界大战在欧洲上演，一直到1919年奥匈帝国被肢解，西方列强雄心勃勃的世界霸权争夺以所有国家付出巨大代价而最终结局，苏联作为全新探索的社会主义国家第一次登上了人类历史的舞台。1929～1933年经济大萧条席卷全球，欧洲出现了希特勒纳粹主义穷兵黩武的悲惨历史；1939～1945年的第二次世界大战哀魂遍野、血流成河，夺走了几千万人民的性命、牺牲了无数家庭的幸福；直到

1950 年中国人民被迫抗美援朝，才打出了一个相对和平的战后世界。痛定思痛，20 世纪上半叶的悲惨境遇，给 21 世纪的人类以最为深刻的经验教训与启迪，人类是一个命运共同体，一荣俱荣、一损俱损；21 世纪的人类最大的智慧就是不要让 20 世纪上半叶的悲剧重新上演，让和平与发展的理性之光持续照耀全世界。

首先，必须承认 21 世纪是一个伟大的世纪，增长之光照耀了全世界，全世界发展中国家第一次看到了自主增长与发展的希望。21 世纪有一个光辉的开局。尽管 2001 年美国爆发了科技网络股泡沫破灭的危机，2007 年爆发次贷危机并引发了 2008 年全球金融危机——甚至被有些学者喻为直逼 1929～1933 年的全球经济大萧条，现在看来这只是一个悲观主义的预期。从 2000 年西方社会所流传的人类末日论，到近期以来美国贸易霸凌主义的做法，和平与发展的世界潮流仍然浩浩荡荡，世界经济呈现出前所未有的增长态势。在 2017 年，全球 75% 的国家实现了经济稳定增长的可喜态势；根据国际货币基金组织的相关数据，2000 年全球经济总量只有 32.98 万亿美元，在 2018 年已达到 85.8 万亿美元的规模，没有什么比经济总量的翻番更能说明全球福利的普遍增进。事实上，美国作为全球经济总量第一的国家，在第二次世界大战结束以来的 70 多年里，经济总量（GDP）增加了 80 倍以上，是名副其实的全球化最大受益国，美国人民从全球获得的政治地位、经济福利与生活自由更是无与伦比，遗憾的是现在美国正在过度地消费全世界人民的信任与预期，甚至其“美国利益至上”的荒谬做法，正在把美国引向一个狭隘孤立甚至祸乱世界的境地。中国作为全球最大的发展中国家，在 2008 年全球金融危机冲击的背景下，为全球经济持续贡献了 30% 以上的增长动能，从而成功避免了“美国经济打个喷嚏，全球经济就要感冒”的严重后果。所有这些，是世界经济所不曾有过的历史奇迹，是人类在 21 世纪创造的全新成就。

其次，“一带一路”倡议是顺应全球生产格局与协作方式更新的必然产物。目前，全球空间生产格局开始从强弱割据转向了协同发展，从发达国家把发展中国家作为产品资本输出地与资源来源地的单向度经济流动，逐步转向产业协作与要素双向流动的交互式发展格局，推动了全球福利呈现普遍溢出效应，全球各国的经济交往呈现出从零和博弈转向了非零和博弈的全新特征。遗憾的是，服务于传统理念的国际货币基金组织、世界银行、WTO 等国际经济组织并未跟上时代的变化，推动有利于全球福利共享的全新发展趋势，在以美国为首的西方强国的左右下，它们共同呈现出与全球经济发展趋势并不合拍的一些思想与理念，导致了目前世界经济的混乱局面，引发 2008 年全球经济危机的美国无疑是罪魁祸首、始作俑者。中国“一带一路”倡议，正是顺应这种全球空间生产格局全新发展趋势的伟大主张，特别是立足构建人类命运共同体的伟大愿景，以合作共享、协同发展的全新理念致力于实现全球交互式共享发展的格局，这是人类历史上的第一次，是中国全球化发展思想的伟大创造。在这个大智 E 云的 21 世纪，人类跨越江河湖海、浩瀚宇宙，科学技术一日千里，文明从各美其美进入了美美与共的全新时代，人类社会生活福利水平空前提升，尤其是全球第一人口大国——中国所呈现出的持续快速增长，更是成为人类自力更生、共谋发展、共建共享的全新实践。和平与发展的世界潮流，为全世界提供了最佳的外部发展环境；中国改革开放融入世界的发展战略，前所未有地释放了世界经济的增长动能与活力；人类正在进入了一个相亲相爱、共建共享的全新时代，经济就自然绽放出前所未有的增长魅力，这是 21 世纪的人类福报。中国已经成功举办了两届国际进口博览会，这是世界上第一个以进口为主题的国家级博览会，向全球展示了中国改革开放的决心与担当，“一带一路”倡议最为集中地表现了中国与全世界共享繁荣的决心与信心，已经获得了越来越多国家的信任与支持，展现出了前所未有的发展魅力，我们必须用全新的视野看待人类共处的 21 世纪和“一带一路”倡议的伟大前景。

最后，“一带一路”倡议的理论创新，集中体现在以下三个方面：一是顺应全球空间生产格局重塑的必然结论与经济主张，绝不是西方学者和政客所谓的陆权论、海权论决策思想的延续，这是世界经济在 21 世纪的全新表现和必由之路；二是阐明了 21 世纪全球经济告别零和博弈，走向福利普遍溢出的非零和博弈的内在逻辑规律，是发展中国家参与经济全球化发展的最佳方式，将有利于缓解西方发达资本主义国家所长期积累的发展矛盾与债务包袱；三是点出了 21 世纪全球互利协作、共享发展的世界趋势，政治霸权不能简单地依赖武力优势而穷兵黩武，尊重全球发展趋势提升经济竞争力才是发展的王道。为此，全球各国都需要认真地反思人类历史的过往，切实汲取 19 ~20 世纪的人类经验教训，按照“一带一路”倡议“共商共建共享”的原则，充分发挥各国的资源禀赋与要素优势，优化提升全球供应链、产业链和价值链，推动全球经济向着开放、包容、普惠、平衡、共赢的方向发展，共同把握数字化、网络化、智能化与全球化的发展机遇，共同解决全球经济发展不平衡的最大挑战，创造更加美好的 21 世纪。

因此，基于对上述观点的分析，笔者认为“一带一路”倡议与海权论、陆权论拥有完全不同的理论逻辑与发展主张。“一带一路”倡议是一种全新的发展倡议，提供了非零和博弈视阈下一种全新的发展思想和国家相处之道，最终将把人类社会引向共建人类命运共同体的全新方向。

跋：书写浓墨重彩的中国华章

回顾新中国成立后经济社会 73 年的发展进程，马克思主义经济学是当之无愧的中国主流经济学，指引中国社会走过了艰苦创业的奋斗历程、开创了改革开放的发展奇迹和中国道路，取得了今天全面建设社会主义现代化的伟大进程，有了以中国式现代化全面推进中华民族伟大复兴的壮阔画卷。中国式现代化是中华民族历史上的第一次，是马克思主义执政党的伟大创造，是中华民族伟大复兴的里程碑，是 21 世纪最光彩夺目的发展故事，是构建人类命运共同体的中国样板，是十四亿中国人共享发展的生动实践和时代传奇。必将给再次站在十字路口的世界人民带来希望、光明和力量，让发展之光照耀全世界。

2022 年 10 月 16 日，举世瞩目的中国共产党第二十次全国代表大会胜利召开，习近平总书记指出："从现在起，中国共产党的中心任务就是团结带领全国各族人民全面建成社会主义现代化强国、实现第二个百年奋斗目标，以中国式现代化全面推进中华民族伟大复兴。"这既是一个百年大党的使命担当和政治自信，更是一篇面向 21 世纪全面建设社会主义现代化国家的宣言书。

一、坚持自我革命，跳出治乱兴衰的历史周期率

中国共产党作为全球最大的马克思主义执政党，已经成为全球最具有稳定性的执政党，面对国际社会许多执政党"其兴也勃、其亡也忽"的经验教训，中国共产党时刻保持着政治清醒和行动坚定。从延安时期学习郭沫若的

《甲申三百年祭》，到西柏坡毛泽东主席提出牢记“两个务必”的谆谆告诫；从市场经济条件下的“四大风险”“四大考验”，到新时代“打虎”“拍蝇”“猎狐”的铁腕反腐。现在党的二十大报告郑重提出“三个务必”，就是这种政治清醒和行动坚定的集中体现，更重要的是“党找到了自我革命这一跳出治乱兴衰周期率的第二个答案”，实现了全面从严治党永远在路上、党的自我革命永远在路上的制度创新，这成为中国共产党永葆青春的制胜法宝。有了这个法宝，中国共产党就能够做到永不变质、永不变色、永不变味，始终与人民同呼吸、共命运、心连心。当下，“全面建设社会主义现代化国家，全面推进中华民族伟大复兴，关键在党”。这要求中国共产党要时刻保持自我革命的精神，必须永远吹冲锋号，永远矢志创新，永远笃行不怠，在自我革命中走好新的赶考之路。

二、坚持中国道路，以中国式现代化全面推进中华民族的伟大复兴

坚持中国道路，是中国革命、建设、改革开放、开创新时代的一条成功经验。中国特色社会主义制度是中国道路的最大硕果，通过市场经济发展社会主义是中国道路的伟大创造。经过 40 多年的持续发展，我们终于迎来了全面建设社会主义现代化国家、全面推进中华民族伟大复兴的历史时刻，美国前总统奥巴马曾经不负责任地讲，中国人如果过上了像美国人和澳大利亚人一样的生活，三个地球都不够。这种荒谬的言论，一方面说明西方人对中国历史的无知，另一方面则说明西方现代化带来的人口资源环境压力与挑战无处不在，西方所谓的“增长极限论”“零增长理论”就是这种压力与挑战的悲观产物。因此，当中国这个世界上人口较多的国家站在现代化门口时，西方人有些惊慌失措，开始不自信了，转而攻击中国发展。党的二十大报告指出，我们要走的是中国式的现代化之路，是人口规模巨大、共同富裕、两个文明协调、和谐共生、和平发展的现代化之路，中国共产党的中心任务就是要以中国式现代化全面推进中华民族伟大复兴。这是不可阻挡的时代潮流，也是世界发展的大势所趋，中国正在以最为明确的声音告诉全世界，中国式现代化决不走西方老路，而是要向全世界展现中国智慧、中国方案、中

国力量，为人类实现现代化发展提供新的选择、新的样板。

三、坚持第一要务，明确高质量发展是全面建设社会主义现代化国家的首要任务

“发展是党执政兴国的第一要务”，这是指导中国发展的一个重要结论。邓小平同志旗帜鲜明地指出：“发展才是硬道理。”回顾新中国从经济建设到改革开放的探索历程，可以说，发展是解决中国一切问题的关键。未来五年是我国全面建设社会主义现代化国家开局起步的关键时期，相比传统“三高三低型”的发展模式①，中国式现代化要更加注重发展的效益与质量，更加注重发展的科技创新与知识递增，更加注重创新协调绿色开放共享发展，建设制造强国、质量强国、航天强国、交通强国、网络强国与数字中国，已经成为高质量发展的必然指向，在推进乡村振兴、区域协调发展、高水平对外开放等一系列战略方面，都要求把高质量发展放到首要位置。为此，党的二十大报告从构建新发展格局、实施科教兴国战略、发展全过程人民民主、坚持全面依法治国、推进文化自信自强、增进民生福祉、推动绿色发展等八个方面，系统全面地阐释了高质量发展的思路和举措，为我国全面建设社会主义现代化国家指明了发展方向。

四、确保国家安全和社会稳定，以新安全格局保障新发展格局

当前，全球不稳定不确定因素有增无减，一些国家面临着国家安全与社会动荡的双重挑战，以美国为首的西方国家和反华势力蠢蠢欲动，我国长期稳定发展的宝贵局面受到严重挑战。党的二十大报告从推进国家安全体系和能力现代化建设的角度，系统集成地探讨了人民安全、政治安全、经济安全、军事科技文化社会安全、国际安全等各类型各层次国家安全和社会稳定的重要因素，明确提出“建设更高水平的平安中国，以新安全格局保障新发展格局”。这是第一次对国家安全和社会稳定做出如此全面系统的

① “三高”是指：高投入、高污染、高消耗；“三低”是指：低产出、低效益、低附加值。

战略安排与体制机制保障，这既是对国内外分裂势力及其分裂活动的有效防范，更是对国内外企图搞乱中国敌对势力的有力警示，向全世界传递了中国共产党确保国家安全和社会稳定的具体举措和制度保障。中国不能乱，中国有能力有信心通过国家安全体系和能力现代化打造新安全格局，在新安全格局的基础上保障新发展格局的构建，让中国改革开放的经济持续增长奇迹和社会长期稳定奇迹持续保持，让中国经济社会发展奇迹持续彰显出独特魅力。从这个角度来看，实现建军一百年奋斗目标和坚持完善“一国两制”，同样是打造新安全格局的重要内容，也是确保国家安全和社会稳定的应有之义。

五、坚持和平发展，致力于推动构建人类命运共同体

和平发展，是我国长期以来对国际社会的一个庄严承诺。中国永远不称霸，永远不搞扩张，坚定不移地走和平发展道路，致力于构建人类命运共同体，是我国参与全球化发展的基本主张，这打破了西方世界国强必霸、国霸必争的殖民逻辑，彰显出了中华民族“礼之用、和为贵”“先王之道斯为美”的文化精粹。站在人类太空空间站的视角，我们已经能够清楚地看到，人类不分国家、不分种族、不分肤色都共同生活在一个蔚蓝色的星球之上，美国作家房龙曾经说：“我们大家都是同一个星球上的伙伴，一人的祸福就是我们大家的祸福。”① 习近平总书记指出：“中国人民愿同世界人民携手开创人类更加美好的未来！”中国历来奉行独立自主的和平外交政策、推动构建新型国际关系、坚持互利共赢的开放战略，不但明确提出了“共建人类命运共同体”的全球发展倡议和全球安全倡议，而且提出了世界各国要弘扬和平、发展、正义、民主和自由的全人类共同价值，以共同建设一个更加和平、更加繁荣、更加可持续的全球发展环境，让中国的发展机遇成为全球福利和稳定动能，让人类社会各美其美、美美与共。

当前，新冠肺炎疫情冲击与百年未有之大变局呈现出错综复杂的演变态

① 房龙：《房龙地理：地球的故事》，赵绍棣、黄其祥译，北京：国际文化出版公司 1997 年版，第 7 页。

势，经济下行、局部战争、国家破产、汇率震荡……世界又一次站在历史的十字路口，党的二十大报告不仅明确了中国的发展方向和大政方针，而且为正在纵深演化中的世界之变、时代之变、历史之变提供了中国智慧、中国方案、中国力量，成为弘扬全人类价值的中国宣言，必将为推动中国的现代化进程和民族复兴、全世界的和平与发展书写出浓墨重彩的中国华章。

六、坚持学术创新，讲好经济发展的中国故事

这本书是我长期研究马克思主义经济学的一个系列成果。之所以命名为《马克思主义经济学研究Ⅱ》，是因为2005年，我在中国经济出版社出版了《马克思主义经济学研究》一书，不知道是什么人在百度百科为它建立了信息数据，一直维护到现在。这本书是《马克思主义经济学研究》的姊妹篇，从2002年我独立出版《社会主义劳动价值论》到如今，我始终坚持马克思主义经济学研究的立场、观点、方法和根本结论，努力做一名马克思主义的研究者和传播者，《马克思主义经济学研究Ⅱ》是一个重要的阶段性总结。

多年前，我的老同学许光伟教授就一直主张编一本中国特色的马克思主义经济学教科书，他有着敏锐的学术洞察力和捍卫《资本论》的坚强决心，但我的学术路径已经从马克思主义经济学基础理论转向了中国道路研究，又离开了学术研究的国家级平台，只能检点行囊聊作总结，现在国家正在组织学术力量为中国经济学做开创性贡献，让我们充满了中国经济学的理论自信。借此总结，我想基于马克思主义经济学的基础理论，结合中国道路的伟大成功，做些更为全球化视阈的复合型学术研究，我想总结之后，并不意味着放弃，而是以更加伟大的崛起回报这个波澜壮阔的伟大时代，以及所有我读过的书籍，就让这本书成为一个阶段性的总结吧。

感谢我的学生、辽宁大学经济学院经济学博士赵奇花费很多时间做了极为认真的书稿校对工作，最后一章是我们共同完成的成果；感谢我在学术生涯中所遇到的无数老师，特别是我的博士生导师、“人民教育家”卫兴华先生，感谢他引领我在经济学之路上看到了那么多的风景；感谢我的博士后合作导师中央党校原副校长张伯里教授推动我走向了全球问题研究阶段……

书中附录中我撰写的有关苏星先生、何炼成先生的文章，大约只能算是用只言片语回报先生们曾经给我的学术肯定和支持，他们虽然已经走了，但他们永远是中国经济理论研究的指路明灯。在每一个关键的学术节点，我都会想起先生们给予我的指引，让我有信心拿出更好的研究成果。

张建君

2022 年 11 月 19 日

参考文献

[1] 张建君:《马克思主义经济学研究》,中国经济出版社 2005 年版。

[2] 马克思:《资本论》(第一、二、三卷),人民出版社 1975 年版。

[3] 马克思:《剩余价值理论》(第一、二、三册),人民出版社 1975 年版。

[4]《马克思恩格斯全集》,人民出版社 1956 年版。

[5]《马克思恩格斯选集》,人民出版社 1972 年版。

[6]《列宁全集》,人民出版社 1985 年版。

[7]《列宁选集》,人民出版社 1974 年版。

[8]《毛泽东选集》,人民出版社 1991 年版。

[9]《毛泽东文集》,人民出版社 1999 年版。

[10]《邓小平文选》(第 2 卷),人民出版社 1994 年第 2 版。

[11]《邓小平文选(第 3 卷)》,人民出版社 1993 年版。

[12]《叶剑英选集》,人民出版社 1996 年版。

[13] 习近平:《习近平谈治国理政》,外文出版社 2014 年版。

[14] 列昂捷也夫:《政治经济学基础教程》,胡明译,上海光明书局印行 1939 年版。

[15] 列昂节夫:《政治经济学》,人民出版社 1953 年版,根据苏联外国工人出版社的中文版翻印。

[16] 苏联科学院经济研究所编:《政治经济学教科书》,人民出版社 1955 年第一版,1956 年第二版,1959 年第三版。

[17] 卫兴华:《卫兴华经济学文集》,经济科学出版社 2002 年版。

[18] 卫兴华:《卫兴华自选集》,学习出版社 2005 年版。

[19] 卫兴华:《理论是非辨析:误解错解马克思主义理论事例评说》,

经济科学出版社 2012 年版。

[20] 卫兴华：《马克思与〈资本论〉》，中国人民大学出版社 2019 年版。

[21] 中国人民大学经济学院编：《致敬！人民教育家卫兴华教授》，经济科学出版社 2020 年版。

[22] 苏星：《新中国社会主义经济史》，中共中央党校出版社 1999 年版。

[23] 苏星：《苏星自选集》，学习出版社 2002 年版。

[24] 张建君：《社会主义劳动价值论》，甘肃人民出版社 2002 年版。

[25] 张建君：《论中国经济转型模式》，中共中央党校出版社 2008 年版。

[26] 张建君：《中国经济转型的实践模式及内在逻辑》，人民出版社 2012 年版。

[27] 张建君：《张建君集》，甘肃人民出版社 2014 年版。

[28] 张建君：《全球化视域下的中国发展道路研究》，人民出版社 2017 年版。

[29] 张建君参编：《百名学者前瞻中国经济》，中国发展出版社 2016 年版。

[30] 张建君参编：《人文社会科学概论》，首都经济贸易大学出版社 2006 年第一版、修订第二版、2013 年第三版、2017 年第四版。

[31] 杨万东、张建君、朱安东、黄树东：《经济发展方式转变——“本土派”与“海外派”的对话》，中国人民大学出版社 2011 年版。

[32] 杨万东、张建君、程冠军：《关键一招：对话改革开放 40 年》，经济科学出版社 2018 年版。

[33] 孙咏梅：《卫兴华传》，江苏人民出版社 2017 年版。

[34] 司马迁：《史记·货殖列传》，中华书局 1982 年版。

[35] 严复：《论世变之亟》见《严复集》（第一册），中华书局 1996 年版。

[36] 黄寿祺、张善文撰：《周易译注》，上海古籍出版社 1989 年版。

[37] 张千帆：《西方宪政体系》（下册），中国政法大学出版社 2000

年版。

［38］《法国民法典》，罗结珍译，中国法制出版社 1999 年版。

［39］李成勋主编：《经济学新学科概览》，世界知识出版社 1988 年版。

［40］胡代光、高鸿业：《现代西方经济学辞典》，中国社会科学出版社 1996 年版。

［41］高鸿业：《一本拯救资本主义的名著》，山东人民出版社 2002 年版。

［42］方福前：《当代西方经济学主要流派》，中国人民大学出版社 2004 年版。

［43］方福前：《从〈货币论〉到〈通论〉——凯恩斯经济思想发展过程研究》，武汉大学出版社 1997 年版，国外文献可以进一步阅读《凯恩斯全集》第 13 卷相关内容。

［44］吴易风、刘凤良、吴汉洪：《西方经济学》，中国人民大学出版社 1999 年版。

［45］樊纲和王小鲁：《中国市场化指数——各地区市场化相对进程报告(2001)》，经济科学出版社 2001 版。

［46］国家统计局：《中国统计年鉴（2012)》，中国统计出版社 2012 年版。

［47］色诺芬：《经济论　雅典的收入》，商务印书馆 1997 年版。

［48］亚当·斯密：《国民财富的性质和原因的研究》，商务印书馆。

［49］马歇尔：《经济学原理》(上下卷)，商务印书馆 1981 年版。

［50］萨伊：《政治经济学概论》，商务印书馆 1963 年版。

［51］萨伊：《资产阶级庸俗政治经济学选集》，商务印书馆 1963 年版。

［52］约翰·穆勒：《政治经济学原理》上下卷，商务印书馆 1997 年版。

［53］马歇尔：《经济学原理》上下卷，商务印书馆 1981 年版。

［54］凯恩斯：《就业利息和货币通论》，高鸿业译，商务印书馆 2004 年版。

［55］哈耶克：《自由秩序原理（上、下)》，北京：生活·读书·新知三联书店 1997 年版．该书又被译做《自由宪章》．Friedrich A. Von Hayek, 1960：The Constitution of Liberty, London and Chicago.

［56］哈耶克：《通往奴役的道路》，中国社会科学出版社，1997 年版。

［57］哈耶克：《个人主义与经济秩序》，北京：生活·读书·新知三联书店，2003 年版。

［58］哈耶克：《致命的自负/社会主义的谬误》，中国社会科学出版社，2000 年版。该书的英文题目是：The Fatal Conceit：The Errors of Socialism，1988。

［59］阿兰·艾伯斯坦：《哈耶克传》，中国社会科学出版社 2003 年版。

［60］K. R. 波普尔：《开放社会及其敌人》（第一卷，第二卷），中国社会科学出版社，1999 年版。

［61］K. R. 波普尔：《猜想与反驳》，中国美术学院出版社，2003 年版，该书的题献是“献给 F. A. 冯·哈耶克”。

［62］布罗代尔：《资本主义的动力》，三联书店 1997 年版。

［63］乔安·罗宾逊：《论马克思主义经济学》，纪明译，商务印书馆 1962 年版。

［64］乔安·罗宾逊：《马克思、马歇尔和凯恩斯》，北京大学经济系资料室译，商务印书馆 1963 年版 。

［65］克莱因：《凯恩斯的革命》，商务印书馆 1980 年版。

［66］保罗·萨缪尔森/威廉·诺德豪斯著：《经济学》第 16 版，华夏出版社 1999 年版。

［67］托马斯·库恩：《科学革命的结构》，北京大学出版社 2003 年版。

［68］马克·布劳格：《经济学方法论》，北京大学出版社 1990 年版。

［69］D·C·诺斯：《经济史中的结构与变迁》，上海三联书店 1994 年版。

［70］阿瑟·奥肯：《平等与效率》，华夏出版社 1999 年版。

［71］J. R. 沙克尔顿，G. 洛克斯利：《当代十二位经济学家》，商务印书馆，1992 年版。

［72］米歇尔. 阿尔贝尔：《资本主义反对资本主义》，社会科学文献出版社 1999 年版。

［73］安格斯·麦迪逊：《中国经济的长远未来》，新华出版社 1999 年版。

［74］罗伯特·耐尔·海尔布伦纳/莱斯特·瑟罗：《经济学的秘密》，海南出版社2001年版。

［75］让·迪厄多内：《当代数学：为了人类心智的荣耀》，上海教育出版社1999年版。

［76］C·E·林德布鲁姆：《市场体制的秘密》，江苏人民出版社2002年版。

［77］Hansen, Alvin H. A Guide to Keynes. New York: McGraw－Hill, 1953.

［78］Harrod, R. F. The Life of John Maynard Keynes. New York: Harcourt, Brace, 1951.

［79］Robert B. Ekelund, Jr. Robert F. Hebert. A History of Economic Theory and Method, 4th Ed, The Mcgraw－Hill Companies, Inc, 1997.

［80］Keynes, John Maynard. A Treatise On Money (Volume 1.2). London: Macmillan, 1933. 凯恩斯：《货币论》（上、下卷），何瑞英译，商务印书馆1997年版。阅读《通论》仅仅是掌握了凯恩斯的理论成就，阅读《货币论》才能清楚其理论成就的思想基础。

［81］Donald N. Mccloskey, 1985: The Applied Theory of Price, 2nd ed. New York: Macmillan. p339.

［82］Harold Demsetz, 1967: Toward a Theory of Property Rights, American Economic Review, May, No. 2: 347－359.

［83］D. C. North, 1981: Structure and Change in Economic History. Now York: W. W. Norton.

［84］E. G. Furubotn; S. Pejovich, 1972. Property rights and economic theory: a survey of recent literature. Journal of Economic Literature. Vol. 10, No. 4, pp1137－1162.

［85］Janos Kornai, 2006. The great transformation of Central Eastern Europe. Economics of Transtion. Vol. 14 (2) 2006. 207－244.

［86］ZHANGJianjun: The Transformation of China's Economic Development. World Scientific Publishing Co. Pte. Ltd (Singapore). 2020。

［87］劳埃德·雷诺兹：《宏观经济学》，商务印书馆1993年版。

[88] 戴维·罗默：《高级宏观经济学》，商务印书馆2001年版。

[89] S·平乔维奇：《产权经济学》，经济科学出版社1999年版。

[90] 科斯等著：《契约经济学》，经济科学出版社1999年版。

[91] 麦迪逊：《中国经济的长远未来》，新华出版社1999年版。

[92] 思拉恩·埃格特森：《经济行为与制度》，商务印书馆，2004年版。

[93] 维特根斯坦：《逻辑哲学论》，商务印书馆1996年。

[94] 热若尔·罗兰（Gerard Roland）：《转型与经济学》，北京大学出版社2002年版。

[95] 约翰·伊特韦尔等编：《新帕尔格雷夫经济学大辞典》（第三卷），经济科学出版社1996年版。

[96] 哈·麦金德：《历史的地理枢纽》，林尔蔚、陈江，译；北京：商务印书馆，1985年版。

[97] 艾尔弗雷德·赛耶·马汉：《海权论：海权对历史的影响》，冬初阳译，长春：时代文艺出版社，2014年版。

[98] 格雷厄姆·艾利森：《注定一战．中美能避免修昔底德陷阱吗?》，陈定定、傅强，译，上海：上海人民出版社，2019年版。

[99] 萨缪尔森：《全球资本主义的失败》，《国外社会科学文摘》，2000年第7期。

[100] 罗纳德·英格尔哈特：《全球化与后现代价值观》，《国外社会科学文摘》，2001年第4期。

[101] 威廉姆·L·马赛：《市场化与管制——加州之后的美国电力改革》，《中国电力企业管理》，2002年第3期。

[102]《外国专家谈全球电力改革》，《国际电力》2004年第4期。

[103] Joseph T. Kelliher：《美国的电力监管政策》，《能源技术经济》，2010年第2期。

[104] 习近平：《关于中国特色社会主义理论体系的几点学习体会和认识》，《求是》2008年第7期。

[105] 习近平：《习近平在北京高校调研时强调高校党建要继续坚持和贯彻好正确指导原则》，《人民日报》2012年6月21日。

［106］习近平：《在国家勋章和国家荣誉称号颁授仪式上的讲话》，《人民日报》2019年9月29日。

［107］卫兴华：“关于《资本论》基本理论问题的辨析——《马克思与〈资本论〉》前言”，《东南学术》2019年第2期。

［108］卫兴华：《不能把“社会主义初级阶段”混同于“共产主义社会第一阶段”》，《当代财经》2000年第9期。

［109］卫兴华：《〈马克思主义政治经济学原理〉修订版的体系结构和理论构思》载《教学与研究》2003年第7期。

［110］卫兴华：《正确看待我国社会主要矛盾转化》，《人民日报》2017年11月16日。

［111］卫兴华：《准确理解“不平衡不充分的发展”》，《人民日报》2018年1月11日。

［112］卫兴华：《不断深化经济发展规律性认识》，《人民日报》2019年10月8日。

［113］卫兴华、洪银兴、魏杰：《计划调节导向和约束的市场调节》，《经济研究》1987年第1期。

［114］卫兴华、张建君：《不能想当然地理解“两个决不会”》，《福建论坛》2006年第6期。

［115］卫兴华、张建君：《不能想当然地理解“两个决不会”》，《福建论坛》2006年第6期。《马克思主义文摘》2006年第8期转载。

［116］卫兴华、张建君：《论马克思主义经济学方法论的整体性和层次性》，《理论学刊》2008年第1期。

［117］卫兴华、张建君：《中国特色社会主义理论创新》，《理论视野》2008年第11期，第二作者。

［118］卫兴华、张建君：《马克思主义经济学的几个概念辨析》，《光明日报》理论周刊2009年5月28日。

［119］卫兴华、张建君：《推动中国特色社会主义制度自我完善和发展的纲领》，《中国社会科学报》2013年12月2日。

［120］于光远：《从“阶段风波”到社会主义初级阶段》，《炎黄春秋》2008年第8期。

［121］苏绍智、冯兰瑞：《无产阶级取得政权后的社会发展阶段问题》，《经济研究》1979 年第 5 期。

［122］龚育之：《如何评价社会主义初级阶段的提法在历史决议中的第一次出现?》，《学习时报》2005 年 10 月 3 日。

［123］李其庆：《全球化背景下的新自由主义》，《马克思主义与现实》2003 年第 5 期。

［124］晏智杰：《劳动价值论：反思与争论》，载《经济评论》2004 年第 3 期。

［125］刘骏民：《虚拟经济的经济学》，《新华文摘》2009 年第 6 期。

［126］王峰明，牛变秀：《超越货币本质“一般论”与“特殊论”的对立》，《教学与研究》2004 年第 11 期。

［127］王峰明，牛变秀：《再论超越货币本质“一般论”与“特殊论”的对立》，《探索与争鸣》2006 年第 8 期。

［128］华民，2007：《经济全球化与中国的改革开放》，《学术月刊》第 7 期。

［129］吴易风，2007：《产权理论：马克思和科斯的比较》，《中国社会科学》第 2 期。

［130］孙存之：《世纪末的论争》，《读书》2002 年第 10 期。

［131］何伟：《公平与分配不能联姻》，《理论前沿》2005 年第 21 期。

［132］邓正来：《哈耶克方法论个人主义的研究》，载《个人主义与经济秩序》，北京：生活·读书·新知三联书店 2003 年版。

［133］邓正来：《哈耶克的社会理论》，载《自由秩序原理》，北京：生活·读书·新知三联书店。

［134］韦森：《哈耶克式自发制度生成论的博弈论诠释》，《中国社会科学》2003 年第 6 期。

［135］汪丁丁：《退出权、财产所有权与自由》，载詹姆斯·布坎南：《财产与自由》，中国社会科学出版社，2002 年版。

［136］汪丁丁，罗卫东，叶航：《人类合作秩序的起源与演化》，《社会科学战线》2005 年第 4 期。

［137］梁治平：《总序》，载《自由秩序原理》，1995 年版，北京：生活

·读书·新知三联书店。

[138] 冯克利:《用观念战胜观念》,载《哈耶克传》,中国社会科学出版社 2003 年版。

[139] 刘军宁:《论经济制度在宪法中的地位》,载《战略与管理》2003 年第 5 期。

[140] 刘军宁、新望、冯兴元、秋风:《知识分子:市场与反市场》,《财经时报》2005 年 9 月 5 日 –9 月 11 日。

[141] 胡济洲等:《英美新一轮电力改革制度及借鉴》,《经济纵横》,2005 年第 10 期。

[142] 原磊:《电力体制改革下中国电网企业的战略转型》,《宏观经济研究》,2007 年第 5 期。

[143] 仲福森、刘云涛:《欧盟电力改革最新进展——聚焦产权拆分》,《电力技术经济》,2008 年第 6 期。

[144] 张文泉、高玉君:《电力改革三十年回眸与展望》,《华北电力大学学报》,2009 年第 1 期。

[145] 朱成璋:《中国必须自主创新进行电力改革》,《中外能源》2009 年第 14 卷。

[146] 国家电力监管委员会,2009:《电力监管年度报告 (2009)》。

[147] 范合军:《英、美垄断产业放松规制改革的历程及特点》,《经济与管理》,2010 年第 3 期。

[148] 刘娟:《从陆权大国向海权大国的转变——试论美国海权战略的确立与强国地位的初步形成》,《武汉大学学报 (人文科学版)》,2010 年第 1 期。

[149] 孙久文、李华:《我国区域经济发展的新特征与新趋势》,《贵州社会科学》,2017 年第 3 期。

[150] 张理娟、张晓青、姜涵、刘畅:《中国与"一带一路"沿线国家的产业转移研究》,《世界经济研究》,2016 年第 6 期。

[151] 张建君:《下海热:社会转型时期的浮躁现象——对下海热的经济学分析》,《河西学院学报》,1993 年第 2 期。

[152] 张建君:《理论·现实·契机——从西方经济学发展史看中国经

济学的现状和出路》，《河西学院学报》1994年第2期。

［153］张建君：《我国农村剩余劳动力转移的理论反思及道路选择》，《甘肃理论学刊》1995年第2期，《市场经济研究》转摘。

［154］张建君：《对“市场的定义要遵循立体原则”的几点意见》，《社会科学报》1995年第463期。

［155］张建君：《不存在固定不变的最优模式》，《社会科学报》1996年第586期，独立，参于“中国经济学寻根”问题第22期讨论。

［156］张建君：《也谈市场经济与道德建设》，《社会科学报》1996年6月27日。

［157］张建君：《人力资源开发三议》，《中国人力资源开发》，1997年第2期。

［158］张建君：《知识经济对传统经济理论的挑战》，《甘肃理论学刊》1999年第6期。

［159］张建君：《劳动价值论在市场经济中的现实意义》，《〈资本论〉与经济理论的新突破》，甘肃人民出版社1999年版。

［160］张建君：《社会主义经济：马恩的构想与具体实践》，《天水行政学院学报》2000年第2期。

［161］张建君：《财富的历史考察与新世纪畅想》，《中国国情国力》2000年第7期。

［162］张建君：《中国经济学的文化困境与理论出路》，《甘肃理论学刊》2002年第2期。

［163］张建君：《社会主义生产劳动与非生产劳动》，《中共甘肃省委党校报告选》，2002年第4期。

［164］张建君：《对社会主义社会的劳动和劳动价值论的几点思考》，《人民日报》理论版2002年2月28日观点摘发。

［165］张建君：《加深对劳动的认识》，《光明日报》理论版2003年2月11日。

［166］张建君：《论深化劳动价值论所形成的一个悖论》，《桂海论丛》2003年第1期。

［167］张建君：《论社会主义劳动价值论是社会主义剩余积累论》，《甘

肃理论学刊》，2003年第6期；人大复印资料《经济学文摘卡》2004年第1期全文摘登。

［168］张建君：《对市场经济中分配理论的几点反思》载《政治经济学研究报告5》，社会科学文献出版社2004年版。

［169］张建君：《经济学科学性的马克思主张及启示》，《甘肃理论学刊》2004年第5期。

［170］张建君：《新型劳动观与社会主义劳动价值论的新发展》，《甘肃经济管理干部学院学报》2004年第2期。

［171］张建君：《产权、所有权与劳动价值论》载《内蒙古财经学院学报》，2005年第4期。中国人民大学书报资料中心，《社会主义经济理论与实践》2005年第11期全文复印。

［172］张建君：《新中国社会主义经济的发生、发展与改革》，《海派经济学》，2005年第11期。

［173］张建君：《劳动价值论：学习与反思》，《郑州航空工业管理学院学报》，2005年第4期。

［174］张建君：《改革、转轨和转型——基于转型经济学的划分》，《经济学消息报》2006年10月27日。

［175］张建君：《续论我国经济学中的几个重大理论问题——对刘国光经济学新论的几点看法》，《探索》2006年第4期。

［176］张建君：《中国经济学发展与创新的几个理论问题》，《政治经济学评论》，2006年第1辑。

［177］张建君：《西方经济学和马克思主义经济学：拿捏好两种经济学的关系》，《社会科学报》2006年8月5日。

［178］张建君：《当代中国经济学创新的四个基础》，《理论与现代化》2006年第5期。

［179］张建君、马昀：《公平是分配制度建构的理性基础》，《甘肃理论学刊》2006年第3期。

［180］张建君：《新自由主义思潮与“好的市场经济理论”》，《海派经济学》2006年第12辑。

［181］张建君：《2006年中国经济学界争鸣实录》，《北京日报》2006

年 12 月 25 日；《新华文摘》2007 年第 6 期全文转载。

［182］张建君，2006：《凯恩斯与马克思国民收入理论比较研究》，《经济理论与经济管理》第 2 期，《新华文摘》2006 年第 11 期辑目。

［183］张建君，2006：《卡夫丁峡谷的跨越与社会主义公有制为主体》，《中华魂》第 8 期。

［184］张建君，2006：《马克思与西方经济学国民收入理论比较的再研究》，《经济评论》第 4 期。中国人民大学书报资料中心，《理论经济学》2006 年第 10 期全文复印。

［185］张建君，2006：《中国经济转型模式：文献综述及其引申》，《改革》第 12 期；人大复印资料《社会主义经济理论与实践》2007 年第 3 期全文复印；《国民经济学》2007 年第 4 期全文复印。

［186］张建君，2006：《基本假设、分析工具与政治经济学创新》，《教学与研究》第 4 期。中国人民大学书报资料中心，《理论经济学》2006 年第 8 期全文复印。

［187］张建君，2007：《中国市场经济改革的“体制性陷阱”》，《内蒙古财经学院学报》第 3 期；中国人民大学书报资料中心，《社会主义经济理论与实践》2007 年第 10 期全文复印。

［188］张建君，2007：《中东欧大转型：成功和失望》，《中国社会科学（内刊）》第 3 期。

［189］张建君，2007：《市场经济制度的层次性与改革次序》，《经济理论与经济管理》第 5 期；中国人民大学书报资料中心，《理论经济学》2007 年第 8 期全文复印；人大复印资料《社会主义经济理论与实践》2007 年第 8 期索引。

［190］张建君，2007：《论哈耶克的经济思想及影响》，《政治经济学评论》第 1 辑。

［191］张建君，2007：《论经济学的文化本位及中国经济学的建构》，《学术研究》第 1 期；《学术界》2007 年第 2 期“学界观察”栏目以《中国文化对中国经济学建构的影响》为题转摘了主要观点。

［192］张建君，2007：《中国经济转型研究的文献回顾与理论发展》，《山东社会科学》第 3 期。

[193] 张建君，2007：《质疑“超越货币本质‘一般论’与‘特殊论’的对立”》，《探索与争鸣》第1期。

[194] 张建君，2007：《再论基本假设、分析工具与政治经济学创新》，《当代经济研究》第7期。

[195] 张建君，2007：《市场经济三大理论范式的比较研究》，《学术月刊》第7期。

[196] 张建君，2007：《中国经济转型分析的基本理论框架》，《甘肃理论学刊》第3期。

[197] 张建君，2007：《马克思是不能制造的!》，《社会科学报》2003年7月3日。

[198] 张建君，2008：《中国经济转型道路：过程及特征》，《当代经济研究》第5期；《大国策》（人民日报出版社2009年版）一书全文收录。

[199] 张建君，2008：《中国模式的转型逻辑与理论创新》，《社会科学战线》第10期；人大复印资料《国民经济管理》2009年第2期全文复印。

[200] 张建君，2008：《唯GDP论已误国误民》，《中国经济评论》第12期；人大复印资料《马克思主义文摘》2009年第4期全文复印。

[201] 张建君，2008：《完善社会主义市场经济体制的改革抉择》，《党政干部文摘》第11期。

[202] 张建君，2008：《转型经济学视野中的俄罗斯转轨教训》，《理论动态》2008年8月10日第1787期。

[203] 张建君，2008：《被忽略的责任问题》，《中国经济评论》第12期。

[204] 张建君，2008：《论公有制为主体的混合经济体制》，《天水行政学院学报》第5期。

[205] 张建君，2008：《不必依赖私有化》，《中国经济评论》第4期。

[206] 张建君，2008：《科学发展观与改革争论》，《中华魂》第4期。

[207] 张建君，2008：《转型经济与中国转型经济学》，《甘肃理论学刊》第3期。

[208] 张建君，2008：《中俄模式：基于转型经济学的新比较》，《学习与实践》第10期。

[209] 张建君，2008：《论转型速度、局部改革与转型方式的抉择》，《胜利油田党校学报》第5期。

[210] 张建君，2008：《“局部改革的陷阱”层次性分析及理论拓展》，《经济理论与经济管理》第4期；《新华文摘》2008年第13期全文转载；人大复印资料《社会主义经济理论与实践》2008年第7期全文复印。

[211] 张建君，2008：《中俄转型模式：绩效比较及发展趋势》，《首都师范大学学报》第3期。

[212] 张建君，2009：《中国经济转型的模式特征探析》，《现代经济探讨》第6期；人大复印资料《社会主义经济理论与实践》2009年第9期全文复印。

[213] 张建君，2009：《社会主义初级阶段理论是如何写入中央文件的》，《北京日报》理论周刊2009年6月15日。《中国剪报》2009年6月25日摘登；《党建课堂》2009年第8期；人大复印资料《马克思主义文摘》2009年第9期全文转载。

[214] 张建君，2009：《对马克思“两个决不会”的不同解读及启示》，《北京日报·理论周刊》2009年1月12日。

[215] 张建君，2009：《中国模式的理论创新》，《经济学消息报》2009年3月13日第11期，总第844期。四川社科院《社会科学研究参考资料》2009年第5期全文转发。

[216] 张建君，2009：《全球金融危机与中国的抉择》，《中国井冈山干部学院学报》第2期。

[217] 张建君，2009：《转型经济学视野中的俄罗斯转轨教训》，《理论与现代化》第1期。

[218] 张建君，2009：《论精神产品的价值决定及实现》，《晋中学院学报》第1期。

[219] 张建君，2009：《全球衰退与中国经济前景》，《甘肃理论学刊》第4期。

[220] 张建君，2009：《美元将在“全球赎买”中走向衰败》，《开放导报》第3期。中国社会科学院金融研究所网站转载。

[221] 张建君，2009：《苏星经济思想论略》，《经济纵横》第4期。

[222] 张建君，2009：《中国模式的转型逻辑及制度框架》，《江汉论坛》第7期。

[223] 张建君，2009：《产权理论的不同视野及其发展趋势》，《经济思想史评论》第1期。

[224] 张建君，2009：《西方理论不能解释中国模式》，《人民论坛》第4期。

[225] 张建君，2009：《当前世界经济形势及特点分析》，《理论动态》2009年1月20日第1803期。

[226] 张建君，2010：《财富指数化与全球金融危机的根源》，《学术月刊》第1期。

[227] 张建君，2010《推动中国信用评级制度的国际化发展》，《中国社会科学报》2010年12月20日。

[228] 张建君，2010：《论转型深化期的国企改革》，《教学与研究》2010年第5期。

[229] 张建君，2010：《中国发展需要更强大的物质基础》，《中国经济观察》2010年第2期。

[230] 张建君，2010：《中国模式的转型挑战与国际影响》，《甘肃理论学刊》2010年第6期。

[231] 张建君，2010：《解读未来经济政策的主旋律》，《中国质量万里行》2010年第10期。

[232] 张建君，2010：《围绕实际深化〈资本论〉研究》，《人民日报》2010年12月3日。

[233] 张建君，2011：《马克思主义经济学研究的力作》，《高校理论战线》2011年第5期。

[234] 张建君，2011：《拉美模式全球化发展的教训与启示》，《理论动态》2011年第1894期。

[235] 张建君，2011：《中国〈资本论〉研究会第15次学术年会综述》，《经济学动态》2011年第1期。

[236] 张建君，2011：《把握发展机遇须提高社会管理水平》，《红旗文稿》2011年第11期。

［237］张建君，2011：《中国模式的理论假说与改革逻辑》，《福建论坛》2011 年第 1 期。

［238］张建君：《1820 年中国人均 GDP 测定存在分歧》，《中国社会科学报》2011 年 6 月 9 日。

［239］张建君：《社会主义初级阶段理论的演进历程与理论创新》，《学习与实践》2011 年第 7 期。

［240］张建君：《中国模式的内涵及民主价值》，《甘肃理论学刊》2011 年第 4 期。

［241］张建君：《论中国模式的四重转型》，《首都经济学家》2011 年第 1 辑。

［242］张建君：《我国电力市场化改革研究》，《中共中央党校学报》2011 年第 6 期。

［243］张建君：《"美丽中国愿景" 振奋人心》，《红旗文稿》2012 年第 22 期。

［244］张建君：《日本模式的教训与启示》，《理论动态》2012 年第 1894 期。

［245］张建君：《中国模式的创新困境及创新途径》，《经济要参》2012 年第 34 期。

［246］张建君：《中国将有两百多年的宝贵发展前景》，《中国经济时报》2012 年 2 月 29 日。

［247］张建君：《我国农村金融制度建设的现状、难题及改革措施》，《甘肃理论学刊》2012 年第 2 期。

［248］张建君：《坚定不移走中国特色的发展道路》，人民网"胡锦涛总书记重要讲话精神系列解读之七"，2012 年 7 月 24 日。

［249］张建君：《中国经济转型的实践模式及内在逻辑》，《经济社会发展研究》2013 年第 1 期。

［250］张建君：《中国模式全球化进程的基本理论框架》，《社会科学战线》2013 年第 1 期。

［251］张建君：《中国模式的金融基础》，《经济要参》2013 年第 4 期。

［252］张建君：《决定性阶段的改革主旨与努力方向》，《中国国情国

力》2013 年第 4 期。

[253] 张建君：《中国经济增长的挑战及动力》，《学习时报》2013 年 6 月 20 日。《经济研究信息》2013 年第 6 期全文转载。

[254] 张建君：《开创更有质量与效益的新增长周期》，《光明日报》2013 年 7 月 12 日。

[255] 张建君：《重视西部投资需求，落实“两个大局”战略思想》，《中国经济时报》2013 年 8 月 27 日。

[256] 张建君：《美国模式的发展及其隐患》，《理论动态》2013 年第 1966 期。

[257] 张建君：《中美社会文化之比较》，《商业文化》2013 年第 4 期。

[258] 张建君：《布鲁塞尔：文明的驿站》，《中国社会科学报》2013 年 3 月 22 日。

[259] 张建君：《经济全球化的国际层次制度建构》，《中国社会科学报》2013 年 9 月 17 日。

[260] 张建君：《让“向下看”成为工作常态》，《人民日报》2013 年 9 月 9 日，《新疆日报》、《宁夏日报》、《宁波日报》、《甘孜日报》、《临淄日报》等分别转载。

[261] 张建君：《全面深化改革的亮点及重点》，《中国经济时报》2013 年 12 月 6 日。

[262] 张建君、郝全洪：《欧债危机的深层原因及全球影响》，《甘肃理论学刊》2014 年第 1 期。

[263] 张建君：《中国经济增长的动力及前景》，《中国国情国力》2014 年第 3 期；“用周期理论判断中国经济前景”，《经济研究参考》2014 年第 30 期转摘。

[264] 张建君：《法治要体现国情与特色》，《人民日报》2014 年 12 月 22 日理论版。

[265] 张建君：《中国制造与全球标准的制定》，《理论动态》2015 年 8 月第 2039 期。

[266] 张建君：《用周期理论判断中国经济前景》，《经济研究参考》2014 年第 30 期。

［267］张建君：《政策基调要立足新常态谋划新发展》，《中国经济时报》“百名学者前瞻中国经济”2015 年 3 月 12 日。

［268］张建君：《“一带一路”的战略思考及西北协同》，《经济要参》2016 年第 16 期。

［269］张建君：《既重视供给侧，也不能忽视需求侧》，《中国经济时报》2016 年 3 月 13 日“新局之光”百名学者前瞻 2016 年中国经济形势。

［270］张建君：《充分释放西部大局的增长动能》，《甘肃理论学刊》2016 年第 2 期。

［271］张建君：《以“宽放投”推进“稳进好”》，《中国经济时报》2017 年 3 月 12 日“百名学者前瞻 2017 年中国经济形势”。

［272］张建君：《“一带一路”：打造合作治理新体系》，《学习时报》2017 年 7 月 10 日。

［273］张建君：《速度可以慢些但质量要高些》，《中国经济时报》2018 年 3 月 12 日“新局之光”百名学者前瞻 2018 年中国经济形势。

［274］张建君：《中国道路的全球化进程》，《前线》2018 年第 6 期。《党政干部参考》2018 年第 13 期全文转载。

［275］张建君：《稳出中国经济新境界》，《中国经济时报》2019 年 3 月 12 日“百名学者前瞻 2019 年中国经济形势”。

［276］张建君：《守住马克思主义经济学的初心与使命》，《学习时报》2019 年 9 月 26 日。

［277］张建君：《借助疫情契机推动中国经济高质量发展》，《中国经济时报》“共克时艰决胜小康——百名学者前瞻 2020 年中国经济形势”2020 年 4 月 17 日。

［278］张建君、赵奇：《“一带一路”倡议是海权论与陆权论在新世纪的延续吗?》，《开发研究》2020 年第 1 期。